JN093845

ごめん！聞いてごめんな

みやらけの人々の聞き取り

大賀喜子　編著

解放出版社

カバー装画・本文挿画　岡島礼子

まえがき

土師ノ里 古室へ

私は、生後六カ月の時、生まれた堺(さかい)の三宝から、母方の祖母奥谷の故郷、藤井寺市野中に近く、祖母の妹が嫁いでいる藤井寺市古室(こむろ)に引っ越しをしました。

「強制疎開」でした。アメリカ軍Ｂ29機による空襲の延焼を避けるため、国の権力で、有無をいわさず住宅疎開がおこなわれたのです。私の生家は、運悪くその区域にあたったのでした。

故郷を失い、もの心ついた時は、この古室が故郷になっていました。

世界遺産となった誉田山(こんだやま)古墳（応神天皇陵）の前の、田んぼの真ん中にある二軒ならびの長屋――大地主の松村家の借家でした。

松村家は、周囲を堀で囲まれた大庄屋(おおじょうや)で、私がもの心ついてからは、お正月とお盆には、祖母にともなわれ挨拶に行きました。正門の長屋門からではなく、堀をまたぐ欄干のない橋を渡った裏門から入ります。

祖母の話によると、農地改革までは、松村家の奥様は二人のお手伝いさんをともない土師ノ里(はじのさと)の駅まで行かれるのですが、駅までの土地はすべて松村家の土地だったようです。祖母の妹の家も松村家の小

作農で、農地改革後に自作農となりました。

松村家と、現在大きな道を挟んで、由緒ある浄土真宗の大きな寺、極楽寺があります。

祖母に連れられ、月一回のお説教に行った記憶があります。極楽寺の門の前の説明板には、家康・秀忠の家来、本田正信の子孫が建立し、寺の仏壇の裏側から、豊臣秀頼・家康・秀忠・家光・家綱の位牌が出たと記されていました。

古室、澤田という土地柄は、松村家と極楽寺が土地の雰囲気を支配しており、重苦しく生きづらいものでした。ここでは、私たちの家族はいわゆるよそ者で、私の父が身体障がい者だったことが人目をひき、目ざわりだったようです。

ある日、玄関先の杉の焼き板に白チョークで、「兵隊に行けない者は、非国民」と落書きされていたのです。それを祖母と母が泣きながら濡れ雑巾で消していたのを、私は目撃しました。

私と弟も、しばしば村の悪ガキの攻撃のターゲットになり、石を投げられたり泣かされたり、父親の松葉杖をついて歩く姿を真似してからかわれたりしました。

そのせいで、私たちは余計に息苦しさを感じ、よそ者意識を強めていきました。

祖母は、藤井寺市の野中にある藤井家の長女だったので、常に兄弟姉妹が相談と称して家にやってきました。うわさ話に花が咲き、子ども心に、人間社会の裏を否応なしに見せられたように思ったことがありました。

弟とかぶとむしやくわがた、たまむしを取りに行った古室山古墳。現在は公園となり、市民に公開されている

こんなことがありました。私と弟が、自転車に乗れるようになった時、祖母が、

「○○には、絶対に行ったらアカン！」

と念を押すので、

「なんで？」

「何でもアカン！」

と、けんもほろろに言われました。後に、そこが被差別部落だとわかったのですが……。

にもかかわらず、祖母は、月に一度は、被差別部落にある立派な構えの鍼灸院（しんきゅういん）に、私にはハリを、祖母自身は灸をすえてもらいにせっせと通っていました。

松村家や極楽寺に象徴される家制度は、被差別部落や女性、障がい者などに対する差別を助長するものでした。ふるさと土師ノ里は、私にとってはほろ苦いものでしかありませんでした。

奈良硫酸事件の衝撃

事件は、中学一年生終わりの私の誕生日、一九五四（昭和二十九）年三月七日に起こりました。翌日の夕刊には、住所と名前入りで報道されていました。

事件の当事者が、母の勤務先近くの中学校の先生だったこともあり、この事件は、私が「部落差別とは何か」を考えるきっかけになりました。また、後に、大阪市立大学で部落問題研究会を立ち上げるメンバーの一人になるのにつながっていきました。

新聞には、「女教師、愛人に硫酸を投げる」という活字が躍っていました。

彼女は小さな被差別部落の出身でした。同僚教師同士の恋愛で結婚の話が出た時に、

「部落出身です」

と彼女が明かすと、彼は、

「そんなことは関係ない。親を説得する」

と、きっぱり告げました。けれど、やがて父親が、彼女の出自を知ることになり、彼女の家に乗り込み反対を告げたばかりか、密かに彼を遠縁の娘と結婚させたのでした。

それを知った彼女は、彼を呼び出しました。彼が謝ってくれれば自殺しようと思い、硫酸の入った小瓶をハンドバッグに忍ばせて……。ところが、よりによって彼は、

「部落民の娘のくせに！」

と罵ったのでした。彼女は、思わず硫酸入りの小瓶の蓋を開け、彼の下腹部に硫酸を浴びせてしまいました。そして、呆然としたまま、駆けつけた警官に逮捕されたのでした。

この新聞記事を見た大阪の松田喜一さんは、彼女の父親を知っていて、すぐに部落解放全国委員会委員長の松本治一郎さんに連絡を取り、「奈良硫酸事件差別糾弾闘争」が闘われることになりました。裁判の結果、この事件は「部落差別が原因」だと認められ、彼女は教職に復職することができました。彼女が、事件後復職した中学校は、私が結婚後住んだ地域の中学でした。

事件の真実とその後

奇しくも、その事件から五十余年後、私は彼女と対面を果たしました。その時、新聞報道に記載がなかった衝撃の事実を知ることになったのです。

彼の心変わりの本当の理由は、母親の井戸への入水自殺未遂事件があったからでした。

「一日たりとも、事件を忘れたことはないんです。もし同じことに遭遇したら、きっと同じことをすると思います」

と彼女は言いきりました。けれども、

「母親にとって、息子が被差別部落の娘と結婚することが、自殺に向かうほどの部落への忌避意識って、一体何なんやろう？　なぜここまで、部落への忌避意識が残るんやろう？」

と自問自答してきたと言いました。

事件後、あまりにも悔しくて、一時は部落解放運動の旗を振ろうかと考えたり、それとも、同じようなことで苦しむ後輩のために弁護士になろうかと考えたと言いました。

しかし、親族が、彼女が二つの道を希望しているのを知って、

「この事件で、おまえは世間に恥をさらしたんや。これ以上、世間を騒がせんといてくれ」

と猛反対し、彼女は断念せざるをえませんでした。部落解放運動は、有能な活動家、弁護士を失ったのでした。

その後、彼女は、教師一筋の道を歩みました。

事件後、赴任した中学校は荒れていましたが、毎日、通勤途中、部落の母親らが温かい声をかけてくれたと言いました。こんな具合に……。

「先生、お茶飲んでから、学校行き！」

「ありがとう。けど、遅れるんで……」

「ちょっとぐらい遅れてもええがな。どうせ、うちの息子、勉強が嫌いやし」

そんな何気ない会話のおかげで、

「私も生きていい、教師を続けてもいい！」

と決意させてくれたと、語ってくれました。

彼女は、事件後ずっと、大阪市浪速区芦原橋(あしはらばし)にある部落解放センターの近くに、住みつづけました。毎年命日になると、部落解放センター前の松田喜一さんの銅像には、花束がそっと置かれていました。

事件のことを全部知っている男性から、結婚の申し出もありましたが、男性への不信感が根深くて、結局踏み切ることができませんでした。教え子を我が子と思い、教師生活をまっとうした彼女は、

「毎年、教え子から、年賀状が三百枚以上も届くんよ」

と、私にうれしそうに見せてくれました。

一方、加害者となった男性の方からも、ふとしたきっかけで手紙をもらいました。

そこには、彼も、「事件のことは、一日といえども忘れたことはない」と書かれていました。

事件後、彼は教師を辞め、妻とも離婚し、故郷を離れて関東で暮らしました。仕事も変え、硫酸で焼けただれた下腹部の傷をかかえ……と、容易ではなかった生活が、手紙にはつづられていました。

「彼女のことは、本当に愛してました。けれど、頑迷な父親の猛反対と、そのうえ母親の入水未遂事件があって、結婚を阻まれてしまいました」

と……。彼も加害者として苦しむ毎日で、その意味では、彼もまた部落差別の被害者といえます。

後日、私は、彼女が事件後五年間勤務した中学校へ、「部落問題」の講師で招かれて行く機会がありました。応接間の壁には、教職員の集合写真が張られていました。そこには、若々しくて愛らしい彼女の姿がありました。

大阪市立大学での女子学生への差別事件

私は、小学校と中学校は地元校へ通わず、いわゆる「越境入学」でした。

母や祖母がその道を選んだのは、父親が身体障がい者だったため仕事を次から次へと変わらざるをえなかったので、表向きには、まわりからの憐みと蔑視の眼差しから子どもを守るという理由でした。

高校は、大阪府立天王寺高校へ進学しましたが、そこは元旧制中学校で、女性差別がさまざまな面で色濃く残っていました。

一つめは、女子のみの家庭科クラスが、二クラスあったことです。大学進学をめざす女子は、家庭科クラス以外のクラスになり、そのクラスには男子が圧倒的に多かったのです。

二つめには、男性の教師から、露骨な女性差別を受けていたことです。

「今朝、嫁さんとけんかしたから女子攻撃や」

と言って、少数の女子を一時間じゅう当てまくり、答えられなかったり、計算を間違えたりすると、立たせるだけではなく、昼休みに運動場を走らせるという始末でした。

男性教師のなかには、近くにある私立の女子高校を名指しして、

「おまえは、あそこの高校やったら一番になれるのに、なんで天高（天王寺高校）なんかに来たんや」

と面と向かって女子生徒を侮辱する者もおりました。

三つめには、カリキュラムの組み方にも、明らかに男女差別がありました。

女子が家庭科の授業中に、男子は漢文の授業を受けていましたが、当時の国立ならびに公立の大学受験には、国語に漢文の科目が入っていました。

「女子は国公立の大学に入るな、ということですか！」

と私たちが抗議した結果、夏休みに補講を実施し、二学期から進学コースの女子には家庭科の授業はなくなりました。

それ以外にも、日曜日に男子だけに恒例の金剛山登山があるとか、現在ならば大問題になるような女性差別が、堂々とまかり通っていたのでした。

私はこういう女性差別が腹立たしく、いらだっていましたが、そのうちに志を同じくする仲間ができ、声を上げていき、仲間を大切にすることを体得していきました。

天王寺高校で体験した苦い思いは、「反面教師」の役割を果たしたのではないかと思います。当時、教師になるつもりはなかったのですが、「あんな教師には、絶対なりたくない」と、心の中で決意していました。ところが、私が四年制大学の受験を希望していることが知れると、祖母の妹や弟たちまでもが、こぞって家にやってきました。大叔母や大叔父の言い分は、

「女に、学問なんかいらん、嫁のもらい手がなくなる！」

というものでしたが、その時、なぜか祖母が私の肩をもってくれ、

「これからの世の中は、女も教育をつける必要がある。仕事もしていかなならんのや」

と、みんなを説得してくれたのです。普段は、「女らしくせんか」と、口うるさく言いつづけていた祖母だったので、正直、私は驚きました。たぶん、私の母が働く姿を見ていて、新しい女性の生き方を考えてくれてたんだと思います。祖母の意外な面に感謝しました。

大阪市立大学部落問題研究会の立ち上げと女子学生差別ビラ事件

一九五九（昭和三十四）年四月、大阪市立大学文学部に入学しました。定員百名中、女性は二十四名でした。

女子の先輩たちは、女子学生が増えたのを喜んで歓迎会をしてくれました。前年度の女子入学者は十

四名、その前は八名、前々年度にいたっては、わずか二名だったのです。歓迎会で、先輩たちに誘われて「女性史研究会」へ入りました。たった一名、経済学部へ入学した女性も入れて、合計四名が新入生で参加しました。

その研究会のなかに「滝波女史」というニックネームの先輩がいて、私が部落問題に興味・関心をもっているのを知り、一枚の新聞の切り抜きを渡してくれました。後になってわかったことですが、それは日本共産党機関紙の「赤旗」で、立命館大学で催される二泊三日の全国学生部落問題研究会ゼミナールの記事が載っていました。

さっそく私は行こうと思いましたが、宿泊は家の者が許さないので、三日間通いで参加しました。そこで初めて、関西の大学に部落問題研究会ができていることや、被差別部落で子ども会がおこなわれていることや、部落解放同盟という組織があることを知りました。

大阪では、すでに大阪学芸大学（現在の大阪教育大学）、社会福祉事業短期大学（現在の大阪府立大学）に部落問題研究会があることがわかり、市大（大阪市立大学の略称。二〇二二年から大阪公立大学）のなかにも部落研（部落問題研究会の略称）をつくろうと考えている人物がいることがわかりました。晩秋、市大の図書館で、のちに夫になる大賀正行（おおがまさゆき）を紹介され、安保反対闘争が終了した翌一九六〇（昭和三十五）年七月の初めに、数名で部落問題研究会を立ち上げました。

研究会には、大学内の生協で学生や教職員の靴の修繕をしている「池田のおっちゃん」と呼ばれる人物も、ビラを見て参加してくれました。おっちゃんは、かつて「梅田水平社」の闘士でした。

翌一九六一年九月、メンバーのひとり、前田修身（まえだおさみ）さんが、一枚のビラを持って部落研の部室に駆け込んできました。

ビラには、家政学部二回生の女性の名前が書かれており、彼女が部落出身であることを暴いたうえに、在日韓国・朝鮮人差別に障がい者差別、女性差別などの差別用語がオンパレードに書きなぐられていました。その後、十月二日、四日、九日と三回、枚数は後になるほど減っていったのですが、早朝何者かが大学に侵入して、差別ビラを張っていたことがわかりました。一限目に来た学生は、はじめは大学からの通告かと思い、みんなが見ていたわけです。

この「差別張り紙事件」は、たいへんな出来事でした。すでに部落研が存在していたので、事件は市大を大きく変えることになりました。ただちに部落研では、大学始まって以来の差別事件として、どう取り組むのかを話し合いました。そして、大学当局に対して、

一、事件の真相究明

二、事件を学生・教職員へ知らせること

三、同時に、全学あげて啓発活動を取り組むこと

四、女子学生への身辺警備

を求めました。並行して、何人かの仲間と彼女の家を訪問し、彼女と両親から話をうかがいました。

両親は、被差別部落を離れてから長期間経過しているので、子どもたちには部落出身の事実を知らせてなかったということがわかりました。父親は、

「なぜ、ここまで迫害して、差別するんや！」

と怒りを露(あら)わにしたのでしたが、書いた「人」には、まったく心当たりがないとのことでした。

私たちは、こうした差別事件がなぜ起こってくるのかを考え、大学に対し五つの要求をしました。

一つめは、これまで市大は部落差別に対して「寝た子を起こすな」という考えであったので、これからは部落問題に正面から立ち向かう大学になってほしい。

二つめとして、そのためには、さまざまな人権問題をとらえられる大学になってほしい。

三つめとして、「部落問題論」を、一般教養の学科、必修四単位として開講してほしい。
四つめとして、図書館に部落問題に関する参考図書をそろえてほしい。
五つめとしては、部落問題の研究を学内の学者・研究者に呼びかけ、その延長線上に同和問題研究室をつくってほしい。

以上の要求をもとに、学長に団体交渉を求めました。

たまたまその年は、学生部長が原田伴彦先生（後に、部落解放研究所初代理事長になられる教授）だったのですが、それでも当時の大学当局は、なかなか動こうとはしませんでした。

大学当局がおこなったのは、各学部から委員を出し、学生と教職員向けに原田先生の講演会を開き、部落問題を啓発する冊子を作り配布したことでした。そこで、私の大学生活は終わりました。

この要求は、その後の部落問題研究会の後輩たちが粘り強く取り組み、事件発生から十年後、市大に大学初めての部落問題論の講座ができ、その後「人権問題センター」の設立となりました。

大学の東側には、実際に被差別部落が存在しており、市大としては取り組まざるをえない環境にありました。現在も、唯一の部落問題研究会が存続し、現役の学生が活躍しています。

部落研創立五十周年の後、私は当事者の彼女と連絡を取りました。

彼女は、大学卒業後、開業医の家業を継ぐため、関東から婿養子を迎え、家庭の主婦として穏やかな生活をおくっていました。夫には、この事件のことを話してませんでしたが、

「今も、なぜあんなことが私の身に起こったのかわからないままですが、みなさま方のおかげで、今日の幸せな生活があります」

と感謝していました。

心残りなのは

私には、今も一つだけ、心残りなことがあります。

それは、ゼミの卒論指導教官であった直木孝次郎（なおきこうじろう）先生のことです。先生は、古代史の歴史研究ではたいへん有名な方でしたが、私が卒論指導を受けた一九六二（昭和三十七）年十月には、ゼミ生五名のうち一人をのぞいて、だれも古代史を選びませんでした。私もそうでした。

先生は、二〇一九年二月二日、享年百歳で亡くなられました。その年の十二月に開かれた「直木孝次郎先生追悼のつどい」で配布された資料を見て、先生が四十三歳の時に「難波宮址を守る会」の初代代表に就任されていたことを初めて知ったのでした。

話が前後しますが、先生が代表になられるしばらく前の夏休みのことです。

先生からゼミ生に、半ば強制的に「難波宮」の発掘調査を頼まれ、戸惑いながらも、真夏の炎天下、麦わら帽子をかぶり、竹べらやスコップを使って、四十日間汗まみれになり発掘に従事しました。

その時は、その意義を深く知らずに、しかたなしに参加しているという程度でした。のちのち社会科の教師になって、発掘での体験や知ったことを話した時に、生徒たちがとても興味・関心をもってくれました。先生から貴重なチャンスをいただいたことに、今さらながら感謝の念にたえません。

もう一つは、卒論のテーマを、なぜ先生が詳しい古代史にしなかったのか、例えば「大宝律令における良と賤」にしなかったのか、今もって悔やまれます。研究熱心な直木先生に、ぜひ身分制度について研究をしてほしかったし、なぜもっと先生に教えを乞おうとしなかったのかが悔やまれます。

心から先生のご冥福を祈ります。

私の結婚――みやらけへ

私は大学卒業後、四月から私立高校の教師となり、五月には結婚し、東淀川区の正行のふるさと「みやらけ」[*1]の住民になりました。

正行との結婚を決意した時のことです。

実は、上田卓三さん（日之出地区に生まれ、後に、部落解放同盟委員長、衆議院議員に）と武林孝子さん、西岡智さん（大阪市内の部落解放同盟矢田支部結成）と鈴木君枝さん、それに私たちの三組で、一緒に結婚式を挙げる話が持ち上がりました。

家族に、正行と結婚したいと話したところ、予想もしなかったことに、母親が猛反対しました。

「大賀さんは、人物としてはええ人や。けど、住んでいるところや、定職もなく部落解放運動をしているのが気に入らん。やっと大学を卒業したのに、すぐに家を出ていくというんは話が早すぎる」

それが反対理由でした。母親の強固な反対で、合同結婚式は私たちを抜いた二組でおこなわれ、二カ月間、私と母は険悪な関係でした。ただ、私の場合は、父親と弟が賛成してくれていたので、母は家族の中で孤立してしまい、すごく悩んだと思います。

ある日、母が、

「今日、八卦見に占ってもらったら、この結婚はうまくいくと出たけど、ただし条件があって、あんたらの結婚は、親戚には言わん。友だちがやってくれる結婚式には、家族だけやったら参加する」

と言いました。私たちは相談し、母が言う条件を受け入れることにしました。

こうして、一九六三（昭和三十八）年五月五日に大賀正行と結婚し、「みやらけ」の住民となりました。

住まいは、新幹線被害者同盟の事務所のあった徳風園住宅の二階でした。

正行は、新幹線が「みやらけ」の真ん中を通り新大阪駅ができることに対し、ふるさとがなくなり、大阪駅周辺のようになってしまうのではないかと危惧していました。それで、「新幹線日之出地区縦断絶対反対期成同盟」を結成し、約千五百世帯を組織し、当時の国鉄と交渉し、新幹線駅にふさわしいまちづくりを掲げて、悪環境・不就学・失業と闘いました。

新幹線の工事開始で水脈が切れ、井戸の水が出なくなったり、新幹線開通とともに起こった電波障害に対しても、「被害者同盟」にも多くの住民が結集し闘いました。

私たちの新婚の家にも、みやらけの人々がしょっちゅう出入りしていました。この時、私は生まれてはじめて、被差別部落に生き、毎日の生活に苦労しつつも苦労をものともせず、笑い飛ばしながら、しぶとくしたたかに生きる、大らかな人々と出会ったのです。

二〇二一年五月

大賀喜子

＊1　みやらけ…江戸時代、日之出地区は、「宮崎村」、通称「みやらけ」と呼ばれた。その後「東宮原村」となり、一九二五（大正十五）年、大阪市編入で「日之出町」となる。日之出地区を「みやらけ」「東宮原」「日之出」と称しているのは、以上のようないきさつがある。

ごめん！ 聞いて ごめんな　みやらけの人々の聞き取り　もくじ

第一話　みやらけの子もり唄

岸キヌエさん

第二話 わが生いたちの記

山中四四九さん

エピローグ

第三話　それでもわては生きてきた

谷上梅子さん

第四話 東宮原水平社のたたかい 十五人の証言から

第五話　三度の空襲

プロローグ

第六話　朝鮮半島から来た人々

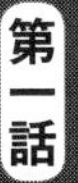

みやらけの子もり唄

岸キヌエさん

岸キヌエさん（山本將文撮影）

第一章

赤いべべ（着物）

私のルーツ

父方　森の人々

私の父は、森鶴松（もりつるまつ）といいます。父には、亀太郎（かめたろう）という兄とツルエという妹がいました。

父方の祖父は森鶴吉（つるきち）といい、「下駄（げた）直し」をしてました。網代（あじろ）の籠（かご）を二段に重ね、おうこ（になない棒）で負うて、日之出（ひので）から下新庄（しもしんじょう）・上（かみ）新庄をぐるっと、「なおーし、なおーし、はまいれなおーし！」と回ってました。朝九時頃家を出ます。材料は、ムラの中の歯板屋さんで手に入れてました。北井功（いさお）さんの親の家とか、中田福一さんの親の家とか、二、三軒ありました。午後二時頃帰ってくると、いつも一銭もらうのが私の楽しみでした。お祖父（じい）さんのところへは小づかいをもらいにいくだけだったので、どんな仕事をしているのか知りません。

父方の祖母は森シナといって、なかなかしっかりした人でした。私の母には厳しい姑（しゅうとめ）で、母はとても苦労しました。

母方 松井の人々

母方の祖父は松井二三松といい、なかなかのかいしょ者で、タドン屋をしてました。タドンは、炭の粉を買ってきて、練って握り飯みたいに転がして丸めます。それを三、四日、簾の上にのせて乾燥させて売りました。タドン屋は産婆さんの池田さんと、ムラでは二軒だけだったと思います。

お祖父さんは若い時、太鼓の皮張りを仕事にしてました。頼まれたら、日之出の近くの吹田新田とか蒲田とか北宮へ出向いてました。皮は西浜から仕入れて、表張りして張り替えました。お祖父さんはなかなかの男前で、女の人がよく後をつけてきたそうです。

お祖母さんはコマという名前で、上に女が三人――ひで、こひで、くにと、下に男が二人――太三郎、泰一と、五人の子どもがいました。

私の母 くに

私の母は、くにといい、十三歳の時、母親を亡くし、父親と兄弟姉妹五人が残されました。母の父親は男前だったので、すぐに子どもを二人連れた後妻さんが来ました。

十三歳の時に、松本のおきわさんが嫁入りした蛇草の家へ女中奉公に出されました。寒い冬だというのに、単衣の着物一枚を着て奉公に行ったそうです。仕事をしてたら暖かいけど、用事がすんだら寒うてじっとしてられんので、背中に新聞を入れて用事をしていたら、カサカサ音がします。「おくに！」と呼ばれて、「へェ！」と言ったら、「おまえ、なんで背中カサカサいうねんや？」と言われ、新聞を入れてるとも言えんので、つらくて泣きたい思いをしたということです。

十八歳ぐらいの時、森鶴松と恋愛して一緒になりました。

森の姑は母が気に入らんので、つらく当たりました。私の上に姉が二人生まれてたのですが、上の二人の姉は、小さい時に死にました。実家に帰っても、継母が、

「おくにが、子ども連れて表から帰ってくるんやったら、わしは裏から出してもらう」

と言うので、泣く泣く子どもを森の家へ置いて出たら、姉は急に乳を離されたためか、まもなく死んでしまいました。

三人めに、私が生まれました。私が一番上で、次が政子、重信、実子（じつこ）（この子は小さい時に亡くなりました）、それから、昭鶴（しょうかく）、須磨子（すまこ）と六人です。戸籍上は一九一五（大正四）年四月三十日となってますが、本当は一九一四（大正三）年七月十九日生まれです。子どもが生まれても、姑は別れさそうとしました。一年ほど届けが遅れたのは、姑さんが母につらく当たり、母が家を出て別居したからです。母は私を連れて、「電光社」という新世界のマッチ工場に、住み込みで働きました。昼は、私を背負って仕事をし、夜は、そこの下宿に置いてもらいました。子連れだったので、ずいぶんいじめられました。マッチ工場で勘定をもらったので、「唐人まげ」を結ってもどって来たら、うちのお父さんが後ろからつきまとって、

「おくに、一緒になろう……。おくに、一緒になろう……」

と復縁を迫りました。

「いや、ようならん！　おまえの親と暮らすんやったらようならん。別に所帯するんやったらなるけど」

「そんなら、別所帯するから」

ということで、今の新幹線の下あたりの新築の借家に住みました。

それから母は、おタマちゃん（大賀正行の祖母）などと一緒に、飛鳥（あすか）の中井さんのマッチ工場で働い

てました。中井さんのマッチ工場へは、私もついていったのでよく覚えてます。おタマちゃんらは、包装の仕事をしてて、私の母は箱詰めの仕事をせっせとしてました。いっぺんに百本ぐらいつかんで、マッチ箱に軸から差して、頭のほうでそろえていっぱいに入れます。せいろの箱がいっぱいになると、札一枚がもらえます。晩になると、一枚三銭で勘定をしてもらって帰ります。その金で米を買って、所帯をしました。

私の父 森鶴松

私の父は、「ぶりうち」に行ってました。「ぶりうち」というのは、「振り売り」という言葉からきてるそうです。昔の大八車に、天満(てんま)の市場で売っている物を少しずつ買って、積んで売り歩きます。青物から干物、魚、果物、餅、天ぷらなどいろいろ売ります。青物は、長柄(ながら)で、大塚の「ひねり」*1から買います。大塚の人は、百姓から、大八車一台分いくらと買ってました。

父は、朝四時ごろに家を出てました。天神橋十丁目筋にお得意があって、「ひねり」や市場で商売物を仕入れて行商に行きました。雨が降っても照っても、二十一日のお大師さんの日しか休みません。そして、母に毎日二円渡してました。「ぶりうち」のほかにも、畑を借りてズイキイモを植えたり、とても働き者の父だったと思います。

妹のこと

もの心がついた頃の記憶はあまりありませんが、十一か十二ぐらいの時分だったと思います。

うちの家には、中二階がありました。そこで私と妹が寝てると、

「キヌエ、キヌエ！」

と下で寝ていた母親が大きな声で苦しそうに呼びます。はっと起きて降りてみると、赤ちゃんが産まれてました。今やったら、産み月になれば病院に行くけど、もう六十年以上も前です。そんな昔のことやから、ムラには産婆さんもいません。一人でおこたかかえたり、お膳をかかえたりして、子どもを産みました。うちの母親も、そうして一人で産み落としたんです。ムラには、取り上げ専門のばあさんがいました。母親は、ばあさんを呼んできてくれと言いました。ばあさんは、大人が入れるような大きなたらいを持って、すぐかけつけてくれました。

「あねー、湯わかし。かまに水入れて、湯わかし！」

このへんでは、かわいらしい小さい子のことを、よい言葉で「あねー」といいます。私が背伸びをして、かまに水をくんで湯をわかすと、ばあさんはヘソの緒を切って、生まれた子に産湯をつかわせました。なんで大きなたらいを持ってくるかいうと、出産六日目に「六日だち」の祝いをするので、ばあさんが、そのたらいで子を産んだ母親をきれいに洗ってくれるのです。

お産は軽かったのに、産後の肥立ちが悪かったんやと思います。母親は、血の道の病をわずらいました。家の大黒柱はお父さんやけど、肝心かなめの、家の中を仕切るのは母親です。裕福でないので「お手伝いさん」を雇うわけにもいきません。お父さんが早く帰れば、ご飯の支度もしてくれるけど、私が小さい子の面倒をみんとあかんようになりました。

私は学校が好きで、字が好きで、学校へ行きたくてたまりません。けど、子守りのため学校へ行けなくなりました。赤ちゃんや、幼い弟と妹の世話の毎日でした。

当時は、粉ミルクとはいわずに、「ラクトーゲン」といってました。お湯をわかして、哺乳びんでミルクを溶かして飲ませてやりました。その時分は魔法びんがないので、夜中に起きて、薪(まき)をたいてミルクを溶く湯をわかすのは、本当につらかったです。自分も眠たいし、オシメを取りかえるのがやっとでした。それで、ラクトーゲンを水で溶かして飲ませてました。ままこ（だま）になってても、吸わせると、赤ちゃんも腹がはって寝てくれます。「こげつき」といって、おかまのご飯が底にこげついたのと一緒で、夜も昼もしょっちゅう背中に赤ちゃんがこびりついてました。降ろせるのは寝る時だけです。夜は八時でも九時でも、自分が寝るまで負ぶっていました。ほかの弟妹たちだけなら、少し大きいから、ご飯食べさせればいいだけです。そしたら私は学校へ行けるのにと、なんべん思ったかしれません。

　十二、三歳になった秋のことでした。母親が退院してくることになりました。

「うれしい！　明日から学校へ行けるわ」

と思いました。五月の十八日は中島惣社のお祭りですが、その日に母親が入院して以来、学校へは行ってません。四年生まで行ってたんで、五年生からはソロバンや歴史も習えると楽しみにしてました。幼い子を負いながら、

「この子が死んでくれたら、学校へ行けるのに……」

となんぼ思ったかしれません。先生も、

「いっぺんぐらいは、学校へ来さしてください」

と言ってくれました。ところが、お母さんから、

「わしが病院に入って借金があるから、学校へ行かされへん。わしは働いて借金返さんならん。おまえ、赤ん坊みてくれ」

と言われたのです。来年は学校へ行けると楽しみにしてたのに、母親はすでにもう次の子を身ごもってました。それで、私が働くほかありませんでした。

　働きにいったのは、手袋の工場でした。一日五十銭もらいます。私がおんぶしてた妹は、私より四つ

ぐらい年下の女の子を雇って、子守りしてもらうことになりました。守り賃は、私の稼いだなかから三十銭払いました。残りの二十銭は、今でいうと五百円ぐらいで結構ねうちがあります。

毎日角形（かくがた）（現大阪市北区角田町（かくだちょう））というところまで、歩いて行きました。四キロぐらいあります。一カ月通って十三円五十銭くれたんです。けど、ひと月で十五円という約束でした。一日と十六日は休みなので十四円のはずです。一日だけ少し遅れたいうて、五十銭引いたので腹が立ちました。

私は、その頃から気が強いほうで、

「お母さんに、子どもができますねん。忙しいのでやめます」

と言って、その場でやめて帰ってきました。帰ると、お母さんに、

「なんでやめたんや！　子どもができるのに」

と、えらい怒られました。

弟ができた頃には、このムラにも産婆というものができてました。お礼が五円ぐらいだったと思います。六日だちのお祝いなどいろいろと物入りで、一カ月で私が持って帰るまとまったお金が、ずいぶんあてにされてました。二と八の日は、このあたりで昼店がありました。さら（新品）の着物から古の着物、靴の片一方から売ってました。銘仙の着物は三円五十銭から四円くらいしてましたが、新銘仙は二、三円でした。

「今月は、着物、買（こ）うたるから」

と喜んでも、買ってもらった覚えはありませんでした。

尋常小学校か高等小学校卒業の免状がないと、いい会社はどこも使ってくれません。あっちへ臨時雇いに行ったり、こっちへちょっと行ったりしてました。

友だちの世話で、十三（じゅうそう）にあったボブ・コンフェクショナリーという菓子工場に行ってる頃でした。

ここは、バターボールあめをセロハンで包む仕事で、なかなか金儲け（かねもう）がよかったんです。友だちが休まず働いて、年末に奨励金をたくさんもらいました。あくる年は、私も負けん気を出して奨励金欲しさに一日も休まず働きました。

当時、妹は四歳になってました。そこまで大きくなってたのに、重いはしかにかかりました。やっぱり、ミルクのやり方がこたえてたんだと思います。栄養失調になったり、いろんな病気をしました。腸の熱がひどく出ました。妹が死んだ日、

「キヌエ、今日一日、休んだってくれ」

と言われたのに、まさか死んでしまうとは思ってないので、

「休むと、一年の賞与がもらわれへん」

と出ていった仕事場に、妹が死んだという知らせが入りました。年がいって、自分の子どもができてみると、あの時、妹にもうちょっとあんばいしてたら生きてたのにと、悔やまれてなりません。

娘時代から結婚へ

ボブ工場で

満十三歳の時、十月に弟の昭鶴が生まれて、しばらく家で手伝いをしてました。

働きに行かなあかんと思ってたら、京井かる子さんが、十三にあるボブ・コンフェクショナリーというお菓子の会社を世話してくれましたが、社長の手形のトラブルでつぶれてしまいました。あれだけ楽しみにしてた奨励金ももらわずじまいで、十一月頃に首になりましたが、ボブ工場の思い出といったら、こんなことがありました。同じ工場で働いてたムラの仲間が、

「うっとこの家へ、遊びにおいで」

と工場の友だちを誘いました。その時、

「森さんとこやったら家が汚いし、きょうだいがたくさんいるし……」

と言ったらしいのです。私は、工場の友だちに、

「なに言うとんねん。なんぼ家が大きかっても同じ人間やん。自分とこかて、ええことないやん」

と仲間のアラを言ってしもたら、むこうのお母さんが、えらい剣幕で家へやってきて、

「娘さん、いてまっか！　あんたとこの娘さんが会社へ行ってる時に、うちのことで、悪いこと言うたらしいですわ。なんで言うたってくれたんや」

と私の母親に詰め寄ったんです。私はこの時たまたま風呂に行ってて、いてなかったんですが、母親には事情を話してました。母親は、

「おまえが先に言うたんとちがうし、かまへん」

と言ってくれてました。うちの母親は、かなりしっかりしてたので、

「わしはようあやまらん。娘のことやから。娘が帰ってきて、娘に非があればあやまりましょう」

と言い返しました。そこへ私が帰ってきたんです。母親の説明を聞いて、

「そやないで、おばちゃん。こうこう、こういうわけや……」

と言ったら、

「お互い、同じムラから行ってんねんから、まあ仲ようしたって」

と、はぐらかしてきたので腹が立ちました。

「それは、あんたとこの娘に言うことちがうか。うちから言うたんとちゃうで。あんたとこの娘が、同じ台で仕事してる仲間に、うちのこと先に言うたんや。同じところから行って、お互いにアラ言い合い

したら、きりないのとちゃうか。そやから、おばちゃんとこの娘によう言うとき！」

小さい時から、筋の通らんことは、だれが相手でも一歩も引き下がりませんでした。

私はすっかり忘れてたけど、昭和天皇の即位の時、女工仲間で桃太郎の劇をやったそうです。私は猿や犬の役をやって、「きび団子」の代わりに「ボブのあめ欲しい」と言って、みんなの喝采を浴びたそうです。

寺町のキントンあめ工場で

それからしばらくして、寺町のキントンあめ工場へ臨時雇いで行きました。小学校の免状もないから、武田製薬とか田辺製薬のようなちゃんとしたところに行けません。こんな出来事がありました。

あめを包むのにケースが必要ですが、それが一日にいくつと決まった数しか来ません。私ら工員は二十人いました。そのなかに、工場の責任者が惚(ほ)れてた女の子がいました。その子の使うケースは、いつも責任者が一日仕事ができる分だけ横へ取ってました。私らは遅く行くので、ケースが十分なくて自分の思っただけの仕事ができずに、途中で帰らんとあきません。ある時、たまたま私が早く行ってケースを余計に取ったのです。そのため、責任者の好きな女の子が早くしまうことになりました。そしたら責任者が、

「（おまえの）そのケースを、やらんかい！」

と言いました。私は、

「なに言うてんねん！　何でやらんならんねん。わしら、ケースがなかったら早(は)よう帰ってるやんか。いつでもあの子は残ってやな、自分の思っただけ仕事してるやんか。それ、だれの指図やねん！」

と言ってやりました。痛いところを突かれたので、

「気に入らんかったら、やめんかい！」

と、こうなりました。

「やめたるやんけ！　けど、おまえに『やめ』言われることないぞ。社長がやめと言いはんねんやったら、わかるけど……」

「おれは、ここの責任者や！」

「ああ、わかった、やめたる！　おまえ、ここの責任者やな、その責任とるねんな。労働組合へ言ったるからな」

と言ってやったら、労働組合がこわかったかして、社長が飛んで謝りにきたのです。

「あの人に、機械場はまかせてあるが、責任者やない。やめんといてくれ」

と止められましたが、ゲンクソ（気分）が悪うて、友だちと二人してやめました。この寺町のキントンあめ工場も、このあと特許の問題で負けて倒産しました。

この頃、私は映画が楽しみで、長谷川一夫のファンでした。よく上司の目を盗んで工場を抜け、映画を見にいってました。

夫 岸との出会い

キントンあめをやめて仕事を探してたら、長柄の橋のところで、「帽子会社、女子入用」というビラを見つけて、松屋町のその会社へ友だちと働きにいくことにしました。そこでは、赤ちゃんがかぶるフード帽を作ってて、アイロンがけをしたりしていました。

私はもともと勝ち気で、仕事はようできました。私の腕に惚れた親方が、一にもキヌちゃん、二にもキヌちゃんと持ち上げて、一緒に行ったべっぴんの子には目もくれません。そのため、友だちはよそへ変わってしまいました。親方は、自分の注文取りに外交に出ても、私やったらしっかりしてるから仕事場を安心して任せられる、と見込んだのでしょう。しばらくして私に結婚を申し込んできました。その親方が、夫になる岸伊勢松(いせまつ)だったわけです。

夫は十四歳の時に、徳島の田舎から出てきて修業し、その時は二十七歳でした。もっとも、結婚してお腹(なか)が大きくなって籍を入れる段になって、二歳年を隠していることがわかりましたが、あとの祭りでした。私は十九歳。年が離れてたし、前かけを巻いてる姿がどうもいややったのです。

結婚の申し込みの前に、こんなことがありました。

「生駒(いこま)へ、遊びに連れて行ったろか」

と誘われて、ついていきました。私は、兵隊さんに憧れてたのに、夫は番頭さんの風をしてて、前かけを巻いてました。いややなぁと思いながらついていきました。ご飯を食べようと、生駒聖天のすぐ下の店に入り、座敷に上がりました。ふと見ると、隣の部屋に布団が敷いてあります。飛んで逃げて帰りました。あくる日、母親が、

「仕事、はよ行けよ！」

と言いましたが、

「今日は行けへん、やめる！」

と答えると、母親は、

「いったい、なんべん仕事変えんねん！」

と怒りだしました。私はすぐ外に職探しに出ました。ところが、このムラから帽子屋にぼんさんで行ってた子に、うちの家を聞いた夫が、私の留守中に、

「昨日、心苦しいことがあったので……」

と訪ねてきたのです。私の母親に、

「この家は、私の田舎の家によう似てるので、ますますキヌエさんが気にいりました。キヌエさんに来てもらわな、困りますねん。日給、安かったら上げます。希望を言うてほしい」

と言ったので、母親は、この言葉にころっとまいってしまいました。家へ帰った私に、

「いい話やないか。仕事に行け！」

と怒ります。私は、夫がわざわざ来てくれた熱意にほだされて、あくる日から、また帽子屋へ行きだしました。しばらくして、結婚の申し込みを受けたのです。日ごろ、母親から、

「よその人と結婚したら、捨てられるからあかん」

と、きつく言われてたので、断りました。

「嫌いとちがうが、私は部落の人間やから、一緒になられへん」

夫は徳島の剣山（つるぎさん）の奥の田舎から来てましたから、部落って何かわからなかったんでしょうか、

「部落いうても同じ日本人や。結婚して二人でがんばっていって、大きな帽子屋にしようやないか」

と強く言ってきます。私にしてみたら、正直なとこ、この人と結婚したら部落から逃げられるという気持ちがありました。相手は前かけ巻いていややったけど、よそで住めるというので結婚する気になっていきました。結婚式もすると言ってくれたし、少しでも人を使う人のところへ行くというのは、借家の家の娘としては、最高やないかとも思ってたのです。

夫と暮らしはじめる

「よその人にやるのは、絶対いやや」

と言っていた母親ですが、

「娘が気にいっているのやったら、しょうがない」

と、考えはじめたようです。けど、いざもらってもらう段になって、ちょっとノイローゼになり入院してしまいました。母親がおらん間の家計を父に託したけど、後で入り用の金を残してくれません。

ある日、父が足の悪い妹に浴衣を買ってきたのはいいけど、自分の上布も一緒に買って、「これどうや」と見せびらかしました。

「そら、どういうこっちゃ。うちは嫁入りすることになってんねんで。うちのと妹のを買ってきたんなら話はわかるが、自分のを買ってくるて、どういうこっちゃ！」

「親に口答えするんか！」

と私をどついたんです。私は、お祖父さんのところへ泣きついていきました。お祖父さんは、父の女郎買いで母親が泣かされてることを、よく知っていて、

「しょうがないガキや……。そんな家に辛抱しておることあらへん。お父さん、おまえがおらんかったらどうするか、いっぺん困らしたれ！」

と、けしかけられました。

それで、その足で松屋町の夫のところへ行き、そのまま一緒に暮らすことになってしまったのです。だから、鍋一つ、お茶碗一つから買っていきました。母親にしたら、私のもうけた金を貯めてて荷をこしらえ、ちゃんとした結婚式をしてやりたい、花嫁衣裳もしてやりたいと思ってたようですが、母親が病院から帰ってきても、結婚式を挙げずじまいだったのです。

ふたたび日之出へ

一緒に暮らしはじめた翌年のこと、夫は問屋へ注文をもらいに行って、土砂降りのなか、ずぶ濡れに

なって帰ってきました。その後風邪を引いて、熱を出してとうとう寝込んでしまいました。私は、恥ずかしい話やけど、熱出したら冷やしたらええと思い込んでて、冷やしました。そしたら、急性肺炎を起こしてしまいました。怖くなってきて、親元へ帰って、こないこないやと相談したら、

「それやったら、病院へ連れていかなあかん。すぐ帰ってこい！」

となり、連れて帰ってきました。あくる日、リヤカーに乗せて、医者の土居さんのところへ行ったら、

「あのな、ここ二、三日がヤマやで。親、きょうだいがあるんやったら、すぐ連絡したれ」

と言われました。結婚してまだ五カ月です。そら、悲しいといったらなかったです。湿布がいいというので、湯をわかして湿布したりして必死でした。けどありがたいことに、夫には寿命があったんでしょう、結局は助かりました。ところで、この時、

「会いに来たってくれ」

と夫の里へ手紙を出しました。十五年もの間、里へ一銭も仕送りのできん者は、里では「ごくどう」といって相手にされません。しかもそこは、大阪へ出てくるのに三日ぐらいかかる山奥です。とうとう返事もこなかったので薄情やなあと思いました。また、どっちが病気になっても困るし、

「いっそのこと、ここで家借りて、帽子屋をせい」

と親が言ってくれ、結局、日之出に帰ってくることになったわけです。

それからしばらくして、長女が生まれたのですが、店の仕事が今ひとつうまいこといかないので、

「子どもがかわいそうやから、おまえが家にいてくれ」

と夫は職人として帽子工場へ働きに出るようになりました。その時分、家賃が三円だったのですが、夫は大学出以上に五十円ももうけてました。その時分の五十円はたいしたものやったんです。

その後、長男、次男、三男が生まれましたが、世の中は泥沼の戦争へ突入していきました。

六・七 東淀川大空襲

燃える麦畑

一九四四（昭和十九）年頃から戦争が激しくなり、都会に住んでいる子どもたちの疎開が始まりました。上の子ども二人――長女・長男を、夫の生まれた徳島の山奥へ疎開させました。その頃、四人の子がいましたが、離れて暮らしたことがなかったので、心配やらふびんやらで夜も眠れんことがいく晩もありました。私自身、戦争のこわさを知らなかったので、とうとう辛抱できず、

「遠いとこ離れて、親子離れ離れになったらいやや。一緒に死にたい」

と、えらそうに言って、疎開先から子どもたちを連れもどしました。そしたら、あの大空襲です。

六月七日午前十一時五十八分、「ドカーン！」と大きな音がして、家がグラグラゆれ、障子が倒れ、家は今にもくずれそうでした。空からバラバラと小石が降ってきました。崇禅寺の市場に一トン爆弾が落ち、爆風で小石が飛ばされ空から降ってきました。

「こらあかん……」

ハシカにかかってた一番下の子（三男）をねんねこでくるみ、表に飛び出しました。今、東淀川駅の東側、家やビルが建てこんでいるところが麦畑でした。みんなはだしで、麦畑のほうへ逃げました。こわくてね。上に何もないとこやったから、こわくておれへんのです。山中の菊造さんといって、山中四四九さんの叔父さんやけど、消防団の団長をしてはって人を守らなあかん立場やけど、こわくておれへんかったんやろね、ワーッと逃げはりました。肥ツボがあって、広さ二、三坪あったかな。コンクリートの屋根もついてて、みんなその中に逃げ込みました。もうくさいも何も言うとられへん。菊造のおっ

さんと、腹が大きかった娘さんと私、全部で七、八人でそこに隠れました。

「ウワーッ！」

というときの声が上がって、なにごとかと見たら麦畑が全部火の海になっていました。

「ここにいたら、死ぬ！」

と思いました。菊造のおっさんは先に逃げておれへん。腹の大きい娘をほっといて、

「おっさん、危ないで！」

と言うてるのに、私の夫は先に上がり、大きな腹の娘さんを引っ張り上げようとするので、私はケツから押してやりました。日之出のほうを見ると、真っ赤な火の手が上がってました。空が真っ黒になり、黒い雨が降ってきました。

「こんなことなら、子どもらを呼びもどすんやなかった。せめて子どもだけでも助かったのに……」

と思いながら、親子六人で広い道路まで逃げてきました。その時です。艦載機が頭のすぐ上まで降りてきて、機銃掃射で私たちを狙い撃ちにしてきました。夫が、

「伏せろ！」

と大声で叫んだので、みんなは道路に伏せました。爆音とともに艦載機は頭上を通り過ぎ、むこうに焼夷弾を落として去ってきました。

岸辺でのご恩

私らは、助かりました。うれし泣きしながら歩いてると、

「キヌエちゃん、岸辺へ逃げよう。ここにいたら死んでまう」

と松井のおばさんが声をかけてくれました。私ら親子六人と、私の妹、坂本えい子さん親子四人、それ

に松井のおばさんちの家族三人、全部で十四人が吹田市の岸辺に逃げたんです。岸辺はおばさんの生まれたところでした。みんな着のみ着のままで、米も何もありませんでした。

その晩、おばさんの姉さんが、わらぞうりを作って交換した米で、おかゆを炊いて食べさせてくれました。とにかく大勢で、一回でペロッとなくなりました。次の日の朝も、またおかゆを炊いて、食べさしてもらいました。そのうえ、みなはだしだったので、米と交換するため作ってあったわらぞうりの束をほどいてはかしてくれました。この時のご恩を、一生忘れることはできません。

日之出の惨状

昨日の恐怖も忘れ、空襲にあってもうちの家だけは残ってるかもわかれへんという欲で、日之出へ帰ることにしました。汽車は止まってるので、線路を伝って歩いて帰りました。もうすぐ日之出というところで、また空襲警報が鳴りはじめました。足がすくんで、前へ進めません。それでも、握り飯がもらえるというので、テントのところまで行きました。消防団の菊造のおっさんなんかが炊き出しをしてて、私らも握り飯をもらって食べました。焼け跡を歩いてる時、家の焼け落ちた下に、母と子の髪の毛だけが焼け残ってるのを見ました。この時の空襲で、日之出でもぎょうさん人が死にました。

私の家があったところにもどってみると、家が残ってるどころか跡かたもありません。ただ一つ、水を入れてあったアルミの二升釜だけが、ぽつんと残ってました。

「どないしよう……」

親とは日ごろから仲が悪く、親のところへは行きにくい。けど背に腹は代えられません。行くには行ったんですが、親からは、「家に入れ」とも言ってもらえません。家の中にいたよその人が親切に、「うちにおいで」

と言ってくれました。罹災証明で、米三升か四升もらえたので、その家でご飯を炊かしてもらって食べました。物のない時分やし、空襲の後やし、そうそうよその家に世話になれません。川島さんのお母さんで、私の叔母さんにあたる人が、

「親子、助かったかどうか心配してる。いっぺん、能勢口へおいで」

と言うてると聞いたので、能勢口へ行きました。けど、持っていった米がだんだん心細うになってくると、そこにもおれません。それで、うちの人が、

「田舎へ帰ろ」

と言い出し、そうすることにしました。私も、ハシカの子をねんねこで抱いたなりで、着のみ着のままです。もう行くところは、田舎しかなかったんです。

疎開

剣山のふもと

空襲で焼け出され、大阪にはもうどこも行くところはなく、徳島の田舎しか身の寄せるところがないので、夫は次男を背負って長女の手を引き、私はハシカにかかった三男を風に当てないよう背に負い、長男の手を離さんようにしっかり握って、混雑する汽車に乗り込みました。大阪にいたらこわいという妹も、一緒に連れて行きました。もうこれで一生会えんかもしれんというので、いとこたち三人が、十円ずつ餞別を出して見送ってくれました。

夫の田舎は徳島県の山奥で、剣山のふもとにある村です。何回も乗り継ぎ、やっとの思いで田舎の駅にたどり着きました。けど、それからがたいへんでした。バスは狭い崖っぷちの道を走り、乗ってる私

たちは生きた心地がしません。一時間も走って、ヤレヤレ着いたかとホッとしたら、家はまだずっと上のほう。足を抱えるほど急な坂道を、二時間も歩かんとあきません。

「うちのおっさん、ようまあ、こんなところで生まれ育ったなあ」

と感心しました。夫の生家は小さい百姓家で、わらぶきの平屋でした。十畳ぐらいの部屋にいろりがあり、そこで六人が寝起きしています。

夫の姉の嫁入り先が上のほうにあり、その人が私たちの帰るのを待ってて、

「私の家においで。ここは多人数では狭いし、私とこやったら、だれにも気兼ねはいらんから」

と言ってくれたので、姉さんの家で世話になることになりました。姉さんのところは分限者（ぶげんしゃ）で、大阪でいう「ええし」の家でした。いろりの間と、十畳ぐらいの間、その他二部屋と、下はたばこを干す小屋もあって広かったのです。田舎では、男は十五、女は二十ぐらいで結婚してました。嫁にきたらすぐ間に合うように、年上の女をもらうのです。そんな土地柄だったんで、姉さんも大きな家に嫁に行ったということでした。

慣れない百姓仕事

私らが疎開した時は、ちょうど姉さんの主人が兵隊に行ってて、子がなかったので養子にした子と二人だけで住んでました。妹もふくめて、私ら七人が世話になることになりました。

当時、姉さんは、大きな畑を一人できりまわしてました。七人も世話になってるので、気兼ねでじっとしておれず、百姓仕事を手伝うことにしました。私は、百姓仕事の経験がありません。山の斜面にある畑の草を引いてると、親指くらいの紫色の太いネズミが出てきて、こわくて、こわくて……。

田舎では、主にたばこを作ってました。七月頃、朝早く葉を取りにいって、それを夜なべ仕事に縄で

あみ、天井につるして干します。たばこ作りでえた金が、一年中の金のつなぎになるのです。六月の末から七月にかけては畑の草取り、八月は山の草刈り、九、十月は山の芝刈りと、慣れぬ仕事に骨が折れました。

食事は麦ごはんばかりで、それも腹いっぱい食べられません。食事前に、畑からもいできた「なんばきび」を焼いたり、じゃがいもにもろみをつけて食べて、お腹の下ごしらえをしました。山奥で、魚はほとんどありません。みそ汁は、切らずに丸のまま入れたじゃがいもに、大根の葉を干して刻んだのを実にします。じゃがいもは食べずに残しておいて、後で食べるのです。

困ったのは風呂です。近所の三、四軒で、半月にいっぺんぐらいしか沸かしません。谷川の水を引いてきますが、気持ち悪くて五日ごとに沸かすと、大阪の疎開人はぜいたくやと言われました。

差別に出会って

ある日、姉さんから、

「イーさん（私の夫のこと）とわし、ここで百姓する。下はばあさん一人やから、下へ降りて百姓手伝うたって」

と言われました。夫の実家は、弟夫婦が家を継いでましたが、夫婦ともなまけ者で、おばあさん一人で百姓仕事をしてたのです。おばあさんの手伝いに行ってたら、弟の嫁の母親が来ていて、

「おまえらがええ時は大阪で暮らしとって、焼け出されたとたん帰ってきて、兄貴やからといって、弟を放り出すもんもいる。あんたらも焼け出されて帰ってきたけど、どういうつもりや。弟夫婦を放り出そうとしててんのとちがうか」

と私に言ってきました。かっとなって夫に、

「こないこない言うとるで」

と言いました。その時分は、

「兄であれば、かまどの灰まで兄のもの、戸主やったら財産はみな取れる」

と言われたものです。夫に取られない前に、煙幕を張っていたのでしょう。

「私らは、焼け出されてここへ来たけど、なにも、お父さんが苦労してきた財産を分けてもらおうとは思ってへん。戦争が収まったら、また大阪へ帰るねんから、このこと、おっさん言うてきて」

と夫に言いました。夫は下へ行って、

「うちのやつに言う前に、なんでおれに言うてくれんのか。うちのやつ、よそから来て何も知らんのにきついこと言うたってもろたら困る。お父さんの家もらおう、畑もらおうと帰ってきたんとちがう」

と言いました。そんなことがあって、しばらくして、今度は弟の嫁が、

「大阪のお姉さん、姉さんらが住んでいる東海道線の東側は、部落とちがう？　◯◯とちがう？」

と言ってきました。

「へえ、そう」

と私は知らん顔をしてましたが、心は煮えくりかえり震えてました。遠く離れたところやからわからへんやろと思ってたのに、こんなところに来てまで差別があるとは……。

また、少し後のことになりますが、戦争が終わって進駐軍が入ってきて、日本人はどないされるかわからへんと、うわさが立ちました。米軍は牛を殺して食べてしまうというのもありました。

弟の嫁が、出刃包丁を手に、ねちねちした口調で、

「これは、◯◯の使うもんや」

と言いました。腹が立つけど、子どもを預かってもらってるので、けんかしたら仕事に行けん。今やっ

たら、ケアーッ！て言うてやるけど、その時は黙っているしかありませんでした。

戦後を生き抜いて

たばこのヤミ

妹が十六の時に、終戦になりました。その年の十一月まで妹を預かってたのですが、私は親と仲が悪かったので、うちの親に、十六にもなる娘を田舎で使てると思われるのがいやで、

「命が助かったんやから、こわいことないから帰り」

と言って、連れて帰って親に渡しました。

その頃、大阪には、たばこがないという話を聞いてました。たばこがあれば飛ぶように売れるというので、田舎から持っていくことにしました。刻んだ葉を障子紙で巻いたのを、置き薬の箱に五十杯入れ、梅田の闇市へ持っていったら、蜂の巣をつついたようにすぐに売れ切れになりました。これやったらいけるというので、たばこの商売を続けることにしました。ヤミ物資を扱う商売で、やっぱり警察に引っ張られました。夫にやってもらったら、はじめうまいこと商売してくれてましたが、なにせ無口でおとなしくて要領の悪い人やから、田舎の巡査に引っかかってしまいました。とにかく、百円のたばこが千円で売れます。一貫目百円のたばこを田舎で買って、大阪へ持って帰ったら千円で売れます。たばこの葉っぱ十枚が、百円で売れます。刻んだたばこの葉に、黒砂糖を炊いて霧吹きで吹いたのを、紙で巻いたりいろんなことをしましたが、途中から邪魔くさくなって、葉っぱのままで売るようになりました。

当時、着る物も不足してました。徳島の田舎では、着物をほどいて仕立て直しなんかしません。裾が破れたら裾を切って、だんだん丈が短くなっても、そのまま着ています。大阪の闇市では、色大島でも、

上下二百円でありました。大阪から着物を持っていってたばこと換えると、二百円の着物がたばこ五貫目になって返ってきました。大阪にはいろんなものがあり、田舎に子どもたちを置いてたので、大阪の帰りしなに、せんべいを一斗缶に一杯持って帰ったこともありました。

大阪へ引き上げる

大阪の家は、焼けてありませんでした。けど、田舎でいつまでも暮らされへんのやから、大阪に家を建てようということになりました。上田のたばこ屋の隣の土地は、親戚の万井さんの土地で、四、五十坪ありました。万井さんに、貸してほしいと頼みましたが、

「そんなら買うてくれ。農地改革になるから、その前に買うてくれ」

と言うので、他の土地もふくめて二百坪を七千円で買うことにしました。その時分の七千円は、大金でした。千円札がなかった頃です。ヤミでもうけて金はあったけど、旧円で支払うのは困ると言います。

「新円に変わってからいうても、私もヤミ商売やから、明日かかるか（つかまるか）わからへん。そやから、旧円で取っとくなはれ」

「月賦でもかまへん。新円で払ってくれ」

そのうち、私とこの商売もうまくいかんようになり、麦やら米やらを買い出しに行って、米や麦を千円分、二千円分と渡してきました。旧円が新円に変わる前の頃です。

その頃、徳島では、義兄（夫の姉婿）が兵隊から帰ってきて、義兄に説教されました。

「うちは寺地や。あんたは岸や。下の家で暮らすのが当たり前ちゃうか。（弟夫婦に）謝って帰ったらどうや」

「義兄さん、私は腐っても兄嫁だす。私が悪いこと言うたんやったら、悪うおました、堪忍してくださ

いと、頭下げて謝ります。けど、むこうから言ってきた問題ちゃいますか。私はよう謝らんし、下へはもどらん」

義兄は私の説明に納得してくれ、そろそろ家もできたことやし大阪へ引き上げることにしました。

「長いこと、お世話になりました。大阪でなんとかします」

と姉、義兄にお礼を言って、大阪へ引き揚げました。こんなことがあったので、すっかり田舎の親戚とは疎遠になりました。何十年以上たっても、「ゲンクソ悪い」から一度も田舎には帰ってません。

赤いべべ（着物）

一九八七（昭和六十二）年五月に、娘に先立たれました。五十三歳でした。娘が生きてきた道を思うと、今でも、何とも言えん気持ちになります。私は子だくさんでしたが、娘は、たった一人でした。

会社へ勤めに出して、自分は結婚式ができなかったので、せめて一人娘だけでも結婚式をさせてやりたいと、そんな気持ちで育ててきました。

十六ぐらいだったか、家も苦しかったし、おもしろくもなかったのか、友だちと二人で家を飛び出し、あっちへ行ったりこっちへ行ったりし、最後は神戸で働いてました。そこで好きな人ができて、アパートを借りて生活をしてたらしいのですが、ある日突然、娘が九カ月ぐらいのお腹をかかえ、荷物をさげて帰ってきました。

「なんで帰ってきてん」

と尋ねると、

「彼が、『明日、母親と兄貴がくるから二、三日家へ帰っててくれ』と言うから、帰ってきた」

と、ただそれぐらいの軽い気持ちで、娘は帰ってきたようでした。あとから気がついたけど、娘の帰ってきた晩に、それも、近所にその男（婿）の姉が住んでて下調べをしとったんです。そしたら、「部落や」とわかったんで、親子三人で相談し、

「部落の嫁さんもろたら、うちらの娘やらきょうだいの子どもらが縁づくさまたげになる。だから、おまえ別れろ」

と婿に言ったようです。娘は、そんなこと話しているのを知りません。あくる日、婿がきました。

「実は、わしらまだ若いから、おまえと別れいう話なんや。おまえは部落やし、料理屋の仲居をしてたから、だれの子かわかれへんやないかと、言われた」

と泣きながら言うんです。

「にいちゃん、あんた男やろ。しっかりしてや！　腹の子、九カ月や。別れること、できへんやんか」

「せめられたから、別れる言うてしもた……」

「男がいったん、歯から外へだして別れる言うたら、別れなしょうないな。そんなら、子どもはどうするねん」

おとなしくて気のあかん人で、何も言わんとそのまま帰りました。

あくる日、「こんにちは」言うて、おかあさんと兄さんの二人が来はったんです。ああ、来たなと、私は思いました。

「きょうは、大事な話で来はったんですやろ。そやから、上がって話してください」

と言うたけど、縁側で、足をジョロ組んで話しはじめました。

「そんな大事な話、上へあがってできへんようやったら、わしもようせん」

と言うたけど、女の子持ったらつらい、女は弱みです。先方のお母さんは、やっぱり、息子と別れたってほしいという話でした。

「普通やったら、はい、そうですかで済むかもしれんけど、娘は九カ月ですんやで」

と言うたらね、（こんな言い方、差別になるかもしれんけど）女のくせに、

「その子、堕ろしたってくれ！」

と言いました。私も、きついからね。

「それでも、あんた女か。九カ月にもなって、どないして堕ろせるんや！」

と腹立ってかないません。その時は、「部落やから」とは言わんと、

「料理屋で働いていた娘と結婚したら村で笑われるから、どうしても別れてほしい」

と言うんで、言い返してやりました。

「あんた、たいがい女だてらにきつい人やな。お腹九カ月になったもん、どないして堕ろせます。うちは産ませます。男の子なら、あんたがいやや言うたかてあんたのところへ連れていきます。まんよう女の子であれば、娘はこれ一人やから、自分の子として籍入れてちゃんと大きしまっさ！」

　三十数年前のことやけど、悔しいて悔しいて、晩寝てられしません。どうしてよいかわからずに、娘が働いてたとこの親方に相談にいきました。松本治一郎さんみたいな立派な体格の丈夫な人で、

「わかった。おれが話したる」

と言うて、二人の住んでいる家に行ってくれました。むこうは、おどおどしてました。婿は、

「お母さんも兄さんも帰っておれへんから、どうしょうもない。ぼくの子にまちがいないから、ちゃんとする。そやから、親の言うたことは辛抱してくれ」

と、それしか言いません。親方もおこって、

「部落の、どこがちがうんや」

と、だいぶ意見してくれましたが、らちがあきません。親子二人、泣き泣き家に戻ってきました。

二月に、無事女の子ができました。しばらくは、自分の乳で大きくしてたんやけど、娘も、毎日悔しかったんやと思います。私も、ほんまに悔しかった……。二カ月してまだ乳飲ましてるのに、

「明日から働きにいく。金なかったらアカン。金残して、この子大きする」

と思いつめたように、乳飲ましてたのをビシャンと離して、神戸へ働きに行ってしまいました。

この子は、小さい時からなかなか利発な子でした。根性は私に似てましたんやろ。子どもはお腹をすかして泣きます。ミルクを買(こ)うて吸わしたかて、本当の母親の乳とちがいますやろ、吸いつきません。なかなかお乳吸いません。一日目も、吸いません。二日目も、吸いません。三日目も、吸いません。腹がへってるから、泣きます。泣いてても、ミルクを吸おうとしません。私も、赤ん坊がかわいいて、しかたがあらしません。おばあさん泣きで、赤ん坊泣きで、やっと四日目ぐらいに哺乳びんの乳首に吸いついてくれました。やれやれと思い、それから、ミルクで大きくしたんです。

今でもそうやろと思いますけど、小さいカップで粉ミルクの量をはかって、白湯(さゆ)で溶くんです。今まで親の濃い乳飲んでたから、ミルクやったら水と一緒やからお腹すくやろなあ。こんな水みたいなもん吸うたらかわいそうや。そんな気になって、粉をようけいれて飲ましました。

けど、それがジリジリ、ジリジリとね、命とりになったんやないかと思います。成長の早い子でした。娘はおれへんし、自分の子や思うて大きしました。かわいいて、かわいいてね。十カ月で、もう歩いてました。今でも、幻に浮かんできます。一年と三カ月になりました。

上田さんの向かいで、東(あずま)さんのおばあさんが駄菓子屋をしてました。十円やると、一人で買いに行きます。その日も、お金をやると、家を出ていきました。雨がよく降る年でした。赤いウールの着物の尻をからげて出ていきました。ジリジリ、ジリジリ、腸を悪うしてたんですね。お菓子を買いに行ったけど、気分が悪うて、自分の家まで帰ってこれんようになって、東さんの家へ寄ったようでした。東さん

のお母さんが、

「ちょっと、岸さん、この子おかしいで！　何かおかしいのんとちゃうか」

と言うてきました。そうこうしているうちにジリジリひきつけがきて、お医者さんにみてもらうと、

「カンチョウしたらええ」

となって、カンチョウするとようけウンコが出たんやが治りません。それが、朝の十時でした。十二時になり、一時になったけどようなりません。あっちの医者にみてもろたり、こっちの医者を呼んで、みてもろたりしました。

「ちょっと、この引きつけはおかしいな？」

と注射もしてもらったけどおさまりません。四時になってました。もう一度、お医者さんを呼びました。そしたら、先生が、

「おばちゃん、この子、おばちゃんの子とちがうやろ。この子は、かわいそうやな。早(は)ように息ひきとってるところやけど、両親を待ってる。両親を、早よ呼んでやって」

と言わはりました。三番目の息子が娘とこを知ってて、で、五時頃かな、呼びにやりました。

三男は、もう十七ぐらいになってました。小さい時からやさしかったんで、孫も「ゴッちゃん、ゴッちゃん」と、お父さんみたいに慕うてました。三男は洗濯屋へ見習いに行ってて、七時になったら家へもどってきました。それから親を呼びにいって、帰ってきたのと息が切れたのが同時でした。

今でも、赤いべべの尻からげをして出ていった孫のうしろ姿が、目にやきついて離れません。

葬式の日も、どしゃぶりでした。朝、どしゃぶりのなか、この子のお父さんも呼んできて、とむらいをしました。生木をさくように別れたし、若いから、二人で何かごちゃごちゃ話してました。私は、

「子どもが死んで、こんな悲しいことないやろ。こんな悲しい目にあうんやったら、もう、その人とは

一緒になるな。なったらあかん」

と娘に意見しました。でも、やっぱり一緒になりました。何年間か一緒に暮らす間、きょう籍いれてもらえるか、あすは籍いれてもらえるか、娘も、たいがい待ったと思います。でも、結局そのこともなく別れてしまいました。そして、

「これから、いろんなことをゆっくりと話していきたいな……」

と思ってた矢先に、その娘にも先立たれてしまいました。

貫の思い出

一九四七（昭和二十二）年九月二十二日に、四男、貫が生まれました。一年三カ月ぐらいで、かわいく歩く姿が見られるようになりました。ところが、ある日、急に背中を指して、

「ここが、いたいよう」

と言うようになり、背中を見ると少し骨が出ているように思いましたが、大したことはないと思い、二、三カ月、そのままにしていました。なかなか治る様子もないので心配になり、医者に連れて行きました。お医者さんは、

「これは、カリエスです」

と言われました。私はドキッとして、

「先生、どうしたら治るでしょう」

と尋ねると、

「今は、少ししか骨が出てないから、今すぐ、コルセットをはめたらいい」

と言われました。家に帰っても、お金は一銭もありません。自分の着物や指輪、それに、子どもの着物

などを背負って質屋に行き、やっとの思いで四千円を作りました。コルセットは八千円と先生に言われてたので、あと四千円がどうしてもできません。困ってたら、隣のおばさんが、

「あんたとこは、主人も蒸発していないし、民生委員にたのんだらええのとちがうか」

と言ってくれました。さっそく民生委員さんのところへ行き、事情を話してたのみましたが、

「あんたとこは家もあるし、主人もいるのであかん」

と、たったひとことで断られました。私は家に帰り、悲しくて悲しくて涙が止まりませんでした。

私はその時、妊娠九カ月でした。夫は生活にいきづまると、家を出ていきます。出ていった日も、

「お父さん、晩に炊く米がないぞ」と言うと、

「二升分、闇屋にお金を預けてるから、とりに行ってくる」

と言って家を出たきり、帰ってきません。夕方暗なっても、子どもらに食べさせる物もありません。私の両親が近所に住んでたので、実父が、

「うちに来い。うちは三人やから、三合米を洗ってある。おかゆにすれば、みんな食べられるやろ」

と言って、子ども四人と私を連れて帰り、夕飯を食べさせてくれました。そんな生活ですから、コルセットどころではありません。食べる物もない毎日でした。その晩、五年生になる次男が、

「お母さん、一日なんぼあったら食べていける？　ぼく、あすから兄ちゃんと、靴みがきに行くから」

と言ってくれました。靴は、一足みがいて十円でした。兄のほうが三百円、次男が二百円ぐらいもうけて、合わせて五百円ほどになりました。当時、ほかの物は安かったけど米だけが高くて、一升二百八十円もして、一日五百円なかったら食べていけません。いい日和が二、三日続くと一日ぐらい食べのばしができるけど、雨の日が三日も続くと一銭のお金も入りません。貫は体が悪いのに、おやつも買ってやれず、前の畑になっているイチジクをとってごまかしたこともありました。

それから、二カ月たった十一月八日に、五男の義広が生まれました。そして、一カ月後の夕方に夫が帰ってきました。自分が悪いことがわかってて、家のすみで小さくなってる姿を見ても、腹が立ってるので、

「子どもやお腹の大きい私をすてて出ていきながら、今になって帰ってきても知らんから、出てってくれ」

と言いました。そこへ、二人の子どもが靴みがきから帰ってきて、

「お母ちゃん、お父ちゃんをゆるしてやって！」

と言うので、働いてくれる二人に謝られると負けて許しました。夫は働くようになりましたが日雇いしかなく、やっぱり雨が降ると休みです。家の貧しさは、相変わらずの状態でした。

貫は四歳になり、少しずつ歩けるようになってきましたが、ひざを持ってかがむようにしてしか歩けませんでした。六歳になって、学校へ行けるようになり喜びました。

貫が、三年生ぐらいの頃だったと思います。九歳まで、一度も遊びに連れて行ってやったことがありませんでした。その時分から旅行がはやり、お寺でつみ立てをして、奈良の若草山に貫と一緒に行くことになりました。質にいれた着物は出せなかったので、いとこに着物を借りて連れて行ってやりました。今でも忘れられません。貫はたいへん喜びました。

四年生の秋に、また歩けなくなりました。兄が負ぶって、淀川キリスト教病院に連れて行きました。レントゲンをかけて見ると、

「背中に、ウミがたまっていて、手術をせんとあかん」

と言われました。手術のため市大病院に連れて行くと、キリスト教病院のカルテを見て、

「今は病室があいてないから、年があけるまで待ってください」

と言われました。病室があくのを待っていると、友だちが、

「キヌエちゃん、一つの病院では誤診もあるよ。いちど十三病院でみてもらったら」

と言ってくれたので、それもそうだなと思い、あくる日、十三病院に連れて行きました。

忘れもしません。外科の丸山先生が、

「これは、カリエスではない。くる病といって、お母さんのお腹の中にいる時のカルシウム不足でなる、骨が曲がる病気だ。手術する必要はない。もし、ぼくの誤診であれば、二、三カ月たてば背中のどこからひふを破ってウミが出るが、そんなことは絶対にない」

と、自信をもって言われました。そのとおりで、どこからも、ひふを破ってウミは出ませんでした。

「これ以上曲がらんように、コルセットをはめなさい」

と言われました。さっそく家に帰り、みんなで相談して、兄ちゃんたちの給料を前借りして、コルセットを作りました。はじめのうちは「重い」と言って、はめたりはずしたりしてましたが、四年生の学期末から学校に行くようになりました。


むかいの同級生が、カバンを持って行ってくれ、中学校も卒業することができました。

けれど、貫は力仕事は無理です。絵が好きなので美術学校へ進むといって、天王寺の美術学校の試験を受けました。無事試験にパスし、美術学校に進むようになりました。地下鉄の昭和町まで、毎日通いました。重い絵の道具を持って行かんとあかんので、貫には重荷になったのか、一学期の間は休んだり行ったりしてましたが、二学期にはとうとうやめてしまいました。

三人の兄たちも大きくなっており、一生懸命働いてくれたので、家の暮らしは少しは楽になってきてました。貫も、家でぶらぶら好きなことをしていました。

それから数年して、貫が二十四歳の時、兄たちと解体業の仕事を共同でするようになり、貫も会計の

仕事を任されて一生懸命に働くようになりましたが、貫はしんどいという日が多くなり、ついに入院しました。肝臓の手当てをしてもらってましたが、歯から血が出たので歯医者に行きました。血がなかなか止まりません。病院の先生が、カルテを持って大阪医科大に相談に行かれました。

「この人は、肝臓ではない。白血病だ」

と言われ、驚いて高槻(たかつき)の医大病院に入院させました。輸血が必要でしたが、貫はＲＨマイナスという非常にめずらしい血液型で、兄弟たちともちがってました。新聞に、お願いの記事を出してもらい、毎日人様の血をいただかないと生きていけなかったのです。その血も長くは続きませんでした。二カ月ぐらいたつと元気な人の血も受けつけなくなり、血が小便になって出てくるのです。

そうして、体が弱ってきた頃、

「お母さんが作ったおはぎが食べたいから、作って持ってきて」

と言いました。先生に相談してみると、

「あまり強いものを食べさせると死期を早めますから、食べさせないようにしてください」

と言われました。それから四、五日して、二十五歳の若さで死んでしまいました。私は今でも、あんなに早く死んでしまうなら、先生にどんなことを言われても、おはぎを食べさせてやればよかったと、悔やんでいます。

話は前後しますが、たしか貫が十歳ぐらいの頃、兄ちゃんたちは遠くに働きに行っていたので、お金を送ってくれるまで、家にお金がありません。集金人の姿を見ると、

「お母ちゃん、電気屋さんが来たで、奥へかくれとき」

と言います。電気屋さんが来ました。

「ぼく、きょうはお母さんいるか？　先月分の電気代もらって帰るで」

「おっちゃん、すまんな。きょうは、お母さん、帰ってへんねん。あしたきてくれるか、すまんな」

と言って、集金人を帰らします。一事が万時、そんな親思いの子でした。なぜ死んだのかと、今でも悔やまれてしかたがありません。八十五歳の時、私は目が悪くなって、友だちに我孫子（あびこ）の眼医者（めいしゃ）を紹介してもらい、いつも地下鉄で通っています。天王寺を過ぎると、昭和町の駅を通ります。貫が死んで、もう十八年になりますが、昭和町に地下鉄が止まると、

「体が弱かったのに、こんな遠いところまで学校へ通ってたんやなあ……」

と、いつも駅をすぎると、貫を思いだします。若くして死んだ息子のことが、忘れられません。

キャディー

戦後の混乱も少しおさまってくると、ヤミ商売も取り締まりがきつくて、続けられなくなりました。帽子の職人だった夫も、戦後は仕事がなくなってしまい、日雇いに出たりしてましたが、雨が降ると仕事にあぶれてしまいます。生活も、だんだん苦しくなってきました。

「きょうは、ごはんが少し足りんから、ひかえて食べや」

と言うても、五人の子どもが食べたら、私の食べる分は残ってません。おかまの底にくっついてるご飯に、水を少しいれてやわらかくなったのを、そっと手でよせるとどうにか茶わん一杯になります。それをすすりました。おかずも、子どもらに均等に分けて、小さい子から順番にとらしました。私の見えんところで、弟のが多いとかけんかもしてたようです。子どもというのは、親が与えんと食べれません。米の買えない日は、ほんとうに情けないものでした。少しでも生活の足しにと、私もビルのそうじに働きに出ましたが、あまりお金になりませんでした。

知り合いのゴルフ場のキャディーがいいというので、そちらへ行くことにしました。今もありますが、

長柄の河川敷に一八ホールのゴルフ場がありました。キャディーという仕事も、それはたいへんな仕事でした。あいの日は二、三回まわるだけでしたが、土曜、日曜は客がたくさんでした。今は車で引いて楽ですが、そのころは重いバッグを背負って、二キロ近く歩いて回らんとあきません。それで百円でした。週末は試合もよくあり、練習中の人はクラブが数本でしたが、試合の時は、ウッドとアイアンが数本ずつ、パターが二本、全部で十三、四本入ったバッグがずっしりと肩にくいこみます。それを二セット持って回るのです。一日五回ぐらい回ると、ビルそうじの日当の三倍にはなりました。

私は背が低いから、バッグの底を引きずってしまいます。脇をしめて、両方のバッグの頭をかいなに力をいれて、おさえて歩くのです。そのうえ、ボールの行方もとらえんとあきません。百メートルや百五十メートルやったら見えるけど、一番ウッドでは二百五十メートルぐらい飛ばす人がいて、雲の中へ入って見えません。打ちまちまちがった時は、よけいわかりにくいのです。

「おまえ、どこ見てるねん！」

と、よく叱られました。バッグは重いし、本当に情けない思いをしました。来るのは、社長連中とかで、ちょうど朝鮮戦争で鉄鋼関係とかは景気がよかったんで、ある社長が来ると、バッグが軽いのに一回まわるだけで二百円つけてくれるのです。その社長が来るとみんなたいへん喜び、その人にあたるのを、心待ちにしてました。喜劇俳優のKさんも、梅田コマに出てる時に、朝、練習によく来るのですが、全然チップをくれないので、

「Kさんはきたない」

と、キャディー仲間では評判がよくありませんでした。いつも、もらう立場なので、出すすべを知らなかったのだと思います。息子が建設会社をするようになり、ゴルフに行くようになった時には、涙が出てとまりませんでした。親がキャディーをしてたのに、息子がゴルフをするようになるとは、夢にも

思ってませんでした。いつも息子がゴルフに出かける時は、自分のつらかったことを思い出し、

「キャディーに、チップをやってな！」

と、しつこく言いました。今でも、顔を見るとそれを言うので、

「しつこいな。おかんの気持ち、わかってるがな」

と言われます。苦しかった時のことを思うと、今、老いてから楽な暮らしができるようになったことは、部落解放運動のおかげだと、いつも喜んでいます。

＊1　ひねり…仲買のこと。南方（みなみかた）（大塚）の人が、生産者の百姓から買い、「ひねり」で中間利益をえていた。

第二章

みやらけの唄

むらのくらし

あいつ どこのがきや

「貧乏人の子だくさん」――もの心ついた時から、弟や妹を負わされてました。親の借金返しのため、近所の子守りにやとわれている友だちも、たくさんいました。「学校へ行きたい」と思っても、子どもを後ろへくくられると、行けるものやなかったんです。背中に子どもをくくりつけられると、誰とはなしに、守り仲間が集まります。正徳寺や中島惣社の境内や、「まわりあんどう」――西尾さんの借家で、共同井戸の真ん中の丸くなってたところや、「五軒所(ごけんじょ)」と呼ぶ吉田さんの借家の五軒長屋の前の広っぱとかに集まって、いろんな遊びをしました。

わてはいけずやったから、子守り仲間でも、頭角をあらわしてました。駄賃でもろた一銭銅貨で、「うっちん」という遊びをしました。じゃんけんで負けた者が一銭銅貨を遠くへ放り、勝った者がそれを目がけて自分の銅貨を投げ、あてたら一銭銅貨がもらえる遊びです。「鬼ごっこ」や「まりつき」、

「なわとび」、「かくれんぼ」もやりました。ガラスのチャン（おはじき）遊びもしました。
負けて腹立ったり、遊びにあきたら、誰ともなしに「あて唄」を歌いました。背中の子どもが肩に食い込んで、子ども心にも貧乏と学校へ行かれんかった「うらみ」「つらみ」が、親方（やとい主）への反感になり、「あて唄」となったんだと思います。

守りが憎いとて　破れ傘きせて　かわいいわが子に雨かかる　コイコイ
泣いてくれるな　長泣きするな　守りが泣かしたと思われる　コイコイ
守りが泣かしたら　そうぶつ[*1]にあたる
丈の短い　地のうすい　コイコイ

日之出で歌われてた「子守り唄」は、大阪各地の「天満の子守り唄」とよく似た調べでした。

ねんね　ころいち　天満の市で　だいこん　そろえて　船につむ　コイコイ
船につんだら　どこまでゆきゃる　ゆけば難波の　橋の下　コイコイ
橋の下には　こまめ[*2]がいやる　こまめとりたや　網ほしや　コイコイ

そやけど、こんな唄ではおもしろありません。いつの間にか二つのグループに分かれて、「あて唄」でかけあいをしました。「あて唄」でけんかするんです。

あいつどこのがきや　見たようながきや

見やんがきなら　はりとばす　コイコイ

と一方が歌えば、

破れ障子とあいつの顔は　見れば見るほどはりとなる　コイコイ

とやり返します。わては、もちろん先頭きって歌ったもんです。

亥の子の晩に 重箱ひろて

亥（い）の子（こ）は、農家の刈り上げ行事の代表的なもので、お米の収穫が無事に終わったのを感謝して、旧暦十月の亥の日に、おはぎを作って祝ったそうです。広く近畿から南九州まであって、それぞれでちがう言い伝えが残ってますが、「祝いごと」なので、男の子しか参加してなかったそうです。

日之出の「亥の子」では、旧暦十一月の冬至の日に、なんきんを食べて、おはぎを作って祝いました。少々貧しい家でも、おはぎを作りました。日之出では、農業してたのはほんの少しで、農業以外の仕事だったので、「何のための亥の子かわからん」とこがありました。「女も男も」一緒になってついて回りました。近くの村の亥の子唄を、子どもの遊びにとりいれて、みんなで楽しんだのとちがいますか。

八歳ぐらいで、私がボスになりました。「亥の子、作って！」といって、作ってもらいます。新しいわらに、細い竹や棒を芯にして、上を輪にして手が入れられるようにします。わらは、日之出には百姓家が少ないので、田につんである稲わらから失敬しますねん。亥の子を持って、「あそこの家へ行こか、こっちの家へ行こか」といって歩きます。行くところがないと、土の上をたたきます。ポテポテと、ええ音がしました。

亥の子の晩に　重箱ひろた　ひろた重箱　開けてみれば　◯◯のおお金太

五軒所（五軒長屋）に住んでいた、重兵衛さんのところへ、よく押しかけていきました。

亥の子の晩に　重箱ひろて　中を開けてみたら　重兵衛さんのおお金太

寝こんでいる家の前で、大声で歌って大きな音をさすんです。すると、重兵衛さんが、「こらあっ」と飛び起きてきます。子どものことやから、パッと散ります。子どもは足が速いから、逃げに逃げます。今から考えたら、いじめやなあ。後家さんなんかも選んで行きました。怒られるのが楽しみで行ったもんです。この日は、遅くまであそびまわりました。

「どこへ、行ってたんや」

「今日は、亥の子やんか。亥の子をたたきにいってた」

「これぇ！」

と、おこられるだけでした。

おまえ百まで　わしゃ九十九まで

昔は、結婚も大らかなもんで、若い二人が好きおうてるとわかると、女を男の部屋に放り込んで、

○○さんと××さんが　でぇた　でぇた

と、はやしたてるので、親も、しょうがないとあきらめました。

それから、仲人を立てて、話がまとまります。今でいうたら婚約成立やな。そうすると、男の家で「トックリがえし」をします。となり近所、親戚にふるまい酒をして、散財します。私らのちょっと前から、嫁入り衣裳を作るようになりました。でも金がない家が多かったので、一部の家だけでした。

いよいよ婚礼となると、花嫁の荷が出る時や婚礼の時に、めでたい唄を歌う風習があります。「長持唄」とか「荷持唄」とか呼んでる祝い唄が、日之出に伝わってます。

むこうに見えるは　大石の城か　城でござらん　殿の家　ヤレヤレ
かわいなあ　かわいと育てた娘　きょうは○○さんの嫁となる　ヤレヤレ
娘　ようきけ　行たとこ大事　行たら　殿ごの親大事　ヤレヤレ

荷が家へはいる時、一番最後に、

おまえ百まで　わしゃ九十九まで　共に白髪のはえるまで　ヤレヤレ

と歌いました。今でも時々たのまれて、歌いにいっています。

ほんこさんやで

昔は、お寺（正徳寺）中心に生活していたようなもんです。親鸞上人のご命日が一月十六日なので、西本願寺では、まえ一週間に報恩講をおこないます。ムラの男は、かぞえで十五歳のお正月に、若衆いりをします。そして、その年の報恩講に、一人ひとり本膳を持って、カスリの着物を着て書生げたをはいてお寺へ行きます。

三十歳で帳持になりました。帳持になると、正徳寺の報恩講を勤めたんです。三十歳といったら所帯ざかりで、報恩講の費用負担で頭を痛めました。借金が増えて、子どもを子守り奉公に出したり、ムラを出ていく人もいました。これではあかんと相談して、村じゅうをまわって、心発願*3で寄付を集めるようになりました。当日は、お寺の前に店も出て、まるで「お祭り」でした。

お寺で勤めてから、各家でも報恩講を勤めました。その時、子どもらが、豆などを駄賃にもらって、「ふれ歩き」をしました。

きょうは◯◯さんとこ　ほんこやで
じいさんも　ばあさんも　まつたけかついで参らんせ

と歌いながら、子どもがムラじゅうをふれてまわります。そらもう、ワイワイガヤガヤと、子どもらがついて回りますねん。

日之出の数え唄

昔はな、この日之出におもしろい人がいっぱいいて、子どもらはこんな唄うとて、ちゃかしたりしてましたけどな。

いちは　いもったんの　さんばさん
にで　にこちゃんの首かたげ
さんで　さいじゃんの　ホルモンや
よっつ　よいったんの　夏ミカン
いつつ　イモ屋の　あまこやん
むっつ　昔の　武士とらが
ななつ　なんきん　ためごっちょ
やっつ　やきっつぁんの　家変わり
ここのつ　こたやんの　すりはいり
じゅうで　とくべえさんの　文句ゆい

「いもったん」というのは、一番妹という意味でね。とりあげばあさんで、みんなから「いもったん」と呼ばれていました。助産婦の資格は持ってないけど、もう一人、こよしというおばあさんと二人で、ムラの中の赤ちゃんの産婆役をやってました。いもったんは、足が不自由で、私と一緒でどいけずで、ハキハキものいう人でした。

このへんでは、長男でかわいがられた子のことを「あにこ」とか「にこちゃん」と呼んでいました。このにこちゃんは「直し」してはったかな。よく道を、ちょこっと首をかたげて歩いていました。

「さいじゃん」という、ホルモン屋のおっちゃんがおった。

岡町の「とんこつ」から、キモ、フクゼン（肺）、ミノ、チョウ、センマイなどの、牛の内臓を仕入れて売ってはった。皮をむいたきれいなミノは、白いきれいな身で、「鶴の身」いうて、町の人に売ってたな。また、売れ残ったホルモンは、ゆでて辛子みそであえて、翌日売り歩いてはった。

「よいったん」も、「直し」やったかな。おとなしい人でした。

ホウソウで、顔がみっちゃ（あばた面）になって、それが夏ミカンのようになってました。今では、予防接種ができたけど、昔は、ようホウソウにかかった人があったんです。

駄菓子屋のおばちゃんは、「あまこやん」いうて、大きな太った人でした。店先で大きな五升がまで、イモをむしてはった。へんこつばあさんで、

「おばちゃん、イモ売って」

言うていくと、

「まだ、むせてへーん！」

と、ようおこられました。半分ぐらいに切ったイモが、一銭でしたか。

駄菓子屋さんは何軒かあって、イモふかしたり、天ぷらあげたりしてました。それで、子どもらが、いつも店先にむらがっていました。売ってるのは「どんぐり」いうて、豆いりの黒砂糖あめ、ねこのくそ（はったい粉をこねてねじったもの）、かりん糖、まんじゅうの皮なんかでした。

津本いさおさんのお父さんは、こむ僧姿で尺八吹いてはった。昔は、武士の出やったんかな……。みな「武士とら」と呼んでました。法界屋や大道芸やってる人もようけいて、お母さんの友だちで、「筑前博多の、帯しめて〜」と、博多節の「流し」してた人、よう覚えてる。

出雲の人で、このムラの人と一緒になった人がいました。山中四四九さんは、その人に安来節なんか、教えてもろてはったようです。

「ごっちょ」いうのは、すもうとりほど大きいということ。ためさんは、ごっつい人でした。お腹出てまして、私のお父さんと一緒で、ぶりうちの仕事やってはりました。青物を長柄で仕入れて、大八車につみ、あちこちと売り歩くんです。

「やきっつぁん」というのは、順ちゃん（中本順一さん）のおじいさんで、引っ越し魔というんか、引っ越しばっかりしてはりました。

当時、このへんはほとんど借家でした。「毎日家賃」で、敷金も礼金もいりません。どこの家も、たいして家具はないし、簡単に家移りもできたんです。

「こたやん」もおもしろい人でした。

きれい好きというか、けっぺき性やったんかな。体洗うて、風呂から出てきた時、ほかの人がちょっとでもすれると、もういっぺん入りなおしはりました。若いもんが悪さして、こたやんが出てくると、ちょっとさわりにいき、これを何度もくり返すんで、しまいにのぼせてしまいはったんです。

「とくべえさん」は、理屈っぽい人やったそうや。

まあ、りこうな人やったんやろな。炭売りの行商してはりました。

みやじゃんのグリ

昔は、ムラの中で、実にいろんなものが売られてました。

たとえば、バナナや桃や柿など、ズルズルにむけてくさりかけたものを、天満の市場から買ってきて安く売ってました。おかきでも、日まちしたものや割れたものを買ってきて、混ぜて売ってました。虫が食ったものも、ふうふう虫を吹いて食べるのです。「ちゃんこさん」という家へ、子守りをしながら買いに行きました。さっきいうた「ねこのくそ」、そんなんも売ってました。

それから、「牛のソッポ」や、「グリグリ」というものも、ムラでは売ってました。豊中の岡町、昔は「山之上（やまのえ）」と呼んでましたが、ここに「とんこつ場」があったんです。つまり屠場（とじょう）のことです。そこから、ホルモンや牛のしっぽを仕入れてきました。売れんもんや放るものに、手を加えて売るんです。筋のビィードロのところを「グリグリ」といって、しょうがとかしょう油で煮て、小さく切って、二つ一銭で売りに歩いていました。私の友だちが、年季奉公の子守りをしながら、グリを売りに歩きます。「みやじゃんのグリ」といってね、ムラでは有名でした。子どもを負うと、手足があきますやろ、そしたら、実家の母親が、

「おきみ、これ売ってこい！」

と雪平（ゆきひら）なべの大きいのに入れてくれます。守りをしてたら退屈しまっしゃろ。それで、守り仲間をさそってついていきます。

　　グリ　どうれぇ　グリ　どうれぇ

とね。子どもを背中におぶったら、どうあそぼうと、子守りの勝手でっしゃろ。「牛のソッポ」というのは、牛のしっぽをゆでたものです。ひなか（半日）ぐらい炊きます。よくゆでると、身だけがころっととれます。それを、

　　ソッポ　ソッポ

と売るんです。

まんじゅうの皮だけも、売っていたんです。まんじゅうの皮いうのは、紅白まんじゅうありますやろ、あれの皮、わざわざむいたのが、ちぢみみたいでよかったんです。そのつるっとむいた皮を、「おさったん」というおばさんが、昼頃持ってきはった。ひとつかみが一銭で、安うておいしいので、すぐなくなってしまいました。

ヤキイモ屋は、別にありました。大きな鍋で、二センチぐらいの厚さに切ったイモを焼いていました。塩とゴマがふってあって、これもおいしかったんです。

朝、五時半ぐらいから、大根を刻んだ「きざみ」売りがきます。きょうムラの東のほうを回ったら、あすは西のほうを回ります。

きざみ　どうれぇ　きざみ　どうれぇ

と言って、唐がらしとゴマを盆にいれてね、売りにきます。朝は、どことも茶がゆだったので、おかいさんのおかずになったんです。

「にこごり」も売ってまして、朝、買いにいきます。「こたみやんのこごり」といって、日之出の名物でした。骨がようけある「えそ」という魚を、おっちゃんは、上手に団子にします。皮に身がついていて、そりゃおいしかって、「はも」の皮の「こごり」より、「えそ」のほうが高う(たこ)てね。はもの「こごり」が一つ二銭やったら、「えそ」は二つで五銭でした。

昔は、朝は茶がゆに、「こごり」と「きざみ」を食べました。貧しい家では、茶がゆに、とろろ昆布に削りがつおをまぶして、しょう油をかけて食べたものです。うちの家は、朝だけが茶がゆで、昼と晩はご飯を炊いてました。だけど、三度とも、茶がゆのとこもありました。

うちでは、父親が「ぶりうち」から帰ってくると、売れ残った野菜などを炊いて、おかずにしますねん。うちの母親は料理がへたくそで、父親がよく炊いてました。うちでよく炊いたおかずは、薄揚げと寅豆、スジ、千切りの煮つけや、いわしの煮たもんです。

八百屋は、朝もくるし、昼からも、大八車でものを売りにやってきました。それぞれが、独特の「呼び声」を出し、そりゃあ、にぎやかなもんでした。

食われへんから入ったろか

貧しい家が多くて、夜逃げでもしようかという人が、ぎょうさんいたので、頼母子(たのもし)を作ったんですわ。「うちも入るわ、いれて！」といって、講を作って五十円でも三十円でも出して、集まった金は、最初親（発起人）が使います。みんなが少しずつ金を出して、クジを引いて順番を決めて、順ぐりに金を融通しあうのです。

「むこさん（夫）が急にケガした」

「病気になった」

「子どもがぞろぞろいる。食べさせられんと、かわいそうや」

ということで、十軒とか二十軒とか寄って、月の一日と十六日に五十銭ずつかけるとか、決めますねん。当時、月五円か六円あれば何とか食べられましたからね。まあ、いうたら、一種の「救済講」や。

「あそこのうち、食われへんから入ったろか」

という調子でした。そやけど、なかには頼母子の金が、かけられなくなる家が出ました。

「まって、まって」と、言いますねん。頼母子は、きっちりといれなあきません。そこで、高利貸からお金を借ります。利子に利子がつもって、子どもを子守り奉公に出すんです。十五円で、一年間売るわけです。十二歳ぐらいになったら、芸者の見習いや、おやま（遊女）に売るわけです。貧乏人の救済講である頼母子が借金地獄を生むという、部落の厳しい実態がありました。

朝に鍋・かまいれて

質屋が四、五軒、ムラの中にありました。この質屋の質草が、鍋やかまや、ふとんなど、毎日使う生活必需品なんです。質屋も、こんなもんやないと、金を貸しません。

借りた金で、「ぶりうち」の材料を、天満の市場で仕入れて、むこさんを仕事に出します。帰ってくるのを待ちかまえていて、嫁さんが、お金持って質屋へ飛んで行きます。毎日こんなことのくり返しでした。コツコツ小金をためて、貧乏人から質屋になった人もおりました。

毎日家賃　毎日ふとん

「毎日家賃」という、しきたりがありました。

「ぶりうち」や、土方やげた直しなどの日銭かせぎやったから、家賃も、毎日毎日、取りにきたはりました。毎日払うから「毎日家賃」や。

母は、毎日十七銭を、家主に払っていました。家主の奥さんが、いつも夕食時をねらって、取りにきやはります。母親が風呂にでも行ってて留守やと、晩の八時や九時ごろでも、帯とり裸（細ヒモ一本で着物をルーズに着ること）でやってきて、

「おクニちゃん、家賃もろてないで。あすになって、三十四銭になったらたいへんやろ」

と言って、取りにきやはります。それから、家にふとんもない家もありました。そういう家では、毎日毎日ふとんを借りて、一日一銭か二銭を払ってました。ふとんを借りて、借り賃が払えん時は、子ども

が寝ててもひんめくって、ふとんを持って帰ったいうことを、聞いています。
ふとんも買えない貧乏暮らし。今の若い人には想像もつかないでっしゃろな。

ムラの人情

終戦後は物がのうて、このへんにも物もらいにくる人がいました。足が不自由で、松葉杖（まつばづえ）をついて、ムラの中を回ってはった人のことをよう覚えてます。松芳（まつよし）の富ちゃんなんかは、気前ように百円ぐらい、ぽんとやってたな。

「なんで、そんなにやんねん」

と、よう言うたもんや。自分が食べるのん苦労してるのに、人情味があったんです。けど私は、

「あんまりたくさんあげると、相手もあてにするし、ようないんちゃうか」

と思って、そう言いました。うちにも来はると、ご飯とつけもの、おかずのある時はおかずもつけて縁側で食べてもろた。お金は、十円か二十円ぐらいあげました。ご飯茶わんも家のもんと同じや。

おっさん（夫）は、

「きたないやんか。どこのだれとも知らんもんに」

と言うとったけど、

「あほか、同じ人間やないか。どこがちがうねん！」

と言うたりしました。

「あのおっさん、競輪場で見かけたで。お金やるの、やめたほうがええで」

と言うてくれる人もあったけど、私は、こう言いました。

「ひとに頭さげて金もらうのん、どんなにつらいかわかるか。わしは、その気持ちにあげてるんや。そ

の金を、その人がどう使おうが勝手や。毎日来はるわけやない。月に一回かそこら、頭さげに回ってきはるんや。それが、あの人の仕事や。たまに、息ぬきもあるやろ。それが、その人の楽しみやないか」

と……。

ムラのおこり

わての生まれた「みやらけ」が、いつから差別されるようになったか、なんでそうなったか、もの心ついた時からの疑問でした。おじいさんや親からは、

「北宮原や南宮原の農民で村八分になった人で、『みやらけ』ができた」

と聞きました。南宮原（淀川区宮原）に、伊勢屋という庄屋があって、おじいさんが生まれた時は、まず正徳寺に届けて、その「宗門人別帳」に入れてもらい、正徳寺から伊勢屋に届けたということです。そやから、部落でない南宮原の庄屋に、みやらけが支配されていたということですわ。


また、正徳寺がいつ建てられたかというのも、十二軒しかなかった時に正徳寺が建てられたと聞いてます。今も、JRの線路の西側に、伊勢屋さんがありますねん。長澤先生や、北井悦治さんや源四郎さんとたずねましたが、結局、「百年も前の書類は、焼いてしまってない」ということで、いまだにわからずじまいです。


正徳寺の建立のことも、亡くならはった院主さんに、本山まで行って調べてもらいました。道場（説教場）だったので、本山には正徳寺ができたという通知がいってないことも、わかりました。『西成郡史』には、正徳寺について、

「延宝二（一六七四）年ごろ、惠観が草創。宝暦八（一七五八）年焼失したが、文政八（一八二五）年観之再建」

と書かれてます。日之出には、他村の北宮原と南宮原の墓があるので、墓守りではなかったかという人もいますが、もちろん、ムラの中に三つも墓があるので、墓守りの人もおったでしょうが、三代将軍の頃の新田開発により（現在の）被差別部落がつくられたのではないかと思ってます。どんなものでしょうか。

みやらけ風景

食べるのが、やっとでした。どこの家も、子どもがぎょうさんいて苦しかったけど、じめじめしてません。いつも何か楽しみを見つけました。「ハレ」の日は、ムラをあげてとことん楽しみました。一番の心の寄りどころは、お寺参りでした。信仰というものを、それは大事にしてました。正徳寺を中心に生活をしてました。日之出湯がわくと、お寺の院主さんが一番最初に入るというのが、敗戦まで続いた「しきたり」でした。

　今は新幹線のため暗きょになってますが、昔はムラの真ん中を「中島用水路」が流れてました。この川には、三本の橋がかかってました。東側は池田橋、真ん中が東雲橋、西側が正徳橋です。

　正徳橋には、「むかい側」（川のむこう側）に住むおつねさんたちが集まってました。真ん中の東雲橋には、中鹿のおばあさんとか、おこうさんとか高田のお園さんとか、山下の杉松ったんとか、松井のおじいさんとか、年寄り連中が集まって、折りたたみの床几を置いて井戸端会議をしたり、将棋をさしたり、にぎやかなことでした。時には、水平社の路傍演説会などもおこなわれました。

　森仙太郎さんは、まだ十五、六歳でしたが、上手に演説したはりました。

「われわれは、水平社である。水平社は……」

とか、その時は、なんもわからなかったので、

「何を言ってるねん。水平社、やかましい！」

とヤジったこともありました。東雲橋、正徳橋は、人であふれかえってますが、池田橋だけは静まりかえって、だれも涼みに行きません。むかいが淡路の庄という一般地区やから、遠慮してたんとちがいますか。

昔は、日之出には、芸人さんが多くいました。一座をくんで地方巡業に出る人もあれば、「法界屋」や「カリカリ屋」、「流し」に、ようけの人が出ていました。「カリカリ屋」は、「おかりか、りっか」といって半琴をならして、「安来節」「伊勢節」「関の五本松」などを、いい声で歌い、子どもが四つ竹をならして踊ります。男の人の頭の上にはたらいが乗っていて、そこに風車がいっぱいついてます。水戸黄門さんのようなかっこうをして、三角ずきんをかぶってました。一銭をだすと、風車に、アメとか、おかきとか、センベイをつけてくれます。

十三（じゅうそう）・梅田が近かったので、唄の「流し」に出た人も、たくさんおりました。

旅まわりをしていた一座の人々が帰ってきて、次の巡業に出るまでのあいだ、にわかの芝居興行もうたれました。むしろを敷いて、舞台を造って、木戸銭をとるのです。お客は競って、座ぶとん持って場所とりに集まります。中島用水のほとりの中鹿さんや、中亀さんの材木小屋や、「五軒所」の借家の路地を区切って、芝居がおこなわれました。山下のちゅいったん（忠一さん）は、「げらげら」という芸名で、にわか（落語）をぶたはります。

「平林（たいらばやし）か、平林（へいりん）か、一つと八つと、とっ木っ木！」

といってね。

山中四四九ちゃんは、安来節を歌ったり、銭太鼓をしたりしました。北海道の兄さんという人が、江差追分（えさしおいわけ）をええ声で歌い、もう一人の人が尺八を吹いて、二人でやらはりました。そりゃ楽しみでした。

もちろん、仕事が引けた夜、裸電燈をつけて、舞台も客席も一つになって楽しみました。

盆踊りは、三日間にわたり踊りあかしました。最終日なんかは、朝三時すぎまで踊りあかしたもんです。場所は、「まわりあんどう」や、「五軒所」の広場とかでした。当時は「中島音頭」ばっかりで、中野の「さくじゃん」が師匠で、私の父親や谷川種次郎さん、中本善三郎さん、油屋のおっちゃんなど、七、八人の音頭とりがいたはりました。日之出、蒲田、北宮、南庄、それから大塚（南方）、新田（飛鳥）へも、やとわれて音頭とりに行きました。三番の人の踊りが見事やったな。わてらも習いました。この近辺の踊りは一手やったが、引江（淡路）の踊りはちがいました。「すくいましょ」といって、さっと、どじょうすくいのように、いっせいに右手ですくいます。この踊り以外にも、「ちょうちんおどり」なんかもあり、見事でした。ほかに楽しみがなかったので、楽しむ時は、思いきりみんなで楽しみました。ほんとに、心からね。

解放運動を語る　解放運動と支部長との出会い

このムラ これでええんか

大賀支部長を、今は「支部長」と言ってますが、昔は「まあちゃん」と呼んでました。小さい時からの知りあいですねん。母親のよしちゃん（山中四四九さん）とは同い年で、遊び友だち。おばあさんのおタマちゃんとは、まあいうたら、バクチ仲間や。おタマちゃんに連れられて、バクチ場で勉強してた支部長を、ようおぼえてますわ。

今から三十一年前になります。大賀さんが、私の家にやってきました。いつものヨレヨレの学生服を着て、腰にタオルをぶらさげて、げたばきで、

「このムラ、これでええんか？　おばちゃん。差別され、貧乏のままでええんか？」
「どないしたらええんや」
「ぼくら金もないし、力もない。けど、みんなで力をあわせたらできる。おばちゃんらが立ち上がったら、差別がなくなるし生活もずっとらくになるのや。京都でもはじまってるし、大阪の西成や矢田では立ち上がっているんや。全国にも仲間がいるんや」

と、こんな問答をかわしました。当時、大賀さんは、「共産党や」「アカや」と言われてたんですわ。でも、私はアカでも共産党でもかめへん。部落差別がなくなり、貧乏人が少しでもましな生活ができるようになるんやったらいいと思いましてん。大賀さんの言葉を信じて、ついて行こうと思いましてん。そうして、現在もついてきてます。私みたいな気持ちの人、日之出には、ぎょうさんいますねん。当時の日之出は、信じられんくらい、ひどかったもんな。三回も空襲を受けて、すっかり焼け出され、真ん中のドブ川（中島大水路）は、そら、においも蚊もひどかったけど、役所はほったらかしで、ほとんどの人はバラック住まいやし、まともな仕事もなくて、その日暮らしの毎日でした。

一九五九（昭和三十四）年に、西淡路小学校で、日之出の子らが、「給食代忘れた子」と書かれたプラカードを胸につるされて教室の後ろに立たされるという事件が起こりました。この「プラカード事件」から、義務教育無償と差別教育撤廃を求める「教育闘争」が起こって、「部落解放同盟日之出支部」ができました。日之出でも、とくに貧乏人が固まって住んでたとこが数か所あって、これから、運動が起こりました。そのうちの一つが、私の住んでいたとこです。上田委員長の実家のタバコ屋の、すぐ横でした。

「若い者が言っても、信用してくれへん。何を夢みたいなことを言ってるんや、と言われる。けど、運動起こしたところでは成果を上げてるんや。おっさんらにまかせといたら、運動起こせへんから、若い者で立ち上がってやろうと思うんや。おばあさんのなかでは、おタマちゃんと広岡のおばあさんが、先頭に立ってやってくれてる。岸さんもひとつ、みんなをまとめてや」ということでした。そこで、近所の人や知り合いに、がむしゃらに声をかけてまわりました。

運動ひとすじ

運動の最初のころは、一支部員として、きょうも動員、明日も動員で、役所に行って、時には机をたたいて交渉して、若い者を支えるという毎日でした。だんだん、運動にのめり込んでいきました。

市役所での座り込み

役員になって責任を持つようになったのは、日之出支部結成十周年のころからです。

その少し前に、新幹線が日之出の真ん中を通ることになり、阪急電車も乗り入れるという「区画整理問題」が起こってきました。一九六二（昭和三十七）年夏には、新幹線工事が、日之出の手前までできました。突然ポンプの水がにごったり、水が出なくなったりしました。粉せっけん入れたみたいに、ブクブクあわが出ます。工事のため、大事な水脈が切れたのです。大騒ぎになりました。水以外にも、さまざまな被害が出てきました。そこで、九月に被害者同盟を結成して闘いました。青年、婦人だけでなく、商売をしている人やおっさん連中も巻きこむ、町ぐるみの運動へと発展しました。

この時から、私も役員として、自覚をもって参加するようにな

りました。大賀さんが、もっちゃん（望月喜子さん）とつきあっているのを見て、

「支部長をほっといてええんか。もっと大事にせなあかんのとちがうか。支部長の指導があって、被害者同盟の運動も成功したのとちがうか。それだけの恩返しをせなあかんのとちがうか」

と会長の川中茂さんや弟の森昭鶴にやかましく言って、昔の徳風園住宅を被害者同盟の事務所として国鉄の補償で借りて、二階を管理人室ということにして新居を用意しました。支部長はボランティア精神に徹してて、奉仕をすれど奉仕を求めずというやり方で、はたで見てても経済観念がなくて、ハラハラのしどおしでした。

婦人部長・副支部長として

一九七〇（昭和四十五）年、婦人部長に選出されました。

「若い者に、わてらの苦労を絶対にさせとうない！」

この一念で、婦人部長になると、まず何よりも部落婦人の就労保障に力をいれました。共同作業場建設と、その運営に力をそそぎました。部落婦人の文化・教養の向上と、どこでも胸はってがんばってもらうため、講習事業にもとりくみました。

講習のなかでもとくに識字に力を入れました。今年で二十一年になります。わてには、

「学校が好きやったのに行けなかった」

という痛恨の思いがありますねん。すべての講習に、先頭きって参加し、やいのやいのとハッパをかけてきました。

息子の広文（ひろみ）が副支部長をやってたけど、岸組が発展し商売がいそがしくなったので、代わりといったらなんですが、副支部長になりました。支部長を陰から支えてきたおタマちゃんが年とって弱り、亡く

なったあとは、おタマちゃんになりかわって、
「わては支部長を守るんや。支部長あっての日之出や、支部や。だから、わてが支えるのや」
と、こんな気概でがんばってきました。どこまでやれるかわからんが、とりあえず、岸キヌエと支部長はセット、支部長がやめる時は私も引かせてもらうという約束で、今までやってきました。

仕事保障と共同作業場づくり

日之出はこれといった部落産業がないため、男の仕事というと、土木や建築関係の日雇いしかありません。雨が降れば仕事にあぶれ、三日も四日も、家でぶらぶらしているようなありさまでした。

土方殺すに　刃物はいらん　雨の十日も　降ればいい

そんな状態ですから、女も皿洗いや建設現場のそうじなどに出て、働かんと食べていけません。それも、千里で万博が開かれている頃まではまだ景気もよく、適当に仕事もありましたが、博覧会が終わるといっぺんに下火になってしまいました。そのころ、婦人のなかから「仕事がほしい」という声が上がってきました。こちらも、ただたんに、「仕事寄こせ」では話になりません。支部の機関紙の『解放』で要求を聞きますと、たしか三十五名ぐらいだったと思いますが、集まりました。

仕事の内容については、支部も、婦人部にまかせるということで、それから、何回か話し合いを持ちました。私もパートで働いていた時分に、子どもがケガをしているのに帰るに帰れず、とても不安だったことを経験しています。地元に安心して働ける場所がほしい。また、夫が仕事にあぶれると、女が生活を支えないといけません。うちの母親は、

「わしは、裁縫も知らんから、おまえだけでも習いや」
いうて、半年間、九時から四時まで、和裁を習いに行かせてくれました。自分や子どもの着るものを仕立てたり、つくろったり、針仕事ができることで、いろいろと生活の役に立ちました。学校へは十分行かせてもらえませんでしたが、このことだけは、本当にありがたいと思っていました。女も手に仕事をつけていると、生活が安定します。何とかしたいと思いました。

さて、仕事の内容ですが、公務員の採用は限りがあります。電話交換手や、タイピストは、経験もないし無理です。いちばんてっとり早いのは、ミシンかけや。ミシンだったら、少しは経験もあるし、技術を身につけておけば、年をとって、よそへ行っても仕事につける。そのようなわけで、縫製の仕事をしよう、ということになりました。何度か、市と話し合いを持ちましたが、

「採算のとれない仕事は、受けられない」

と強硬に反対されました。しかし、こちらは、なんとかしてもらいたいと、婦人の労働の実態をぶつけていき、市もしぶしぶ、内職のあっせんならできるだろう、という回答をえました。仕事は決まりましたが、場所がありません。当時の地区協の会長は、中田善政さんでした。

「岸のおばはんが、そない言うならしかたがない。風呂屋の二階を使うか」

「じきに、けつわるのとちがうか」

と心配して言われました。こっちも、何くそとがんばってきました。善政さんが亡くなる前、

「がんばっただけあるな」

と、しみじみもらしてくれはりました。一九七一（昭和四十六）年十一月、日之出湯の二階を借りて、作業場を開くことができました。希望者は三十五名でしたが、オーバーミシンとかインターロックミシンとか、せいぜい十台ぐらいしか置けません。そうじをする人や指導する人も含めて、十二、三人で始

めました。みんな、家庭用の足ふみミシンの経験はあっても、動力ミシンははじめてで、ビーッと動くので、こわがって慣れるまでたいへんでした。仕事はタオルのへり縫いです。工賃は安いもんで、子ども連れできてた人は、月二千円程度にしかなりません。しばらくすると、

「こんな条件ではいやや」

という声が出てきました。保育所ができ、子どもを預けて安心して働ける条件も整いました。

そこで、意欲を高めるために、ノルマ制をとり入れることにしました。企業の下うけの大漁旗や、幕、袋物などは工賃がよく、手の速い人は十万も十二万もかせぐので、喜んでいましたが、オイルショックで、バッタリと仕事がこなくなりました。私も私もと、やめる人が出てきて、しまいには二、三人になり、作業場も閉鎖寸前になりました。この時は本当に苦しかったです。これではアカンと思い、行政交渉をして補助金を出してもらい、日給制にして収入の安定をはかりました。けど、

「十人だけに仕事があったらいいんか？　七百世帯あったら、七百人の女の人がいるやんか。その人らの仕事保障はどうしていくんや？」

ということになっていきました。子どもの学費もいります。家計も助けていかないけません。共働きをしたいという声も上がっていました。この作業場では、もう受け入れに限界があるということで、新しい作業場建設の闘いに意欲的にとりくみ、一九七四（昭和四十九）年、日之出荘の横に、念願の作業場が建てられることになりました。解放運動で婦人部の団結の力も強くなり、新しい作業場で二十人ほどの婦人がわきあいあいと仕事をしている姿を見ると、とてもうれしかったです。

けれど、大きな悩みが、ひとつありました。それは、社会保険の問題です。最初に内職の形をとったので、どうしても保険に加入できません。賃金は安いし保険もない、何の保障もないので、やめて別の仕事に就く人が出てきました。

「部長、なんとかしてほしい」と言われ、私も責任を感じていました。そのころ、全国婦人集会で、高知の婦人の発言のなかに、「保険がある」ということを聞いて勇気づけられ、さっそく見学に行きました。さすがに、縫製では先進地域だけあって、スポーツウェア、ブラウスなど、立派な製品を縫っていました。

「日之出も、作業場ができて五年にもなる。いつまでもフトンのカバー縫いとかだけではアカン」と感じました。少し高度なものを手がけ、技術を上げるなかで、保険の問題も解決していくのがいいと思いました。すると、府連の婦人部が力を入れてくれて、保育所の遊び着なども作るようになりました。五年ほどかけて、地区協の会長を雇用主とした保険ができました。

この闘いのなかで、運営委員会も作られ、自主運営、企業化の方向が出されてきました。売り上げを増やすために、注文をとりにいったり、市と、機械や設備をよくするために何度も話し合いをしたりしました。注文が増えて仕事がいそがしくなるにつれて、製品を置く場所が狭くなり、パンクしそうになってきました。当初、倉庫も建てるという約束だったんですが、そのままになっていたのです。たまたま、第一保育所が、子どもが減って閉鎖されることになり、そのあとに作業場がおさまることになり現在にいたっています。施設や設備の面では一段落し、私もほっとしています。しかし、せっかく技術を身につけた人が出ていったりし、地場産業として発展させていくためには地元の職員を確保していくこと、もっと民間の仕事をたくさん請け負っていくことなど、多くの課題があります。一生懸命働いている従事者に、もっと待遇もよくしてやりたいと思います。

ここまでくるには、いろんな人の支えがありました。婦人が、身近で安心して働ける場ということで、長い闘いを通して育ててきた施設です。強い愛着もあります。みんなのために、もっとがんばらなアカン！　と思ってます。

読み書きの灯を消すな

日之出のよみかき教室は、今から二十一年前の一九七〇（昭和四十五）年に始まりました。私らムラの子は家が貧乏で、家の手伝いや子守り奉公にやられ、満足に学校へ行ってません。住宅入居や生業資金の借り出しの時に、区役所へ住民票や印鑑証明をとりに行くにも、字が書けません。手に包帯を巻いて、

「ちょっと、けがしてますねん。書いてもらえますか」

と書いてもらったり、お金を払って代書屋にたのんだりしてました。字を知っている人には想像でけへんと思いますが、そら悲しいもんです。

「せめて自分の名前や住所ぐらい、自分で書きたい！」

「子どもが、学校からもらってくるたよりや、支部から配ってくる新聞やニュースを読めるようになりたい！」

という切実な願いから、よみかき教室が始まりました。

お父さんが十二、三歳のころ、小学校が建ったそうですが、金持ちの子しか行けませんでした。お父さんは学校には行ってませんが、字はそら上手でした。昼は仕事で、夜、寺子屋に字を習いに行ったそうです。かねみつさんといって、さつまの戦争（一八七七年の西南の役）で負けた人が、ここに流れてきて、寺子屋のお師匠さんをしてたそうです。

お母さんも、ぜんぜん学校へ行ってません。

「女は嫁さんに行っても、所と名前さえ書けたらそんでええ、女に字はいらん」

というのが親の考えでした。私は、四年生までしか、学校に行ってません。漢字が多いと読めませんが、

よみかき教室の開講式

昔は横にかなをうってたので、菊池寛の小説とか『婦人生活』とかの雑誌を読んで勉強しました。それでも、書くのはぜんぜんあきません。ほんまに、人さんにかくすような字しか書けませんでした。それで、識字がはじまった時、学校の先生がきて、勉強教えてもらえるのが、本当にうれしかったんです。木曜と土曜の週二回、小学生のような気持ちで、通ったことを覚えてます。

当時、全国婦人集会で、福岡の識字の報告を聞いて、大阪でもあちこちで、とりくみがはじまってました。ちょうど、プレハブの補充学級ができて、学校の先生が子どもに熱心に勉強を教えているのを見て、婦人部としても、このような勉強の場がほしい、と大阪市に要求しました。一九七〇（昭和四十五）年に解放会館が完成し、その年の五月に、待望のよみかき教室が開かれました。

読み書きというと、字の勉強ですが、それだけではありません。

「なぜ、みんな読み書きができないのか」

そして、字を習うことを通して、

「私たち婦人も、解放運動についてもっと勉強していこう！」

ということになり、文字の勉強のあとの時間に、部落問題や運動の話し合いをしました。そのうちに、

「ほかのグループの人とも話をしたい」という意見が出され、全体で泊まって学習することになりました。生いたちや、貧乏で満足に学校へ行けなかった話も、ぽつぽつ出されるようになってきました。また、狭山事件について学習し、石川青年に、はげましの手紙を書いたことも忘れられません。

しばらくは順調にきましたが、他の講習とのかね合いや、仕事と家事の忙しさから、だんだん受講生が減り、夏休みがすぎると、二人だけという状態になりました。

「読み書きの灯を消したらあかん……」

なんとかして、受講生を増やして、盛り上げようということで、講師と婦人部の役員で、はじめて葛城山で一晩泊まりの話し合いを持ちました。先生も、当時は、

「何で部落に行かんならんのや、わしらは教えたってるんや」

というような態度でした。どこから手をつけてよいのかわからんけど、ひざつき合わせていっぺん話をしようとなりました。生江の識字は受講生も多く活発に活動しているので、見学をしようということになりました。生江では、運営委員会や教材づくりなど、さすがに、きっちりやられてるなと感じました。また、部落は何でできたのか、どうして差別されるようになったのか調べたりしたら、興味を持って集まってくれるのではないかということも教えてもらいました。残念なことに、日之出は戦災で丸焼けになり、古い資料は何も残っていません。当時、婦人部の担当をしていた長澤先生には、日之出部落の起源を調べるのに、たいへんな苦労をしてもらいました。南宮原の庄屋であった伊勢屋さんに、このあたりの資料が残っていそうでしたが、何度行ってもらっても、

「焼けて（しまって今は）ない」

と断られました。結局、『西成郡史』や『部落台帳』と、私が聞いていた言い伝えなどをもとにして、歴史の教材を作りました。

私ら、字を習わんほうがはずかしいと思うけど、

「今さら、字を習うても……」

と言う人や、事情で出られない人もいたので、一九七六（昭和五十一）年に、全支部員対象のアンケー

トをおこないました。二百人もの人が読み書きを習いたい、という結果がでました。通信制なら続けられる人も大勢いたので、その次の年に希望者をつのって、通信制の識字をはじめました。

調理師免許の取得にもとりくみました。保育所に勤める人に資格がいるし、店舗つき住宅の要求もあって、お好み焼きやたこ焼きの店やるにしても、免許がいります。五十名ぐらいでしたか、全員合格して、本当によかったです。

読み書きというと、毎年欠かさず文集を作ってきたことが自慢です。私も受講生の顔見たら、

「生いたち、書きや。こんなつらいこと、あったやないか！」

と、口すっぱくなるぐらい言うてきました。生いたちを書くと、差別もわかるし、解放運動がなぜ必要かもわかります。自分だけが仕事についたり、ようなったらええのとちがいます。子や孫に、

「こんなつらいことがあったんや。差別とはどういうもんか」

ということを、しっかり言い伝えていかなあきません。

日之出では、先生も生いたちを書いてます。私らの世代では、「先生は、雲の上の人や」と思ってましたが、先生も、私らと一緒で苦労してはるのがわかって、身近に感じます。

最近は、ほうぼうから、見学や交流に来られるようになりました。一昨年（一九八九年）は、フレイレさん（パウロ・フレイレ。ブラジルの有名な識字運動の理論家）が来られました。ちょうど支部結成三十周年で、とても記念になりました。交流会では、日之出の昔の暮らしを紹介した紙芝居を披露したり、生いたちの作文を読んだりしました。フレイレさんも、

「これほど、人間性あふれる言葉にふれたことはない。識字とは闘いである。世の中を変えるために立ち上がっていこう！」

と力強くはげましてくれ、人間解放をめざす先生の言葉に、たいへん感動しました。

去年（一九九〇年）は「国際識字年」、そしてよみかき教室がはじまって、二十年です。

この年に、これまでの地道な努力が実って、仲間から「部落解放文学賞」の受賞者が出たことも大きな誇りです。まだまだ、字を知らん人がたくさんいます。

差別や戦争で文字を奪われてきた人に、もっと読み書きに来てもらいたいと思います。

＊1　そうぶつ…盆・暮れに、子守りへの賞与として与えられるお仕着せ。
＊2　こまめ（小魚）…小さい魚。
＊3　発願…これだけしようという気持ちで、自分の思う額を寄付すること。

第二話

わが生いたちの記

山中四四九さん

山中四四九さん

プロローグ

喜寿の祝いにあたり

大賀正行

母、山中四四九のことは、以前、解放新聞社の土方鉄氏（作家）が新日本文学で、また、毎日新聞社の八木晃介氏（記者）が三一新書で、その生いたちの一端を紹介してくださり、そのうえ、ＮＨＫの福田雅子ディレクターの手でテレビにも放映していただいたので、あらためて出版する必要はないと思っていた。

しかし、その母も喜寿を越え、六人の孫の子育ても終わり、人生に一息吐いたと思われるので、あらためて、もう一度詳しいことを、元気な間に聞き出すことを思い立ち、みんなで費用を負担しあって、生いたちの記を本にして贈ることとなった。こうしておけば、まだ顔を見ぬ孫（母にはひ孫となる）にも、母の姿を伝えることができる。そしてまた、ひとりの部落の女の生きざまと差別というものを社会に明らかにすることができる。

こんな思いもふくめて、妻の喜子や柴島高校の奥村直子先生が、一生懸命聞きとりをしてくれたので、いいものができた。弟の山中多美男が一文を寄せているし、何よりも、母のことは母自身の言葉で明らかにするのがいいので、私はいろいろ書く必要もない。

ただ一つ思うのは、幼少にして亡くなった姉、真弓のことである。

姉は、私が数え四歳の時に死亡した。座棺に納められる時、姉の手足が折り曲げられるのを見て、

「姉ちゃん痛い！　堪忍してやって！」

と泣いた自分の張り裂ける声は、今も耳を離れない。

差別のなかで戸籍にも入れてもらえず、貧しさゆえに十分な手当ても薬ももらえずに、小学校二年で他界

した姉のことを、母は、何かにつけて思い出しては語り、そして涙する。

頭の切れるしっかり者の、そして実にきれいな子だったという。

その姉を語る時、母は、単に幼な子を亡くした悲しさだけでなく、姉の父親、大賀（おおが）茂（しげる）からうけた結婚差別の仕打ちと、姉の死による茂との別離の決意のいきさつを、同時に思い出していたのである。

私は、母の話と涙を見るにつけ、母も姉も、そして自分をも苦しめた差別のことを、子ども心にも憎らしく思いつつ大きくなった。

姉が残した教科書は、私の絵本代わりとなり、本が好きな私をつくった。

この冊子を、家族みんなで母に手渡す時、母はまた、姉真弓のことを思い出して泣くことであろう。

わが生いたちの記

私の実母、コンメちゃん

私の母、山中コムメ（通称コンメちゃん）は、最初、住吉地区の辻村竹松（通称竹やん）と結婚しました。しかし、竹やんは同じ地区の女性とええ仲になって、家を出てしまいました。辻村の姑や親戚がいくらよくしてくれても夫がいないので、結局実家のある日之出へ、七カ月の身重で帰ってきました。実家の祖母山中キヌは、

「身二つになったら、話をつける」

ということで、娘を引き取ったのです。けど、一九一四（大正三）年十二月十二日、いざ私が生まれてみると手放せません。どういう話になったかはわかりませんが、祖母が私の面倒をみてくれました。以後、住吉とは一切かかわりなく大きくなりました。でも、父とは二度会ったことがあります。

一度目は住吉大社の祭りに、母に連れられて父に会いにいきました。二度目は、長女の真弓が生まれた翌年の一九三四（昭和九）年九月二十一日、室戸台風のあと、台風見舞いということで父が日之出を

訪ねてくれました。

私の実母は男運が悪いというか、三度結婚しています。私が生まれた後は、祖母に預けて飛鳥の中井マッチ工場へ働きに行きました。やがて、播州出身の大工をしていた押部親六と恋愛し、一緒になりました。私とは父親違いの弟、押部喜代治が、一九一八（大正七）年に生まれました。しかし、弟が生まれて一カ月めに、押部親六が風邪をこじらせて亡くなってしまい、弟の喜代治は、母の一番兄貴の山中富蔵叔父に引き取られました。

母は、その後下駄直しをしていた亀田岩吉（通称岩やん）と再婚同士で結婚しました。岩やんには、静子という私より二つ上の娘がいました。私と静ちゃんは、やがて日之出で芸人に出ていた高砂屋　松月（竹中末吉さん）のところへ芸事を習いに行き、一座を組むことになります。

弟の喜代治は、その後育ての母親が亡くなって、母コムメのところに引き取られ、義父の亀田岩吉と下駄直しに出て苦労しました。

働き者の祖母 キヌ

私の祖母キヌは、八尾の安中の早田の家の出で、昔から漢方医の家でした。昔はべっぴんさんで、人形みたいな顔だったそうです。男の兄弟が、

「部落にいるのは、いやだ」

と言って、ムラを出てしまったので、娘（祖母）に家を継がそうと、養子をとることになりました。祖母は養子がいやで、親戚を頼って日之出へ来て、吉田さんのところで竹の皮の草履表の仕事をしていました。そこへ、祖父が毎晩、毎晩やってきて肩入れをし、それで結婚しました。

祖母は字も達者に書き、子どもや孫の着物も全部自分で縫っていました。祖父は苦労知らずで大きくなり、外面がよくて友だちを連れて遊びまわり、やがて酒のため半チク（中風）になり寝込んでしまいましたが……。

祖母の八百屋

「男では、安い物をよう買わんからな」

と祖母は朝三時に起きて、ひとりで大八車を引いて天満の市場へ買い出しにいき、「八百屋」をやっていました。「八百屋」といっても、借家二軒を借りて日用品すべてを置く何でも屋です。お菓子も置くし、うどん玉も売っているし、冬場には鍋焼きうどんも作って売りました。午後三時になると、今でいったらおやつの時、蓮根やお芋さんなどを炊いて売ります。朝は朝で、大根を刻んだお漬物を売るのです。四角い出前のような箱に、ゴマをふったお漬物を入れて、

「きざみ（刻み）や、きざみ！」

と言って、売りに回るのです。私も、二つ上の叔母のヒサコねえとよく売りに回りました。もっとも、ヒサコねえはいやがって、私に売らそうとしましたが。

祖母は、毎朝三時に起きて天満の市場で品物を仕入れ、それから店を開けて、午後九時に店を閉める毎日でした。九時半になると風呂へ入ります。叔母のシカエが、

「お母さん、顔真黒けやのに、足、何でそんなに白いねん？」

と尋ねたら、

「この足はなあ、お陽さん、拝んだことない足やから」

と言ったそうです。

叔父・叔母たち

祖父母には、九人の子どもがいました。

長男は富蔵でマッチ工場で働き、天満祭（天神祭？）の時の客を乗せる船頭もしていましたが、妻の出身地の奈良へ行きました。長女はノエで、福山の家へ嫁ぎました。次女がタマエで、やがて私の養母になる人です。四女はコムメで、私の母です。五女はリク（通称キミ）で、川内の家へ嫁ぎました。長女のノエから五女のリクまでが、飛鳥の中井マッチ工場へ小さい時から働きにでました。

三男は菊松（通称末蔵）で、日之出の雄弁会のメンバーになり、水平社の闘士でした。一九二三（大正十二）年三月の水国闘争には、竹槍を持って参加したと聞いています。兵隊にいって、結核になって帰ってきて病死しました。五男寅吉も戦死しました。

六女はシカエで、散髪屋の井上の家へ嫁ぎました。末娘のヒサエ（通称ヒサコ）は一九一二（大正元年生まれで、祖母の四十八歳の時の子です。私とは姉妹のようにして育ちました。ヒサコねえは、日之出から初めて田辺製薬に働きにいきました。一度結婚し、別れて、彼女の姉のリクが一九四三（昭和十八）年に亡くなった後、姉の夫の後妻になりました。

結局、私の叔父たちは全部日之出を出てしまいました。でも、叔母たちは、親の決めた人と結婚して、ムラに残りました。

親の意見となすびの花は……

祖母のキヌは、しっかり者だけでなく、世の中のことを達観できた人でした。叔母のシカエが数えの十七歳で散髪屋の井上の家に嫁ぎましたが、姑と折り合いが悪く、よく子どもを連れて泣きに帰ってき

ました。そしたら、祖母が、

「末で泣くやつより、今泣いてたら先で大きな顔できるから辛抱しいや。『親の意見となすびの花は、千に一つのあだ花はない』とか、『うちの兄嫁往んだり来たり、道の細草枯れるほど』とか言うんや。往んだり帰ったりしても、少しも恥ずかしないから、悲しかったら、いくらでも帰っておいで」

と、こんこんと自分の苦しかった話をしたそうです。

私は全然記憶にないけど、一度、近所の人にもらわれたそうです。ムラの中を中島大水道が流れていて、当時はとても水がきれいで泳いだり洗い物をしたりしてましたが、叔母たちが籠を洗いにいくと、私の泣き声がよく聞こえたそうです。それを聞いた祖父が、

「四四九を取り戻せ。わしが見てやる」

と言って、鶴の一声でふたたび祖父母宅へ戻ってきました。祖父は堅苦しい性格でしたが、私を自分の籍に入れて、とても可愛がってくれました。

養女になって

私が小学校へ入学する時に、実母の姉の山中タマエ（通称おタマさん）の家へ養女にいくことになりました。おタマさんは山下吉三郎と結婚していましたが、子どもがおりません。子どもがないことを心配した祖母が、私を養女にするように勧めたのです。

養父母は、当時お寺や北井さんの家があった日之出湯近くの、松本さんの借家に住んでいました。「毎日家賃」で、大家さんが夕方になると毎日家賃をとりにきました。

養父、山下吉三郎は日之出の生まれで、青物行商をしており、季節により、金魚や緋鯉を売ったり、炭売りをしたりしていました。人間はいい人でおとなしくて、友だちにも好かれていましたが、欠点は

博打（ばくち）好きでした。雨の日には、友だちと集まって「手博打」を必ずしました。

おタマさんの蒲団直し

養母のタマエは、縫い物をして生活費を稼いでいました。近所の人に頼まれると、布団を縫い直しにいく、いわゆる「布団師」の仕事でした。養母は色が白く、口も小さく美人だったのですが、五歳ぐらいからマッチ工場に住み込みで働いていたので、黄燐（おうりん）のため顎（あご）や鼻の骨が溶けて、はっきり言葉を言えませんでした。マッチ工場がつぶれてからは、布団直しの仕事をしました。それも、
「男には字を教えなあかんが、女は嫁さんになるから、お針とお漬物を漬けるのを教えなあかん」
との祖母の方針で、女の子には全員縫い物を習わし、叔母たちは全員縫い物ができました。

バクチに苦しむ

養父の博打のため世帯の金が時々なくなり、夫婦げんかが絶えませんでした。弟の喜代治もとても苦労し、養父の岩やんとこが夫婦げんかでややこしくなると、私の養父母のところへ風呂敷包みを持ってやってきました。

養父は、青物行商がだめになると、下駄直しに仕事を変えました。弟を連れて直しの仕事に行き、そのため弟は学校へ行けてません。弟が貯（た）めた預金も、時々博打のお金に化けたそうです。私は勝負事が大嫌いで、博打が始まると祖母のところへ逃げ込みました。養父のところは博打仲間が集まりやすく、家を貸すのを「ぼんや」といって寺銭が少しもらえるのです。

博打のやり方はさまざまです。花札で花合わせをしたり、サイコロを振ったり、「手本引き」といって懐に入れたり、手拭いの中に入れたりする「本引き」もやっていました。

養母もいつのまにか博打に手を染めるようになり、いつしか「はちぴんのおタマ姐（ねえ）」といわれるようになりました。

祖母は、私の世話をしたように、他の孫たちの面倒も見ていました。リク叔母の長女の愛子の世話をしていました。叔母リクがマッチ工場で働いていたので、その間愛子を預かっていたのです。私は、学校から帰ると、午後三時の叔母の休憩に、七つ違いの愛子をおんぶして、会社へ乳を飲ませに連れていくのです。愛子をおんぶしてマッチ工場へ行くと、私の歌好きを知っていた女工さんたちが、

「四四九ちゃん、歌って！」

と口々に言います。私も好（い）い気になって、はしごの上に登ってよく歌ったものです。

芸人への道

小さい時から声がよくてよく通り、芸事が好きでした。

そんな時、祖母の近所に、旅まわりの一座の座長「高砂屋松月」さんが帰ってきました。奥さんは小奴（こやっこ）といって、出雲（いずも）の出身です。松月さんは帰ってくると、内弟子というか芸事を好きな人を集めて、芸事を教えてくれました。私は、もともと芸事が好きなのと、養父の博打をめぐるいざこざから逃れたい気持ちもあって、小学校二年生の時、三味線の音にひかれ無我夢中になり、松月一座に加わりました。旅まわりをしていたら月給も入るし、家へ送金すると喜ばれるし、養父の博打から逃れられるのがなにより気楽でした。松月さんの内弟子になった人は、義姉の静子、松江さん、玉ちゃんの、女が四～五人と、男が一人おりました。今、生きているのは、私一人になってしまいました。

芸人一座に加わって

今の華やかな芸能界とはちがって、当時の芸人一座は日本中を巡業してまわる旅芸人でした。一座のなかに興行の手配をする人がいて、交渉した各地の劇場や芝居小屋に出演してまわるのです。大きな劇場もあれば、粗末な小屋のような小さなところへも行きました。一カ所に、だいたい三日から一週間滞在し、そこが終わると次に用意された場所へと移動していくのです。

一座はたいてい二十人くらいで、「いろもん」といって漫才から落語・浪花節（なにわぶし）・安来節（やすきぶし）というように、昔の芸人は何でもこなしました。もちろん、三味線や尺八・鼓・太鼓などの舞台の演奏も、一座でやるのです。芝居小屋の入場料は、今はいくらだったか忘れてしまいましたが、十銭か二十銭か、今のお金にしてもそんなに高くないはずです。

見習い芸人

一座に弟子入りしたばかりの仕事といえば、師匠のぞうり持ち——舞台ぞうりといって舞台に上がる時に脱ぎ、下りるとまた履くぞうりを出し入れすることや、お茶くみなどの修業から始まりました。昔の芸人は、師匠といっても手取り足取り教えてくれるわけではなく、みんな見よう見まねで覚えていくわけです。師匠の食事を運んだり、舞台の衣装を着せたりたたんだり、また舞台水——浪花節などの時に壇上に置いてある水差しを置きにいったりして、師匠の身の回りの世話をしながら小遣いをもらいました。そうして少しずつ舞台に上がっていき、一人前に舞台を勤められると認められ、ようやく月給がもらえるのです。

舞台は、だいたい晩七時頃から十時頃までで、終わるとお風呂に入って休みます。だから朝はゆっくり起きて、昼間の自由な時間は一座の仲間と一緒に外へ遊びにいくこともできました。

芝居小屋は、大きなところもあれば、本当に小さな楽屋だけのところもありました。小さい場合は旅館で泊まりますが、小屋によってはそこで寝泊まりをします。食事は小屋元が用意してくれました。

座長や、それに次ぐ芸人さんら一座の幹部は、どんな場合でも旅館に泊まっていました。芸人の世界にももちろん上下関係があり、旅館の部屋の割当ひとつにしても、人気のある人や、先輩をうまく割りふらないと座のなかもしっくりいきませんでした。

高砂屋四四丸

私は高砂屋四四丸（よしまる）という芸名をもらい、得意ののどで安来節を歌っていました。師匠の世話や弟子の仕事もいやではなかったけれど、歌が好きです。舞台で一生懸命歌うと、師匠からもお客さんからも認められます。芸のことで苦労はしても、つらいとは思いませんでした。そのうちに、いろんな民謡や漫才でも、舞台に立つようになっていきました。

芸が上達し人気が出てくると、月給も増えていきます。そこらへんは座長が決めるので、他の芸人さんがどれくらいもらっていたかよくわかりません。弟子入りした頃は、食べるのも着るのも一座任せでしたが、一人前になると自分の収入で着物や化粧品をそろえることができました。

今ほど豊かな時代ではありませんが、食べ物には不自由しません。上の者は、お金があるからです。弟子や下っ端の人たちこそ、つらいはずでした。私は少食でそれほど食べなくてもやっていけたので、みんなで食べる時は先に人に半分あげたり、分けて食べてもらったりしました。いつも、

「自分ひとりええ目するより、人に対してあんじょうしてあげたい」

と思っていました。だから逆に、自分がひもじいとか、物ほしいとか、あんまり思わずにやってこれた

のだと思います。

小学校二年生から十年間、十八歳で一座が解散となるまで、西日本を中心に全国各地を旅してまわりました。近辺では、大阪の寄席の出演から、京都の新京極（しんきょうごく）・神戸の新開地（しんかいち）など大都会での仕事もあれば、九州は博多、熊本、東京の浅草や千葉へも足を伸ばしました。長い時は、一年間くらい戻ってこないこともあったでしょうか。今思えば、まだ幼かったけれど、一座には同じ日之出の人も五～六人いて気をつかわないし寂しさも紛れ、座長も日之出の人なので安心でした。それでも、故郷が日之出の被差別部落であることは、だれにも口にだして言うことはありませんでした。

結婚差別

十八歳になった一九三二（昭和七）年、一座が解散になったのをきっかけに、日之出へ戻りました。

「学校も出てへんし、女の子は縫い物の稽古をせなあかん」

と養母のおタマさんに言われて、近所の縫い物を教えている人のところへ七カ月通いました。ところが、縫い物の先生が身重で、身二つになるまで休みになりました。

ぶらぶらしているのももったいないということで、長柄橋（ながらばし）南詰のむこうの鏡を作る三谷鏡会社へ働きにいきました。この会社では、ガラスの裏に銀メッキをし、枠をはめて、鏡を作っていました。

そこで、柴島から来ていた大賀茂（おおがしげる）と知りあいました。当時、大賀は、監督の仕事をしていたのです。

大賀茂

大賀の家は両親とも四国の高松の出身で、父親は友禅の絵描きをしていました。父親が絵に描くと、型屋が型を彫って、友禅屋の染職人が染めるのです。茂の父親は、最初の下絵を描いていたのです。柴島は江戸時代から「柴島晒し」が盛んなところで、淀川の水を利用して船場の下請けをやっていました。友禅工場もあちこちにあり、人力車で迎えがくるほど羽振りがよかったそうです。友禅の絵描きをやめてからも、掛軸や金屏風の山水画を描いていたそうです。

茂の祖父は、桜田門外の変で井伊直弼を暗殺した水戸浪士のひとりで、高松藩に逃げて、高松藩の御殿女中をしていた「三好」という祖母と一緒になって、「三好」姓を名乗っていたのです。長男である茂の父親は、神官の大賀家の養子にいき、絵描きになって柴島に住みついたのです。

茂の家も少し複雑で、それぞれに連れ子をして再婚したので、母ちがいの兄、父ちがいの姉、父母同じの姉と妹がいました。茂の話では、小さい頃からやんちゃで、あまり勉強は好きではなかったようで、日之出・飛鳥・南方の三つの被差別部落の子どもが通う啓発尋常小学校を卒業しました。私より五歳上で、一九〇九（明治四十二）年生まれです。

十三歳で、柴島のカッターシャツを作る工場に働きにいき、母の兄が商売を仕込んでやるというので、高知県高岡郡の山の中の町の小間屋の卸屋へ二年間丁稚奉公をしました。しかし、いやになって大阪へ帰ってきて、三谷鏡会社に入って監督をしていたのです。

働きにいくと、すぐ茂につきまとわれました。私はまだ十代で、好きや嫌いなどわからなくて、まあいえば、一方的に茂に言い寄られたわけです。やがて、働いていた鏡会社が倒産してしまい、茂の紹介で、長柄にある飴会社に行きました。茂の姉の夫が、そこで監督をしていたからです。

真弓の出産

そうこうするうちに妊娠し、お腹に真弓ができました。柴島の両親は、私のことを知っているのか知らないのかわかりません。大賀の親からは何も連絡もないまま、茂の姉と妹の夫の二人が日之出の家へやってきて、飴会社に働いていた都島(みやこじま)の姉夫婦の家でお世話になることになりました。

産み月になったので、日之出のおタマさんのところへ帰り、長女の真弓を、一九三三(昭和八)年四月に生みました。茂は毎日、日之出の家へ帰ってきます。けれど、大賀の親からは何も言ってきません。子どもまで生まれているのに、柴島の家にも行けません。茂は何も言わず、毎日日之出のおタマさんの家から朝仕事に行って、夜帰ってきます。私も、何も言えません。茂も姉夫婦も、

「四四九が部落やから、柴島の家に連れて行けん」

そんなことは、ひと言も言いません。言わなくても、柴島と日之出は目と鼻の先やから、私にはわかっていました。私も何かしら予感がして、茂にはしばしば言ってやりました。

「もし、あんたが親の言いなりになって、他から嫁さんもらうなら言ってくれ。いつでも、きれいに別れてやるから」

とね。こうして突き放す私に対し、おタマさんは、

「そんなに言うたったら、かわいそうや、おまえに恋こがれて、ああやって帰ってきよるんや。別れるのやなんや言ったら、かわいそうや。今は何も言わんと、むこうが嫁さんもらうねんやったら、その時は、きれいに別れたったらええ」

と、あべこべに茂に同情する始末でした。

決別

でも私は、子どもの籍だけは、どうしても大賀の籍に入れてほしかったのです。籍どころか、柴島の大賀の実家にも行けん日々がずっと続きました。真弓誕生から四年後、一九三七(昭和十二)年八月二

日、長男正行が生まれました。そして、次男多美男を身籠って大きなお腹をして、近所の中島惣社の昼店へ行った時のことです。鏡会社で一緒だった友だちに会いました。友だちは、

「あんた、大賀さんと別れたんやなあ……」

と、けったいなことを言いました。私は内心ドキッとしたけれど、「ふうん」と、曖昧な返事をしました。友だちは追い討ちをかけるように、

「むこうでは大賀さんに嫁さんもらって、子どもも二人できてるで」

と言いました。その途端、血が頭に上ってカアッ！となり、

「はあ、そう……。嫁さんもいたはるのん」

そう言うのが精いっぱいでした。私の頭のなかには、

「茂に問いただし、事実やったら殺したる！」

そんな思いが、むくむくと湧き上がってきました。

「きれいに別れたると言ってあったのに、だまして……、何も言わんと……」

何千何万と私の血は逆流し、乱れました。その晩、布団の下に包丁を隠して、茂の帰りを待ちました。

茂は、顔色を変え、

「かんにんしてくれ、辛抱してくれ！」

と謝りましたが、私はきつく言うたんです。

「別れよう、別れてくれ！」

大賀茂は、私にとって初めての男やったが、こちら側から惚(は)れて一緒になったわけでもないのに不当な扱いをして、という恨みが強くありました。

翌朝、茂を仕事に送り出すと、取るものも取りあえず、柴島の大賀の実家に飛んでいきました。

大賀の家は、塀を巡らした立派な二階建てでした。怒鳴り込もうと身構えた時、丸まげを結って着物を着た若い女の人が、門から出てきて清掃を始めました。私ははっとしました。しばらく隠れて様子をみて、何もせずに立ち去りました。激情の一瞬が通り過ぎたのが、私にはよくわかりました。私は、自分に言い聞かせました。

「むこうの嫁さんは、私のことを何も知らん。私が自分を主張したところで、親が許さん。相手の嫁さんに別れろと言うのもいやだし、何も知らんのに知らせるのもかわいそうや。それやったら、私が泣いたほうが円満にいく」

と身を引く決心をしました。

突き放し、突き放しするけど、大賀はこっちにやって来ます。私に大賀の結婚を告げた友だちも、

「家のなか、うまいことといってないそうやで。あんたとこへ行っているという噂あるねん」

と言いました。私も嫁さんも同じ女や。だから、女の気持ちはよくわかります。知らんところへ嫁いできて、婿さんはかいもく家へ帰ってこんし、お金も入れへんとなったらどんな気持ちがするか、痛いほどわかります。その友だちの言葉で、私の迷いもふんぎれました。

ちょうど、かわいい盛りの長女の真弓が、八歳の時、腹膜炎でぽっくり死にました。真弓が死んだのをきっかけに、大賀と別れるため、ふたたび芸人の一座に飛び込みました。

真弓

長女の真弓は、色が白くてかわいくて、それはしっかりしていました。

保育所に行くようになると、保育所で何か行事があるたびに、近所の友だちの家へ伝言して回りました。先生が親ごさんに言わなくても、

「もう、真弓さんに聞きましたわ」

と言われるほど、しっかりした子どもでした。病気になった時も、

「お祖母ちゃん、お母ちゃん、お茶椀持って食べるのがしんどくなったわ」

と言って、寝ついて亡くなってしまいました。真弓は、結局、私の籍にも大賀の籍にも入らずじまいでした。真弓は、戸籍上はどこにも存在していません。孫の理佳の顔を見て、真弓に似ているという人もありますが、今も、真弓の姿は私の目にしっかりと焼きついています。

ふたたび芸人生活へ

大賀と何とかして別れたい気持ちの私は、娘の真弓を亡くした後、「くよくよしてんと、旅に出たら」という静ちゃんの勧めもあって、ふたたび旅芸人の生活に飛び込んでいきました。

「若松屋正太郎」（静ちゃんの夫）を座長に、二十人ほどの芸人がいました。漫才・浪花節・てずま（手品）・女道楽という三味線と歌と踊りで演じる舞台や、サーカスの曲芸までありました。この頃はもう安来節はすたれ、私は漫才の太夫で舞台に立っていました。今の漫才はしゃべくりが中心ですが、この頃は三味線と歌を盛り込んだものです。しゃべりで笑わせては、安来節・小原節・山中節・博多節や、春雨・青柳というような歌を披露したんです。


この一座で、中国東北部（満州）へ初めて巡業に出かけたのは、一九四一（昭和十六）年の秋のことだったと記憶しています。下関から大陸まで、船で一週間もかかったでしょうか。どんなふうに外国へ渡ったのかわかりませんが、当時は日本が満州に侵略してましたから、手続きは案外簡単だったのかもしれません。

この時は、座元が手配した日本人町をまわりました。大連から、ハルビン・奉天・新京と、おしめもまだとれていない多美男と正行を連れての旅回りでした。大陸にはたくさんの日本人がいて、私たち旅芸人の興行に故国を懐かしんでいたのでしょう。時には、軍への慰問にもまわりました。傷つき、苦しんでいる兵隊さんのために、病院へもまわりました。

私たちの興行も、そんななかで歓迎されていたことを思えば、本当に不幸な時代でした。満州から朝鮮へ、ソウルかピョンヤンだったでしょうか、ここではそんなにたくさんまわっていません。現地の人が見にくることはなく、軍人さんもあまり見にきませんでした。たぶん、プサンから帰国したように思います。

満鉄十周年芸能慰問。駒蔵さんと漫才

二回めの満州への旅回りは、一九四二（昭和十七）年の正月興行でした。この時は一座ではなく、男女三人ずつ——浪花節・てづま・漫才・女道楽の四組で、満州鉄道から招かれて満鉄で働いている人たちを慰問する旅で、ちょうど満鉄開通十周年の記念行事でした。二人の子どもは、母に預けていきました。私の漫才の相手は駒造さんという人で、この頃からだいたい男の人と組んでいたのですが、戦争が激しくなってくると男手がなくなり、義姉の静ちゃんと組んだりもしました。

二回めの満州から帰ってきた後、台湾への興行に一カ月出かけました。今度は、正行も多美男も一緒でした。この興行で漫才のコンビを組んだ中西貞夫（芸名・若松屋歌児）とこの年再婚し、翌一九四三年五月に長女が生まれたのです。

芸人の町 天王寺村

一九四五（昭和二十）年三月、貞夫と姑が住む西区新町の家を空襲で焼け出され、天王寺村の静ちゃんの家の二階に所帯を持ちました。

この天王寺は、今ではもうその面影さえ忍ぶことができませんが、天王寺の動物園前から飛田のほうにいく商店街のあたりがそうで、天王寺会館という寄席をやる芝居小屋のようなところがありました。当時は、大阪の芸人さんのほとんどがここに住んでいましたが、旅回りの芸人さんというより、地元で興行に出演する人がほとんどだったように思います。フリーなので、仕事のある時もない時もまちまちです。そのためか、近くに住んでいても顔さえ合わさない人もいて、同業者といってもみんなが知り合いというわけではありませんでした。

戦争は、日を追って激しくなり、大阪の町も空襲におびえる毎日が続きました。人々の生活から、安らぎも喜びも消えうせていく時代で、芸人が気楽に笑いをふりまくことのできる時世ではなかったのです。とくにワイセツなネタなんかには規制が厳しく、口にはできませんでした。

やがて、日本の敗戦をこの芸人村で迎え、戦後の混乱期をどさくさに紛れながらも、なんとか芸を元手に寄席まわりや巡業で切りぬけていきました。

一九四七年、姑が亡くなったのも、同年八月に次女が生まれたのも、この天王寺村でのことでした。

日之出へもどって

日本のはじめた無謀な戦争は、敗戦へ突き進んでいきました。激しくなる空襲で、芸人の町「天王寺村」に住みついたものの、満足な仕事はありません。

ある日、夫の中西貞夫は、「仕事を探してくる」と言って、家を出たまま帰ってこなくなりました。一九四九（昭和二十四）年の夏、幼い娘二人を連れて日之出へもどりましたが、日之出は、一九四五（昭和二十）年六月七日、六月十五日、六月二十六日の、三度の空襲で焼野原になっていました。

おタマさんは焼け出されて、次男の多美男とともに、山口町で二畳ぐらいのバラックに住んでいました。そこへ、私が子ども二人を連れて舞いもどったのです。

当時、正行は、茂の父親が死んだこともあり、茂と富子さんの次男ということで大賀の籍に入っており、茂のところへ引き取られて和歌山に住んでいました。大賀の子どもの多美男は、一九四〇（昭和十五）年十二月二十一日に生まれたのですが、大賀の籍には入れられず、中西との結婚で中西の長男として届けました。中西との間には、一九四三（昭和十八）年に長女が生まれ、一九四六（昭和二十一）年八月に生まれた貞彦は九月に死んでしまい、その後、一九四七（昭和二十二）年八月に次女が生まれました。

夫を天王寺村に残して、娘二人を連れてもどったその時から、おタマさんともども、親子の生きるがための闘いが始まりました。日之出のムラは焼野原になり、人々は焼けたトタンや材木でバラックを建てて住んでおり、仕事もなく買い出しで生計を立てていました。

中西が漫才に出ていて新しい相方の女の人と一緒になっていると聞いて、天王寺村へ行きましたが、結局、夫とはそれきりになってしまいました。何年かたって、籍を抜いてくれと言ってきました。勝手なことをして虫のいい話やけど、家裁に呼び出され協議離婚に応じました。自分さえ苦労したら、子どもは自分の手元に置いておけると思い、もう男なんてコリゴリという心境でした。

下の子がまだ乳のみ子で、子どもを置いて働きにいけません。思いあまって、長女に、梅田や十三（じゅうそう）の繁華街で、酔っぱらい相手に「辻占（つじうら）」や「花売り」をさせました。「辻占」は、瓢箪山稲荷（ひょうたんやまいなり）神社から手に入れ、私は赤ん坊の次女をおんぶして、こっそり物陰から見ていました。警察に街娼（がいしょう）の「ひっこ」とまちがわれ、警察署に連れていかれて、

「子どもに花売りさせて、児童福祉法違反や」

と説教され、身が切れるつらさを味わいました。けど、何とかして稼がんと食べていけません。気をとりなおして、一杯飲み屋や梅田のキャバレーの皿洗いに行きました。淡路の中華料理屋でも働きました。私は酒はよう飲みませんし、口べたで愛想がうまく言えません。仕方なしに歌を歌うと、歌はとっても受けが好（よ）かったんです。そうはいっても、子どもたちのことを考えると水商売は向いてなく、「やめなならん」と決心しました。

ある日、屋台でワラビ餅を売っている人を見かけ、さっそく作り方を教えてもらいました。材料は、すべて天満の市場で仕入れました。ワラビ餅は夏場はいいけれど、冬場はだめです。

ワラビ餅を売り歩いている時、飛鳥の人に、「屋台車、買ってくれんか」と言われて、「お好み焼き」を売ることを思いつきました。日之出湯が開くまでは村をまわって、三時に風呂が開くと、風呂の前で子ども相手に五円、十円の洋食（お好み焼き）を売りました。そのうちに、屋台車では雨の日が困るので、日之出の前のドブ川（中島大水道）のそばに、屋根付きの屋台をこしらえてもらいました。

子ども全員とともに

気になるのは、長男の正行のことでした。正行は父親、茂とともに、茂が大阪機工加島工場の食堂へ就職したので、北伊丹にある本社の社宅（川西市久代）に住んでいました。

茂は私と別れた後、柴島浄水場で約十年働き、その後徴用で陸軍の砲兵工廠へ行き東和歌山へ転勤し、一九四五（昭和二十）年五月、おタマさんから正行を引き取り、連れていったのです。正行は、七月九日の和歌山市大空襲で焼け出され、しばらく、私が当時いた天王寺村に来て敗戦を迎えましたが、九月の二学期になって父親のところへ戻りました。一九四六（昭和二十一）年、正行が小学校三年生の時、また日之出のおタマさんのところへ帰りましたが、一九四九（昭和二十四）年、小学校六年生の時、父親のところへまた引き取られていきました。戦争のためと、おタマさんが博打で負けお金がなくなったので、やむなく正行を父親に引き取らせたのです。

正行は北伊丹に住むようになると、土曜日、学校が終わると直行でちょくちょく日之出へ帰ってきました。

「まあちゃん、いつ帰る？」

と私が聞くと、

「晩帰る。いや、もう一晩泊まって日曜日に帰る」

と答えます。結局日曜日も泊まって、月曜日の朝早くそのまま学校へ直行します。おタマさんも私も学校だけは休ませませんでした。そんなことが、何回もくり返されました。

ある時、そっと正行に、

「むこうのお母さんは、どないや？」

と聞きました。正行は、

「継母としたら、ようできている方や。好い人や」

とだけ答えてました。時には、こんなことも言いました。

「むこうのお母さんは、かわいそうや。お父さんは、毎日帰ってけえへんねん」

ある日、正行が、

「お母ちゃん、ぼく、こっちへ帰ってきたら、やっていかれへんか？」

と聞いてきました。正行の手を見たら、ぶぶわれみたいにしもやけができて腫れています。

「一人ぐらい増えてもどういうことないから、お父さんがいいと言ったら帰ってきたらええ」

私は言いました。こうして、正行は、中学二年生の一九五一（昭和二十六）年五月に日之出へ帰ってきました。

母と子五人、おタマさんと六人の生活が始まりました。正行は、中学時代に、

「大賀、おまえとこは何で一番上のおまえが次男で、母親の姓が山中で、弟や妹が中西姓なんや？」

と言われて、説明に困ったそうですが、三つの姓を持つ六人が、女二人の細腕で寄り合って暮らすことになりました。

おタマさんは布団師をしながら、頼まれて金持ちと金を借りたい人との仲立ちをし、自分も小金を貸して世帯を助けてくれました。正行は、切羽詰まった人が金を借りたいあまりに頼みにきて、おタマさんがお金を握らす姿をみて、後になって、借金地獄からムラの人々を救済するため、生業資金獲得闘争に立ち上がったのです。おタマさんは、博打にも手を染めました。「はちぴんのおタマさん」と言われ、負けこんだ時は、明日遠足に着ていく正行の学生服を質草にして金を正行に借りにいかせました。事情

を知った米屋の北井悦治さんが、

「明日、これを着て遠足にいくのやろ、服は持ってお帰り」

と言ってくれ、千円を握らせてくれたことがありました。

正行の高校進学

正行は、ご飯よりも勉強の好きな子でした。中学三年の時、担任の高田先生に呼ばれて淡路中学校へ行きました。高田先生は、

「お母さん、大賀君は就職を希望しているけども、高校へ進学させてくれませんか。高校へいっても奨学金があるので負担をかけんから、もう三年間中学校へ通わしている気持ちで行かせてほしい。奨学資金の試験に合格さえすれば、北野高校は絶対パスするから心配せんでいい、太鼓判を押すから」

と言われました。あの時はうれしかったけれど、生活のことを考えると、合格してほしいやら、滑ってほしいやら、複雑な気持ちでした。

次男の多美男は、先生が高校進学を勧めてくださいましたが、

「ぼくが高校へ行こうと思ったら、私立になる。ぼくはいいから、兄ちゃんを大学まで行かしてくれ。ぼくは働くから」

と、十三にある小西顔料という染料会社へ働きにいってくれました。でも、染料だらけになって帰ってきて、高温と激しい労働で胸でも悪くならないかと心配していたところ、中学時代の先生の勧めもあり、三社電機へ転職しました。その頃から、子ども会の指導を経て部落解放運動に参加しました。

ぼくらは町の希望の灯火

正行が、北野高校の一年生の九月です。食べるものも食べず無理な勉強がたたって心臓脚気になり、二学期全部を休んでしまいました。このことが、正行には一つの転機となったのでしょう。

「ぼくらは、町の希望の灯火だ！」

と地域の子どもたちを集めて、正徳寺釣鐘堂で「日之出少年会」の活動を始めました。一九五四（昭和二十九）年、正行が高校二年の八月十三日のことです。お寺の住職がやっていてつぶれた日曜学校を引き継ぐ形で、北井浩一さんらと始め、やがて「日之出子ども会」へと成長していきました。

一九五九（昭和三十四）年に、西淡路小学校で子どもたちが給食代やＰＴＡ会費を払えないためプラカードを胸にかけられた「プラカード事件」から、教科書代・給食代の無償をかちとる「教育闘争」を市内の被差別部落とともに闘い、この年に部落解放同盟日之出支部が結成されました。正行や北井浩一さんたちが解放運動を始めると、矢田の西岡智さんが生姜を自転車に乗せて、十三や淡路に売るついでに、手を真っ赤に染めたまましばしばオルグに日之出へやってきました。私の息子たちも矢田に行けばむこうでお世話になることなので、私もできる限りのお世話をしました。今も、西岡さんのあの真っ赤な手が目に焼きついています。

正行たちが始めた部落解放運動については、何もわかりませんが、私自身も結婚差別を受けて苦しんだ体験からも、心から賛成し協力しました。とくに、おタマさんがえらかったと思います。自分からすすんで先頭に立ち、不自由な足を引きずって、

「うちの孫がやってますねん。動員に出たってや！　協力したってや！」

とムラじゅうを声かけしてまわってくれました。おタマさんのあの元気な姿は、今も忘れられません。

山口町のあの家は、建て増しした四畳半を正行が勉強部屋として一人で占領し、六畳で他の五人が寝

ていました。正行の部屋には、支部を結成した時の「七人の侍」と自ら呼んでいたメンバーや、少し遅れて参加した向井正さんや、いろんな人々がやってきました。会議したり印刷をしたり、時には、班集会や班長集会が開かれました。それがすむと、反省会や打ち合わせをし学習会をやりました。毎日、深夜まで会合が続き、日之出を変え、日本を変えよう！　と、若い情熱をたぎらしていました。

正行の勉強部屋は、解放運動の「たまり場」だったんです。

ムラの人すべてが、はじめから運動に賛成したわけではありません。日之出支部が結成されて一年後ぐらいに、寝た子を起こすなという考えの「やん菊」という大工の男が、支部の運動をおもしろく思わず、刃物を持って土足でわが家に乗り込んできました。正行は勉強中でしたが、開いた窓から飛び下り、川内のヒサコ叔母の家へ逃げ込んで事なきをえました。これを聞いた人らが怒って運動に立ち上がり、とくにおタマさんはカンカンになって、

「くさいメシ、食わしたる！」

と乗り込んでいきました。当時の日之出同和会（現・大阪人権協会）会長の中田善政さんが、

「こういうことは、日之出では許さん！」

と本人に厳重注意し、一件落着しました。

私の自慢——四人の子どもたち

私は、子ども四人に対して、「こうしたらあかん、ああしたらあかん」と言ったことはありません。私には、財産も家もありません。あるのは、子どもたちだけです。私は、息子のやることは正しいと信じています。きょうだいも、兄ちゃんを信頼して、

日之出湯前でお好み焼き屋をしていたころ

「兄ちゃんは、父親みたいや」

と、そんな気持ちやったから、兄ちゃんの言うことは、みんなよく聞いていました。

長女は勉強が好きで、なかなか根性のある子です。昼間は参天製薬で働き、夜、定時制高校へ通いました。妹と交替で、家の用事をしてくれました。妹のほうは、姉が定時制に行くようになると、一人で私を助けてくれ、私が夕食を食べるのに交替してお好み焼きを焼いてくれました。妹も中学卒業後、田辺製薬で働きました。この二人の娘のおかげで、安心してお好み焼き屋をできました。

ただひとつ、私が心を痛めたのは、おタマさんと姉娘の相性が悪かったことです。どういうわけか、姉娘に対していじめがひどく、陰になり日向(ひなた)になりしてかばいながら、

「お祖母さんは年もとっているから、辛抱したってや」

と、なだめました。きょうだいたちも、姉娘の肩をもってはげましましたが、昼間働き定時制に通う姉娘には、ずいぶんつらい毎日だったと思います。

次男の多美男は、きょうだい思いの情の厚い子で、親の言うことをとてもよく聞く子でした。お好み焼きの材料を買いにいくと、日曜日など休みの日には、自転車で迎えに来てくれました。

自慢じゃないが、うちの子は全員親孝行です。子どものことで心配したことはありません。母親が、苦労して大きくしているのを知っているからだと思います。学校でいる物も、気をつかってむだにはし

ません。ムラの人にも、

「お宅の子どもさんは、みなよくできる」

と、ほめてもらいました。保護者会などめったに行きませんが、たまに行くと
「大賀さんのお母さんですか。いつも子どもが大賀さんにお世話になっています」

と礼を言ってくれます。また、先生に、

「正行は勉強ばかりするので、病気にならないか心配です」

と言うと、

「お母さん、大賀君に勉強やめというのは無理です。学校でも、遊び時間もむだにしてません。だれかに教えてやっているか、自分で本を読んだりして、少しも時間をむだにしていません」

と言われました。子ども四人とも、私の自慢でした。

おばあちゃん、ご飯あるか

孫六人

一九六四（昭和三十九）年八月九日、初孫の理佳が生まれました。正行に、

「お好み焼き屋やめて、孫の面倒をみてくれへんか」

と言われ、孫の世話をするようになりました。その後二年か三年ごとに孫が次々と生まれて、正行の子を三人、多美男の子を二人、末娘の子を一人、合計六人の孫の世話に明け暮れる毎日になりました。

私が孫の世話を引き受けたのは、私のつらかった体験があったからです。

私は旅回りの漫才の仕事をするために、正行と多美男をおタマさんに、中西と結婚後は、長女を中西

のお姑さんに預けて、仕事に出ました。中西と二人で漫才に出ていた時に仕事が長引いて遅く帰ると、姑さんに、

「この子が、ぐちぐち言ってな……」

と言われ、気分的にしんどい時がありました。それに、

「今日は、遅おますなあ……」

と言われると、こっちの邪推やけど、二人で寄り道でもして遅くなったと思われていないか、気づかった時もありました。早く帰りたいけど、仕事仲間と話して時間がずれることもあります。こんな体験があったので、嫁にはこんな思いをさせまいと考え、遅く帰ってきても「遅い」とか、息子たちに嫁の不足を今までひと言も言ったことはありません。えらいもので、孫六人を自分の子どもと思って、一生懸命みてきた甲斐(かい)あって全員すくすくと成人しました。

地域の人々に支えられて

正行の長男と多美男の長女が、ちょうど一週間ちがいで生まれて、双子みたいでした。大きな乳母車を買ってもらって、二人を乗せていました。二人とも立てるようになるとけんかをし、どちらかが泣きます。多美男の娘をおんぶして、正行の長男を乳母車に乗せて、二歳上の理佳の手を引いて、保育所へ連れていきます。保育所のほうへ行くと、通称「怖いおばちゃん」の坂本のみっちゃんと、ドブ川のそばでしばしば会いました。理佳は、時々保育所へ行くのをいややとぐずりました。

「理佳ちゃん、今行くんか?」

怖いおばちゃんが声をかけると、理佳は怖いもんやから涙をこらえて、ふんとうなずきます。

「泣いているのんか?」

「泣いてへん」

「そんなら、理佳ちゃん、元気に保育所へ行きや」

という具合に、怖いおばちゃんは、孫によくしてくれました。日之出湯でも、

「おばちゃんが、洗ったる」

とマゴマゴしていると、よく助けてもらいました。坂本のみっちゃん以外にも吉田のみっちゃんや、幼なじみの岸キヌエちゃんや、いろんなムラの人の目に見えん手助けで、今日までできたと思います。

だいぶ前、行きつけの竹岡医院で、淡路に住まわれている「しょう会」(淀川区、東淀川区障害児の教育と生活を保障しょう会)のお母さんに会いました。

「おばあちゃん、いいブローチしたはるね」

「孫に買ってもらいましてん」

「そら、おばあちゃんが苦労して、大きくされたからね。おばあちゃんは、孫にマゴマゴしたはった。そら、孫がようしやはりますわ」

「かわいい、かわいいで大きくしたんで、少しも苦労やありません。けど孫が病気した時は、内科やったら竹岡さんですむけど、耳鼻科や歯科の時は、どっから先に行こか、困りましたなあ」

「おばあちゃん、お孫さんみんな、二つか三つちがいだったでしょ。小さいおばあちゃんが、前と後に孫を連れて、ちょうど淡島(あわしま)さんみたいでしたなあ」

そんな会話を交わし、大笑いをしました。

はやらん飯屋

今は孫もそれぞれに成人して、めったに顔を合わしませんが、孫が出入りしていた時は、

「おばあちゃん、ご飯あるか」

これがあいさつです。ですから、私も言いますねん。

「うちは、はやらん飯屋やなあ」

っとね。片付いたと思うと、ポツリと別の孫が、

「おばあちゃん、ご飯！」

と来るのです。

私は人のこと、とやかく言うのが嫌いな性分です。自分さえ我慢したら、自分さえ苦労したらと生きてきました。自分では、苦労を苦労と思わず、生きてきたと思います。

今でも、歌と踊りは私の生きがいで、命のある限り、自分が生きてきた道を誇りに思い、これからも歌と踊りを楽しんで生きたいと思っています。

最後に、子どもと孫に恵まれ、感謝しています。

母を語る　喜寿の祝いにあたり

山中多美男

つい先日、母は七十七歳（喜寿）になった。

何の祝いもできずに、過ぎてしまった。親不孝な息子である。同和行政の方向に大きな影響を与える「地域改善対策協議会意見具申」（一九八六年）が出された翌日の十二月十二日が、母の誕生日である。

以前から、兄貴に喜寿の祝いをと話しかけていたが、私との日程が合わず思案していたところ、兄が、

「今、母の本を出版する準備をしているから、おまえも費用を負担せよ」

と言ってきたので、兄貴の腹の中を読んで、

「喜寿の祝い、これや」

と納得した。さて「母を語る」、何から語ろうか。走馬灯のように、数々の思い出が頭をよぎる。

必死になって働く姿は今も目頭に

部落の女は、みんな我慢強くて、しっかりもんで働きもの。母も、例にもれず六人家族の大黒柱。小さな体にムチ打っての労働のせいだろう、町工場でのきつい仕事に疲れ、真っ黄色の顔と手を見たことがある。そんな時に、

「仕事を、やめたら」

とも言えず、ただ心の中で母の体を案じた日々が、真っ先に思い出される。

お好み焼き屋をして、キャベツをどんどん切るので、右腕にいつも青い膏薬（こうやく）を張っていた日のことを思い

出す。本当につらかったにちがいない。でも、泣きごとを聞いたことがない。つらさを感情に出して怒鳴られたことも、まったく記憶にない。

思いやりのある人

私たちにはお説教というような感じはしないが、母はごく自然に、そして身をもって、いろんなことを教えてくれた。何か近所でトラブルがあって、悪いとされた人の心の中を少しでも推しはかろうとしたり、相手の立場を少しでも理解しようとし、それをひとり言のようにして私たちに語るのである。

また、よくがんばってくれた人、目立たないところの人に、そっと激励やお礼の言葉をかけている姿を、何度か見た記憶がある。

障がいのある子どもが茶化(ちゃか)されているのを見ては、棒切れのようなものを持って「悪ガキ」を追い散らしていた姿もあった。それからよく、

「蒔(ま)かぬ種は、生えん」

「人の振り見て、わが振り直せ」

という言葉も、折あるごとに言っているのを耳にしたものである。

まず気持ちや

ある日、私が、家のすぐそばの低いコンクリートの壁にボールを当てて遊んでいたが、あやまって隣の家の窓ガラスを割った。ガチャン！という音に、母は表に飛んできた。

「多美男か！」という母の言葉に、私はとっさに、

「弁償したらいいのやろ！」と言った。その瞬間、母に、

「弁償のことは後や、先にあやまりに行け！」

と怒鳴られた。これが後にも先にも一度だけで、今も鮮明に憶(おぼ)えている。母の声が隣のお祖母さんに届いた

のか、私はガラスの破片を片付けようとしたが、もういいと許してくれた。その後、母は穏やかな声で、「人間はまず、気持ちやで。弁償の話はその次やで」と諭した。私は、今も「まず、気持ちや」という言葉を大事にしている。

わびしい思いをしたことがない

私たちの家庭はきわめて厳しい経済状態であったし、当然、私たちは貧乏に慣れていたようにも思う。しかし無一文で、紙芝居のただ見や祭りの夜店に行くのは、やっぱりわびしいものがある。それを母は察して、紙芝居を見る五円だけは、どんなことがあっても持たせてくれた。それをポケットに入れて、時々堂々のただ見をして、少し貯まったところで妹のおもちゃを買ったことがあった。

宮さんの祭りの夜店に出かけようとすると、母が私を呼び止める。その時の会話が一片の詩のように浮かんでくるのである。

おかあちゃん　宮さんへ行ってくるでぇ
お金もってんのか
いいや
ほんなら　これもって行き
ええて
ええことあらへん
かまへん、いらんよ
あかん、出来心でもでたら困るさかいな
だいじょうぶや、おれ、そんなこと、せえへん
頼むさかいもっていって、使わんでも、持ってるだけで、気持ちがちがうんや

そうか　ほんなら
おかあちゃん、今、帰ったで、ふん、これ
なんや、使わなんだんか
うん、欲しいもんなかってん
えらい無理したんやなあ
うぬ、うん

子育ての名人

私は、よく兄貴と比較される。学校でも、近所や親戚からも。兄貴は勉強がよくできる。私はさっぱり。

「同じ兄弟でも……」

「どうしてこんなに……」

「本当に兄弟か？　苗字(みょうじ)もちがうし……」

といった言葉が飛んでくる。でも母は、絶対にそうした比較はしなかった。それぞれの子どもたちが自信を持つように、よいところをよく語ってくれた。兄貴が泣かされると、私が仇討(あだう)ちをすばやくした。

「きょうだいで、一番、情の厚い子や」

と母は、私をほめてくれた。

孫六人についても、一人ひとりの長所をよく把握し、母なりの分析をしていた。そんな話を聞かされるごとに、孫育てに生きがいを感じているのだとみていた。次は、ひ孫育てでも、もうひと肌ぬいでもらわねばならない。

部落解放運動の陰の担い手

私たちが解放運動に心おきなく専念できるのは、まさに母や祖母山中タマエのお陰である。親戚から、

「まあちゃん（兄貴）も大学まで出て、早よ働いて親を楽させな。アカみたいな運動して、畳の上で死なれへんぞ！」
と反対された。地区内の解放運動の反対派から刃物で追いかけられても、母や祖母は、
「お母ちゃんには、何もわからん。けど、おまえらが人に後ろ指さされることをしてないことだけは、確かやと思う。お母ちゃんらのことは心配せんでええ。そのかわり、後で後悔だけはせんようにな」
と信じる道を行けと、励ましてくれた。親に反対されるほど、つらいものはない。まして、いっぱい苦労をしてきた親の姿を知っていればいるほど、親の反対は決定的である。

当時、部落で数少ない大学出である兄貴が、安定した仕事に就くことを夢見たであろう母の気持ちを思うと、母の寛大さと深い慈愛に、ただただ涙あるのみである。

最近、母は歳を感じてきたと言う。何をするにも気力が出ないと言う。

早く次の生きがいをつくらねばと思う。そのためにも、ひ孫が必要だ。お母さん、まだまだ重大な任務がありますよ。そう簡単に、くたばられては困りますよ。子育ての名人さん、次はひ孫を育てる任務が待っていますよ。

御身大切に、くれぐれもお願いします。本当に、本当に、長生きしてください。歩けなくなったら、私がおんぶして、どこへでも連れて行きますからね。

愚息より

ほんまに歌うことが好きですねん

土方 鉄

芸能史や大衆芸能史には、おそらく、高砂屋四四丸の名は記録されることはないであろう。だが、わが国の芸能史の底流には、まぎれもなしに、彼女のような、無名の芸人たちがたくさんいたのだ。

なんの夢も希望もない少女に、教育をうける機会さえなかった一人の女性に被差別の世界に生きた一人の

人間に、これ以外にどのような生き方があったのだろうか。芸が身をたすけたのか、芸が身を縛ったのか。いずれにしても、四四九さんの芸能は、彼女の生きる力であり、彼女の芸をたのしんだ人びとは、働く人びと、労働者であり農民であり、兵士たちであったことはまぎれのない事実だろう。

「うたうことが好き」であった彼女は、それを生きる手段とした。「好き」は「好き」でも、新劇希望の青年の「好き」とは、それは異質であったろう。

四四九さんの生き方は、現在の感覚からは古いの一語ですまされるかもしれない。しかし、その生き方は、彼女を踏みつけていった二人の男性に象徴される、いわゆる「一般」によって強制されたものである。すべてを一身にひきうけていく生き方は、いじらしいほどの人間の良さである。そして、それは被差別を生きる人間の美しさであり、同時に弱さでもある。

私は、このような、屈辱を生きた、部落のおばあちゃんをあまりにもたくさん知っている。

それはなるほど、慰謝料を請求したり、権利を主張することでは、男性や「一般」にむけてたたかってはいない。しかし、屈辱と苦労を一身にひきうけて生き、子どもを育ててきた。そのしたたかさのなかに、人間の輝きをみることは、あながち、こじつけではなかろう。ブルジョワ的な「教養」を身につけることを拒まれた彼女の、それが唯一の抵抗ではなかったろうか。

四四九さんが、苦労して育てた二人の息子は日之出で、部落解放運動を組織してたたかい、非人間的な村の様相はいま一変している。そしてその二人の息子は、いま部落解放同盟で、一人は中央の、一人は大阪の指導的幹部となっている。

苦労したかいがありましたね、と私がいうと、四四九さんは、うれしそうな笑顔をつくって、こういった。

「同じ人間に生れながら、どこにいくのにもかくさならんかって……ね」

彼女は、いま、なんら隠すこともなく、被差別部落民として生きているのだ。同じ人間として――。

(土方鉄「芸能の底流　その5―ほんまに歌うことが好きですねん」『芸能東西』五号、一九七六年より抜粋)

底辺に生きた部落出身の芸人として

大賀喜子

母の生きざま

私たちの母、山中四四九については、一九七六（昭和五十一）年に土方鉄氏が、雑誌『芸能東西』の「芸能の底流　その5―ほんまに歌うことが好きですねん」に採りあげてくださいました。次いで、一九七八（昭和五十三）年に、八木晃介氏が、三一書房『差別のなかの女性―底辺を歩いた母たち』の「九　解放運動を支えてくれた母たち」でも採りあげてくださいました。お二人以外にも、私たちの母の生きざまを何かの機に採りあげていただき、とても光栄であると感謝していました。

だが同時に、母は、自ら字を習い、自分で「生いたちの記」を書くことを望んでいました。しかし、孫の世話に明け暮れるなどのために、残念ながらできずに今日にいたりました。

一九一四（大正三）年生まれの母は、昨年（一九九一年）十二月十二日に満七十七歳になり、喜寿を迎えました。このたび母の喜寿を記念して、『わが生いたちの記―山中四四九』を母の語りをもとにまとめました。表紙の題字を書いていただいた大阪市立日本橋中学校校長の又川善一先生と、母の芸人としての生活史をまとめていただいた大阪府立柴島高校の奥村直子先生に、紙上をお借りして、心より感謝を申し上げます。

さて、山中四四九は、小学校二年生の時に小学校を中退し、同じ日之出出身の「高砂屋松月」（竹中進さんの祖父）の一座に入り、最初は芸人見習いをしながら芸を仕込まれ、声がいいのを見込まれ、「安来節」を唄い、安来節が廃れてくると、「漫才」をしながら、方々旅回りをして生活しました。

大賀茂との恋愛、出産、結婚差別による別離、長女真弓の死を経て、ふたたび一九四一（昭和十六）年、義姉夫婦の「若松屋正太郎」一座に入り、旅回りの芸人生活をしました。その間、中国東北部（旧満州）、朝鮮半島や台湾への芸能慰問にも参加し、子ども二人――正行と多美男を連れていきました。

その後、同じ芸人仲間で相方を組んでいた中西貞夫と結婚し、一九四九（昭和二十四）年、日之出にもどるまで、旅回りをしながら、芸人村である「天王寺村」に住んで、漫才師として芸人生活を続けていました。詳しくは、土方鉄氏や八木晃介氏が述べておられるとおり、母は、決して華やかな芸能史に名前を留める存在ではありません。しかし、全国水平社の創立した年から、動乱・ファシズム・日中戦争・太平洋戦争・敗戦の混乱期を、「底辺に生きた」「部落出身」の「芸人」として、一般庶民として見事に生き抜いてきました。

母と大衆芸能の世界

芸能史をふり返ってみると、大正時代のはじめから昭和のはじめにかけて、出雲から始まった安来節が、とくに関西中心に大流行し、昭和の初期から「漫才」が起こってきたといわれています。「漫才」の元祖は、正月の街を門付けして歩いた、あの福井県の野大坪萬歳、愛知県の三河萬歳、奈良県の大和萬歳など、各地に今も伝承されている「萬歳」（万歳）です。それが舞台に乗るようになり、鼓と張り扇の滑稽かけ合いの「万才」（萬才）となり、関西で大衆の人気が出てきたのは日清戦争から日露戦争にかけてだといわれています。大道を歩いた時代のものを「萬歳」といい、舞台に立つようになったものを「万才」と区別するわけです。そして、現在の「漫才」の母体となった「万才」は、東大阪市池島町出身の玉子屋円辰が、一八九七（明治三十）年頃から大阪の場末の小屋でスタートさせました。今、使用されている「漫才」の文字は、一九三三（昭和八）年から一九三四（昭和九）年にかけての産物であります。

こうしてみると、山中四四九の芸能生活は、当時の日本の庶民の芸能史を、しっかりと生きてきたということがわかります。

一九三一（昭和六）年、柳条湖事件（満州事変）以後の日中戦争・太平洋戦争勃発により、国策遂行のため、多くの芸能人が、芸能慰問ということで国内だけでなくアジアの各地に駆り出されました。私たちの母も、知らなかったとはいえ戦争に協力させられました。多くの芸能人たちと、同じ道を歩んだわけです。

部落に生まれ、文字を奪われ、結婚差別を受け、地獄を見た、はかなげに見える一人の女性を、かくも温かく、力強く、大衆芸能の世界は、包みこんでくれました。彼女は、芸能一筋に生きることにより、別の意味で見事に部落差別と闘い抜いたと思います。

結婚差別の後日談

さて、母が直面した結婚差別でありますが、実は、後日談があります。

一九九〇年の十二月、二十年ぶりに大賀茂さんとお会いしました。母との結婚差別の真相を、当事者から、しっかり聞き取りたかったからです。大賀茂さんの話では、

「当時は二人とも若く、部落差別がなぜあって、どこが誤っており、どうしたらいいか、全然そんな知識を持っていなかった。二人の家が柴島と日之出と目と鼻の先にあり、両親は親戚の手前、四四九の生まれをごまかしようがなかった。しかも、当時は旧民法で戸主権があり、四四九を傷つけてしまったが、親の言いなりになるしかしかたがなかった。父親が死んで、正行の籍だけは大賀に入れることにしたが、当時としてはどうしようもなかった……」

と、くり返し述べてくれました。

そして、長年消息がわからなかった、正行の継母であり、後に大賀茂と離婚した富子さんの所在が判明し、正行は別れて以来四十年ぶりに、一九九一年一月、千葉県の義姉宅で、感激の対面をはたしました。当時、大賀茂の妻であった富子さんは、こう話してくれました。

「私は、生まれは愛媛県で、その後、高知県へ行きました。私が四歳の時、母が家を出たので、やがて継母が来ました。この継母は気が強く、私はとてもいじめられて苦労して大きくなりました。

大賀家とは遠縁にあたり、有無を言わさず、一九三三（昭和八）年に茂と結婚させられ、翌年に長男を、年子で一九三五（昭和十）年、長女を生みました。結婚してから、近所の人に、

『茂さんは外に女をこしらえ、子どももできているそうや、あんたもかわいそうに……』

と、よく言われました。私の立場では、実家に戻れるわけはなく、手に職があるわけでなく、子どものため、

子どもを育てるということで、じっと我慢をしてきました。正行の籍を入れる時も、茂が、

『おまえとおれの子どもにするから、頼むわ』

と一方的でした。茂が、

『正行を引き取った』

と連れてきてからも、私が継母にいじめられて苦労してきましたので、そんな思いをさせないように、わが子以上に気をつかいました。

正行は、本当によく勉強できるよい子で、細い体で、私にもやさしかったのです。きっと気をつかっていたのでしょう。

結局、茂とは、子ども二人が結婚したのを機にきっぱりと離婚しました。

今は、大阪市で一人ぐらしし、時々娘の住んでいる千葉県へ来ています」

部落差別を乗りこえて

部落差別が存在するということは、たんに部落民を不幸にするだけではなく、他の人々も不幸にするということを、この事実はしっかりと証明しています。大賀茂は、部落差別により母との結婚が許されず、親の勧めるまま富子さんと結婚。母だけでなく、富子さんを不幸のどん底につき落としました。そして同時に、茂の人生も女運にめぐまれず、三度正式に結婚し、各々に生まれた子どもたちも不幸な子ども時代でした。真弓は早死にし、正行はあっちへ行ったりこっちへ来たりで、小学校五回、中学校二回、九年間で七回も転校しています。多美男は実の父の籍に入籍されることなく、義父の中西籍に入り、これも母との離婚で放り出され、結婚の時に籍がないことがわかり産婆さんを探し出し山中籍をつくるという苦労をしました。

一方、富子さんの子どもたちも幸せではありませんでした。突然弟やと、正行が引き取られてきたり、あまり家に帰らない父が母親につらくあたる様子を見ながら大きくなりました。義姉は、

「私は結婚するまで、ずっと父を憎んで憎んできました。こんな父を持っていることが恥ずかしいから、早

く父と別れてくれと、母に言いました。結婚して子どもができてから、父の気持ちも、少しは理解できるようになりました」

と言われています。彼女は、朝日生命の、五本の指にも入る優秀な保険外交員の所長として、活躍しているキャリアウーマンです。義姉は、弟正行のことを通じて、自分にも深くかかわっていると、部落差別の撤廃に深い関心をよせ、家族ぐるみ、職場ぐるみで、熱心に取り組みをはじめています。

一九九二年の今年は、水平社創立七十周年を迎えます。

水平社が創立された年こそ、奇しくも、山中四四九が芸人の道を歩みはじめた年でもあります。

ひとりでも多くの方に、名も無き部落の一女性の生きざまを綴った『わが生いたちの記―山中四四九』を読んでいただきたい、そして、部落差別が存在することが、多くの人々にとって、不幸なことであることに気づいていただきたい、さらに、差別をなくすため共に闘っていただきたいと思います。

最後に、本当に人間としてひたむきに生きた、すばらしい母の健康と長寿を祈ります。

（一九九二年三月）

第三話

それでもわては生きてきた

谷上梅子さん

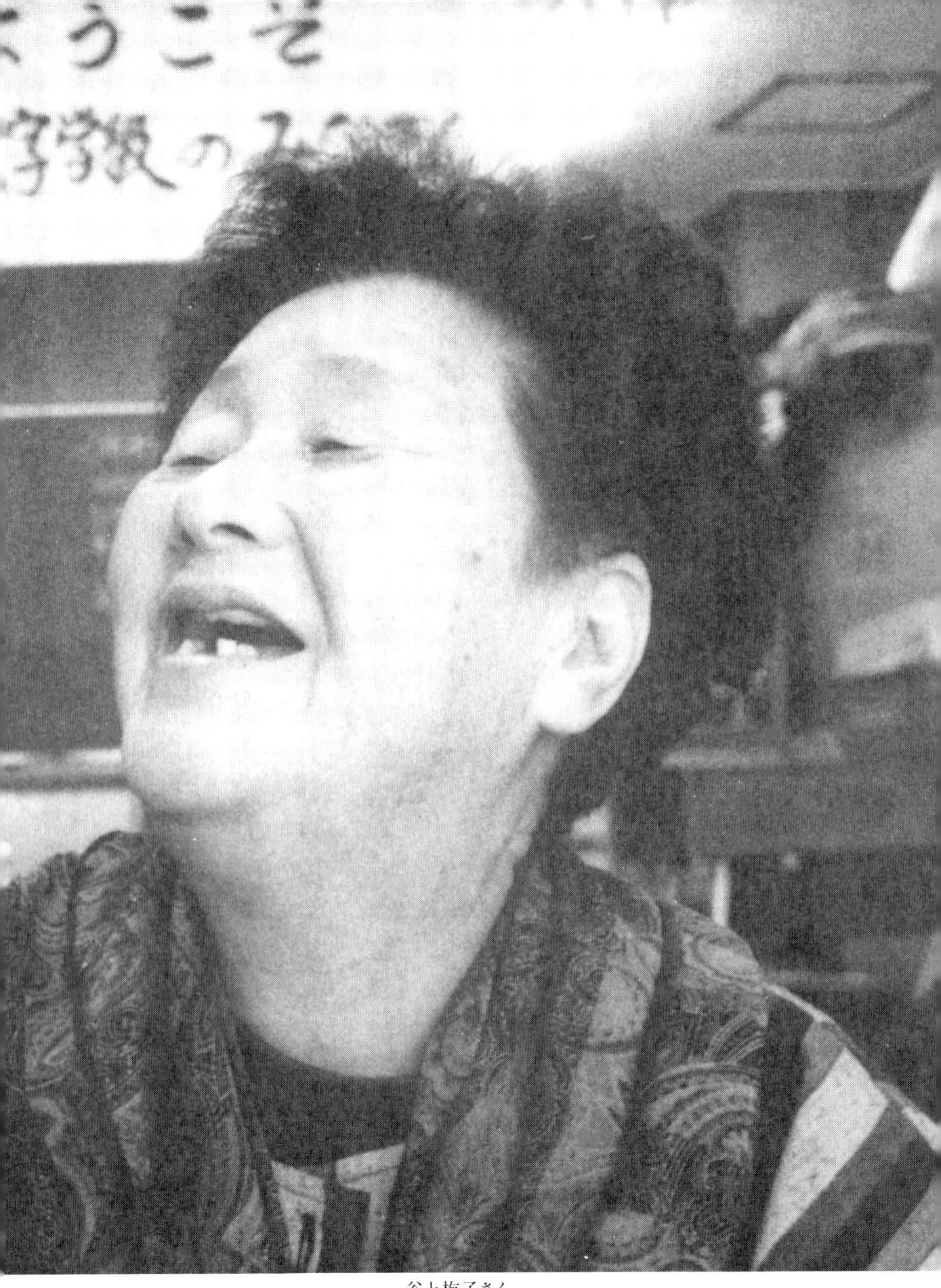

谷上梅子さん

プロローグ

谷上梅子さんのたたかいの軌跡

大賀喜子

なぜ多くの部落の娘が身売りをしたのか

みやらけは、いわゆる部落産業がない雑業のムラでした。近くに町工場ができるまでは、行商や土木作業、表(おもて)づくり、下駄(げた)直し、その後、靴直しの仕事や、近くの飛鳥(あすか)にあるマッチ工場や冬季限定の膠(にかわ)*1（和膠）工場などで働いていました。ほとんどの人はその日暮らしで、借家に住み「毎日家賃」「毎日布団」の生活をしていました。こんな生活のなかでは、当然、肉体労働の疲れで展望を持てずに、差別と貧困に打ちのめされ、酒を飲む、博打(ばくち)を打つ。そのため高利貸しから金を借りる、にっちもさっちもいかなくなって、年頃のべっぴんな娘がおれば、遊郭(ゆうかく)に売る――娘を犠牲にというようなことが、しばしばおこなわれていました。ムラのなかには橋渡しをする斡旋屋もあり、ムラの娘たちが青春をささげたのでした。

私が結婚してムラに来た時に、多くの女性が身売り体験者であるのを聞かされていました。

解放会館で識字学級が始まると、最初のうちは、何人もの女性が勢い込んで字の勉強に来ていたのですが、「生いたちを語る」取り組みを始めると、一人去り、二人去りという具合になっていきました。婦人部（後に女性部）の部長・岸キヌエさんは、ポツンともらしました。

「身売り体験を語るのが、つらいんやろ……」

谷上梅子さんの空白の七年間

一九七一年六月、谷上梅子さんはふるさとの日之出に戻ってくると、夫（正行）の母が、「梅ちゃんが日之出に帰ってきたで。いっしょに芸能活動をしてたんや。聞きにいったらどうや」と言ってくれたので、さっそく話を聞きに訪ねました。何度か話を聞くうちに、「空白の時」があるのに気がつきました。それで、

「一九三七年から敗戦まで、どうしてたん？」

と疑問をぶつけてみたら、梅ちゃんは、突然わあっと泣き出したのでした。

「身売りしてたんや！　てて親に遊郭に売られたんや！」

と、叫んで……。私は、もう青天のへきれきの思いで、

「ごめん！　聞いて、ごめんな、ごめんな……」

と謝るばかりでした。でもしばらくしてから、梅ちゃんは、

「わてだけやない。日之出にはな、ようけいるんや。そやけど、わては隠さへんでぇ。日之出の一番貧乏な家に生まれて部落差別をさんざん受けて、わては遊郭に売られたんや。これからは語るで。そやから聞いてぇな。なっ、それが、貧乏と差別をなくす、わての闘いや、わてなりの部落解放運動や！」

と自分にも言い聞かせるように、はっきりと言いきったのでした。

それから、梅ちゃんとの二人三脚が始まりました。梅ちゃんがOKを出した人々を交えた聞き取り活動をしていくと、梅ちゃんを取り巻く人々の輪が、あっという間に広がっていきました。

日之出よみかき教室で書く

梅ちゃん自身も「よみかき教室」に通い、講師の山崎一人先生の助言と励ましで、自分で身売り体験を文章にしていきました。当時、西淡路小学校の教員であった山崎先生は、以下の追悼文を寄せておられます。

梅ちゃんへ

谷上梅子さん……。七十数歳にもなられた方に「梅ちゃん」といつも声を掛けさせてもらっていた。そのことからも、生前の梅ちゃんの気さくな性格がうかがわれる。梅ちゃんについて話せと言われれば、一冊の本にまとめられるくらいのたくさんの思い出がある。そんな思い出の中でもやはりあのときのこと……。梅ちゃんが部落解放文学賞を受賞した作品をやっと書き上げ、最後に二人で読み合わせをした時のことを綴(つづ)ってみたいと思う。

前の年、梅ちゃんは、自分の一番つらい思い出が詰まっている廓(くるわ)での思い出を思い起こすため、一つ一つ自分が売られた廓を巡っていた。それは、想像を絶するほどつらい作業であったと思われる。その一つ一つの思い出をしぼるようにして思い出していった。そのことをこの年に綴ろうとしたのである。毎週土曜日の「よみかき教室」は、あっという間に過ぎていった。綴られること一つ一つが、体一杯に入ってきた。原稿ができあがったのは、締め切りの日も間近に迫った最後の土曜日だった。その作品を、誰もいなくなった二人きりの教室で読み返した。梅ちゃんは、作品を読むにつれてその時の思いが、いや、自分の今までの人生が思い起こされ、言葉にならなかった。日ごろの、あの梅ちゃんのあの明るさの裏側に秘められた歴史のおもさを改めて知ることになった。

梅ちゃんの人生は、「激動」という言葉でも不十分と思われるくらいすさまじいと思う。その人生を梅ちゃんは、「どうすることもでけへんやん。しゃあないやん」から、「自分らが変えていかなあかんねん。自分でできること精一杯やったるねん」に変えてきた。その素晴らしさ、すごさは、言葉に言い表すことができない。

本当に、出会えてよかった。

職員室や道を歩いていると、「せんせ、あのな……」という声とともに、梅ちゃんが笑顔をのぞかせるような気がする。
梅ちゃん……、ありがとう。（『谷上梅子……それでもわては生きてきた』日之出部落史研究会、一九九五年）

梅ちゃんは、一九八九年、よみかき教室の文集『ひので』第十九号に、「心だけは売れへんかったで」を書きました。この作品は、国際識字年の一九九〇年、部落解放文学賞「識字部門」に入賞しました。

自らの身売り体験を公表したことから、注目を浴びるとともに、心ない人からの誹謗中傷にも、梅ちゃんは苦しんだのでした。匿名電話がかかってきました。

「そんな恥を世間に晒して、金が目当てか」

しかし、梅ちゃんはひるみませんでした。さまざまな人々との出会いがありました。

売られた遊郭を訪ねる旅

一九八八年に、谷上さんが、「自分が売られた遊郭を訪問してみたい」と希望されたので、福岡県の白川町、広島市、奈良県天川村、難波新地へ足を伸ばしました。

白川町のフィールドワークには、部落解放同盟小倉地区協議会の当時書記長だった岩田千明さんにお世話になりました。岩田さんは、次の追悼文を寄せてくださいました。

貴重な体験をありがとう

谷上梅子さんが亡くなられたことを大賀さんの手紙ではじめて知りました。心からご冥福をお祈りいたします。

私は、実は、谷上梅子さんとは一度しか面識がありません。たしか四、五年前だったと思います。部落解放研究所の大賀正行さんからの連絡で、谷上さんが以前いたことのある八幡の遊郭を本人が訪ねて行くので、案内してほしいとのことでした。大賀さんの頼みもあって引き受けたものの、八幡の地理に詳しくない私は、正直言って不安でした。

小倉駅で待ち合わせをして、私の車で八幡の白川町まで案内しました。谷上梅子さんが白川町にいたのは戦前のことですので、当時の面影はなく、並び立っていたという遊郭は取り壊されてほとんどありませんでした。

思案にくれて、たった一軒だけ残っていた建物で聞いてみようということになりました。ところが実は、そこが谷上梅子さんが目的とする遊郭のあとだったのです。そこだけが残っていたのです。まるで、谷上梅子さんの訪問を待っていたかのように……。実に感動的でした。

おそるおそる部屋の中を見せてもらいました。谷上梅子さんが客をとっていたという部屋もそのまま残っていました。そのころ撮った写真のままの中庭もありました。ふと振り向くと、谷上さんの目に涙がこみ上げてきていました。青春の傷跡を一つずつ一つずつ確かめるように、部屋の隅々に食い入るような眼差し(まなざし)の梅子さんの姿に、感動のあまり、どう話しかけたらいいかわからなかったことを、いまでも鮮明に覚えています。

彼氏と別れたという、思い出の戸畑の波止場にも行きました。何も語らず、波止場の海を見つめ続けていた梅子さんの姿が印象的でした。

この波止場の上には、いまは若松と戸畑をつなぐ若戸大橋が、真っ赤な姿を水面に映しています。若いカップルの姿もちらつく場所です。谷上梅子さんの体験とかけ離れた世界がそこにはあります。だからこそ、谷上梅子さんの体験とのちの生き方の中に、私たちも真摯(しんし)に学びたいと思います。

わずか数時間だけの出会いでしたが、現在を生き、差別と闘う若者にとって貴重な体験をさせていただきました。心からのお礼とお別れの言葉を送らせていただきます。

安らかにお眠りください、谷上梅子さん。

（同前）

天川村へは、地域の学校の若い女性教師たちとともに、つらく懐かしいフィールドワークを実施し、女人禁制の大峰山のふもとに、下山した男性のために遊郭が存在したということに心が震えました。梅子さんが最初に売られた遊郭は料理屋となり残っていました。

広島市では、原爆被災者で、「ヒロシマを語る会」の語り部の沼田鈴子さんとの出会いがあり、以下のようにのべられています。

谷上梅子さんを偲んで

電話のベルがなりひびく朝、受話器を手にとるや、谷上梅子さんが亡くなられましたとの知らせでした。私は声もなく、座り込んでしまいました。今年（一九九五年）の六月十一日、病院にお見舞いに伺ったとき、鼻からゴム管を通されていた痛々しい姿の中から、「なんでかこんなんになったんや」「来てくれはったんや」と、はっきりした声ではなかったが、笑顔を見せてくださった梅子さんに、思わず手を握り、「大丈夫、大丈夫」としか言えませんでした。そして、奇跡を願っていた矢先の知らせでした。

梅子さんとの出会いは、一九八八年に大賀喜子先生が、梅子さんと一緒に広島にこられ、同じところに私も一泊して夜遅くまで語り合ったことでした。そのときの印象は、苦労話をされたにもかかわらずたいへん明るく、おおらかな笑い声とともに優しさのみなぎったお人柄に私はひかれ、梅子さんのことを好きになりました。

心と心の通じあいの交際がはじまり、いろいろと学び、多くのことを知りました。痛みの心があるからこそ相手を大切にしてくれる梅子さんでした。誰に聞かれたのか、私の入院を知るとすぐに家族に電話をかけてくれました。常に私のことを気にかけて、寒いときに外で修学旅行生にお話をするのは、風邪を引いてはいけないからと、幅広いショールを届けてくれたり、それは、細かい心配りのある梅子さんでした。

一九八九年に梅子さんが大阪に招いてくださったおかげで、日之出の方々との出会いがあり、いまも交流しています。惜しい人の死、もう少し生きてほしかったと、残念でございます。この世では会えなくなった梅子さんですが、私の心にはいつまでも生きております。梅子さんの努力と根気のがんばりを、私自身の生きざまにお手本としております。

梅子さん、安らかにお眠りください。ご冥福をお祈り申し上げます。合掌。

(同前)

一九九一年には、NHKの福田雅子さんの企画作品「文字を覚えて夕やけがうつくしい」に、谷上さんも出演し放映することになり、岐阜県大垣市の旭廓で録画のロケがおこなわれました。

当時、NHKの解説委員だった福田雅子さんは、次の追悼文を寄せてくださいました。

美しい魂の人・谷上梅子さん

国際識字年・一九九〇年のあとさき、ほんの五年前の歳月に出会わせていただいた谷上梅子さん。私の心の奥底にずしんと響きわたるこの強い存在感をいま、悲しみと尊敬の思いで確かめています。

ブラジルのパウロ・フレイレさんが日之出のよみかき教室を訪れたとき、梅子さんは「私の思い出」という文章を読み、「身売りって、わかる?」と、フレイレさんに問い返しました。

「文字は世界を知り、社会を変革する力である——自らが究めていた人間解放における識字の思想が、この教室に生きている」

フレイレさんの言葉に同感し、強い衝撃を受けました。

淀川の堤防をかけのぼって、はしけでお母さんの内職のぞうりの材料を買いに行った日、「わて、歌が好きやったし、かわいかってんで」。にっこり笑って話してくださった法界屋の仕事。いなか道には、れんげ草が咲いていたのですね。

ドキュメンタリー「文字を覚えて夕やけがうつくしい」。そして、大阪人権博物館（旧大阪人権歴史資料館）の「証言の部屋」に、谷上梅子さんの生と魂の記録を遺させていただいたことに感謝を申しあげ、次代へのメッセージとさせていただくことをご報告いたします。（同前）

韓国で、「日本軍慰安婦」であったことを最初に明らかにした金順玉（キムスンオク）さんが、来日されたときには、集会に参加し、自分もまた、同じ立場だったと公にしました。その発言を聞いた慰安婦を支援する団体・韓国挺身隊（ていしんたい）問題対策協議会共同代表の尹貞玉（ユンジョンオク）さんが、一九九二年に来日し、二日間にわたり彼女から聞き取りを行ったのでした。

「儒教の影響もあり、韓国の慰安婦たちは、その過酷な状況を語ってくれない。谷上さんには、つらいことかもしれないが、日本軍慰安婦問題解決のため、聞かせてください」

とのお願いでした。彼女は、自分の体験を語ることが役に立つのならと、さまざまな質問に丁寧に答えていました。尹貞玉さんは、以下の追悼文を寄せています。

時代が要求する心を持った人

一九九二年、谷上さんと大阪でお会いした時、谷上さんは国内で慰安婦と変わりない経験をなさったとお話を聞かせてくださいました。その後もう一度お会いしただけですが、谷上さんとは旧知のように思われます。

二度しかお会いしていませんが、谷上さんは自分の不幸を苦と考えず、周囲の不幸には深い愛情を持って臨む方のように思われました。二、三年前お会いした時は、読み書きを一生懸命習っておられました。熱心に生を生きておられる方だと強い印象を受けました。

谷上さんは、この時代が要求する心を持っておられる方ではないでしょうか。自己中心で、自分の不幸は大きく考える私たち――。狭く壁を作って、壁の向こうの世界に関して関心がない私たち――。谷上さんはこのような私たちに、ご自分の生そのものをもって一生懸命に平和への道を教えてくださるように思われます。

短くて長い旅――お疲れでございましょう。どうぞ安らかにお眠りください。

(同前)

＊1　膠…動物の皮などを水で煮沸し、溶液を乾かして固めたゼラチン。接着剤などに用いる。

第一章

心だけは売れへんかったで

わての七年間、十九才からのあの七年間は、なんやったんやろ……。

今度、八幡の町に四十四年ぶりに行ってきた。八幡の町は、わてにとっては、売られてから四つめの店やった。行く時、電車の中では、いっしょに行った先生といろんな話をしたけど、いっこも覚えてへんわ。頭の中、四十四年前のこと、そうや、もう思い出しとうもなかったことでいっぱいになっとった。

八幡の町についた時、

「えらい変わってしまいよったなあ」

と思わず口に出よった。それから、わての七年間の全部がつまってる丸福の旅館に着くまでは、

「あるかなあ。そう、もう四十年ぶりやから、そこへ、あれ（赤線）が廃止になったから、これはもうつぶれてる」

ほんで、廃止になってからは、八幡製鉄所の寮にするいうてたから、ああいう部屋は、ないもんや思うてた。もうたこ部屋みたいになってるやろと思てた。

いろんな人に聞きもって行ってやっとその旅館が見つかり、

「その人のはなれは、残ってます」

とそこの旅館の人から聞いたとき、

「ほな、すんまへん、見せてください」

と言うなり、先生もなにもほったらかしにして、先に行った。ほんで、

「あれ、ここにある。ここで、写真うつしたよ」

てさけんだ。

「ここにベッドがあって、ここに長ひばちがあって、ここにタンスがあって……」

この丸福の旅館の思い出、それはもう、かんにんしてほしいくらいや。


「宮竹たけじろう」

ここの親方の名前や。ごっつい男やった。背中のいれずみがすごかった。

わて、いつでも負けそうになると、「なにくそ、負けるもんか」おもて、どんなつらいことでも負けへんかった。必死になって働いたで。人が客ひとりとったらわては四、五人とったった。早よ借金返して自分の体になりたかったからなあ。

でもな、しゃけど、もうたまらんかった。本当にたまらんときがあった。そうや、あの時がしやった。

あの時、客が早よ帰りよってな……。

とにかく、日之出へ帰りたかった。家にいってみんなに会いたかった。帰ってもすぐに八幡に帰らされるのんわかってたけど、どうしようもなかった。借金があるからすぐ捕まってつれ戻されるのわかってた。けどな……。

「今や」思う前に足がもう外へ向いとった。客のくれたチップにぎって走っていった。いそいだ、いそいだ。しんぞうがとび出すくらいやった。

電車に乗るまで何考えとったんやろ。とにかくとび乗った。各停の汽車やったから、長かった。ものすごうながくかんじた。汽車がえきにつくたび、首まき、顔までまいて顔かくした。しんぞうがはれつしそうなくらいビクビクした。

「だれかけえへんやろか。つかまったらどないなるねんやろ」思て、

動いている間中も生きた気せえへんかった。

大阪の駅に着いてからは、日之出へは、あっというまやった。家についた時、おかいさんたいとった。おかんは、わてを見たとき、とび上がっとった。

「梅子……」

て言うなり二人ともわぁんわぁん泣いてしもて、涙が止まれへんかった。

その日は、おかいさん食べさせてもろた。弟の手ひいて淡路にあそびに行ったり、こうえんにあそびに行ったりもした。

寝る時、みんな、足、こっちの方から入れあっちの方から入れ、よせるようにして一つのふとんでねた。弟ら

「梅子姉の足、けったらあかん」

「梅子姉、早よねかしたれ」

言うてくれとった。それは、もう天国やった。

次の日、そや次の日朝起きた時、まさか、あの宮竹たけじろうが目の前に立っているとは夢にも思えへんかった。

おかんは、もう泣くだけやった。

「借金が……」

そのあとは、言葉になれへんかった。

いえを出る時、弟ら、

「梅子姉行かんといて」

「梅子姉、どこ行くの」

言うてわてを引っぱっとった。


あくる日、わては、八幡のけいさつのとり調べ室におった。よこでけいさつのどなり声、

「なんでにげた！」

「お前は、借金があるやろ」

すごい声やった。こわかった。しやけど、なによりもこわかったんは、そのけいさつが目の前の机をぼうで「バシバシ」思っ切りたたきよったことや。そらもう、ちぢみあがったで。顔や身体なんかは、たたきよらへん。傷がついたら売物にならへんからな。

十日間入れられたかなあ。その十日間は、ほとんど飲まず食わずやった。

けいさつからでたらすぐやった。客とるのん。なんもなかったように客とった。しやない、しやない思わなどうすることもでけんかった。


八幡……ここの思い出これだけやないよ。えぐいことこれだけやなかったよ。そらもう……。

そやなあ、あれからちょっと間してからやったなあ、わてが妹分もつようになったんは。

その日、おかみに呼ばれて行ってみると、「勝枝(かつえ)、もうそろそろ妹分持ったらどうや」言われてな。

この廓というところは、妹分もつのあたりまえやった。しやから、わてもそろそろ思てた。顔見たらな

かなかええよってすぐに、

「もらうわ」

言うた。

その子、勝丸(かつまる)いう名前がついて、わて、そらもう必死で一から教えたった。かわいがったった。早よ一人前にしたろ思てがんばった。

けど、それからしばらくしてからやった。今、思い出しても涙が止まれへんこと起こったん。廓の仲間のふたばさんに、

「勝丸の様子がおかしい。何か、おちち大きなってるし、くろなってんで」

て聞いた。けど、まさかと思た。

廓では、子が宿る、て言うことは、そらもう恥や。そんなこともし本当やったら、わての顔まるつぶれや。まして、勝丸もここにおられへんようになる。くらがえするゆうことは、また借金がふえることや。そやから信じとうもなかった。

けど、そのあとすぐやった。それが、ほんまゆうのんわかったん。勝丸、

「姉さん、ごめん」

言うて、泣きまくっとった。

わて、勝丸、どつきまわした。

「なんで早よ言わんかったんや」

「早よ言うとったらしまつのしようもあったやないか」

言うて、髪の毛ひっぱりまわした。おかみに、

「あんた、何年女郎してんや」

「妹のめんどうもみんと、おしょくゆえるんか」[*1]

言われた。そらもう、腹、にえくりかえった。

「勝丸、くらがえさせるからな」

おかみから言われたとき、絶対そんなことさせるか思った。

「あれは、かいしょなしや」

「腹が大きうなったからくらがえさせよった」

思われとうなかった。しやから、わて、

「めだつまで、客わからなんだら客とらしたって」

「おなかが大きなったら、わてが二人分働くよってくらがえは絶対させんとって」

言うてたのんだ。けど、なかなか「うん」言いよれへんかった。それどころか、

「ほんなら、勝丸の借金もあんたの中に入れてもええか」

言いよった。もうがまんでけへんかった。

「なんで、二人前とるのにわての借金の中に入れやなあかん。三人とれば六人とる。おかあさんがそんすることないやろ」

長ひばち、キセルで「バチバチ」たたいて言うた。それでも、あかんかった。けど、

「おかあさんも女郎しとったんやろ。おかあさんもここで商売しとったんやったら女郎の気持ちわかるやろ」

言うたときやった。おかあさん、だまってしもた。ほんで、やっとくらがえせんでもええことになった。

勝丸のおなかめだつようになってから、わて、約束どおり二人分働いた。二人分働くいうこと、それ

はもう、どれほどきつかったか。

勝丸、わてのそんなん見とって、いつも泣いとった。「姉さん、ごめん」ばかり言うとった。みんなからもいやな目で見られるし、考えられんほどつらいめしとったんやろ。わて、そんな勝丸見て、「ほんまにつらいおもいしとったんは、勝丸やってんな」て気づいた。

わてとおんなじで、わけもわからへんまま売られて、廓におくられてきたんやろ。姉さんに言えばおこられる。だれに相談できるでなし。そのまま言われへんまま、子、宿してもたんやろな。

勝丸が、産ばの所へ行って帰ってきよったんは、しばらくしてからやった。

「かわいいか」

て聞いたとたん、勝丸、わぁん、わぁん泣きだしよった。

「どうしたん、かおぐらい見たんやろ」

「知らん」

てききとられへんほど小さい声で言いよった。

「とにかく、台の上にあがって……。子どもの泣き声聞いたけど……。その声……耳のおくにのこってる」

やっとのことで言いよった。あとは、声になれへんかった。

わても思い切り泣いた。涙が止まれへんかった。こんなえぐいことあってええんか。

「女郎かて人間じゃ」

泣きながらさけんだ。

勝丸、それからすぐに客とれと言われよったけど、わて、働かせへんかった。それから、一年ぐらいしてからかなあ、勝丸、くらがえさせられよったん。

あれだけ苦労かさねて守ってきたのに、わてに声もかけさせずくらがえさせられよった。

「あんたに苦労ばっかりかけよるからくらがえさせた」

おかみ、そう言いよった。

なにがじゃ。

わてのこと考えてたてか。

そんなことあるか。

わても勝丸も虫けらといっしょや。金になれへんかったらおわりや。

勝丸、また借金ふえて、どんどんどろ沼に入っていきよってんやろな。そう思うとまた、涙が止まれへんかった。


八幡でのこと、もちろんこんだけやない。ここに書いたん、ちょっとだけや。まだまだいっぱいある。けどな、これだけで、むね、あつなってしもた。

わて、八幡であったこと、だれにも言いたなかった。なんで言えんねんな。わての一番つらい思い出、だれに言えんねんな。思い出したあもなかった。早よわすれたいことやった。

けど、今、絶対言うていかなあかん、思てんねん。それは、わて、日之出へ帰ってきて解放運動いうもん知ったからや。ほんで、識字で字、少しずつ勉強してきたからや。

ちょっと前、初めて売られた天川村に行ってきた。ここでの思い出もえぐいで。そらもう、八幡とおんなじや。

わて、生きている間、つらかった思い出、のこすため、売られた店まわろ思てんねん。ほんで、部落の子らにそれ、のこしていこう思う。

ものすごうつらいことやけど、それがわてのがんばらなあかんことや。

親のためとは　いいながら
なんで　わたいが　こんなにも
お金のためとは　いいながら
あがるかいだん　針の山

わてが八幡でいつもうとてた歌や。

つらいときうとた。

涙がでたとき口からでた。

このうたの心、部落の子知ってほしい。


こんどのわての旅は、いろんな人のおかげで行けた。本当にありがたい気持ちや。その中でわてのおとうちゃん[*2]、本当に、この人は、心のひろい人や思た。おとうちゃんかて、こんなこと知りとうなかったと思う。おとうちゃんが「うん」言うてくれへんかったら行かれへんかったところや。

おとうちゃん、ありがとう。

本当にありがとう、おとうちゃん。

＊1　おしょく…お職女郎の略。遊女屋の首座を占める遊女。
＊2　おとうちゃん…梅子さんのお連れあいのこと。

（一九九〇年 第十六回部落解放文学賞・識字部門入選作）

第二章

精いっぱい生きたで

家族

わては、みやらけ（日之出の通称）で生まれました。住んでいたのは、元第二改良住宅のところです。通称「むかいがわ」です。そこから八軒屋に移りました。今のコロナホテルのあるあたりです。お隣の飛鳥には、膠の仕事がありました。わてらの日之出には、仕事がなかったからたいへんでした。下駄（げた）直し、アンコ（土木作業）しかありませんでした。川の中をさらうガタロウもしました。法界屋、かりかり屋などの芸人稼業にも出ました。

父は田中信太郎といいます。「のぶちゃん」と言われてました。東大阪の荒本（あらもと）で生まれました。はじめ、下駄直しをしていましたが、後に我流で覚えて靴の修理をしていました。でも、わてのお父さんは仕事が嫌いで、あんまり行きませんでした。母は、いつも所帯の金に苦労してました。

母の名前は、コトエといいます。井上の出で、井上千昭さんの叔母にあたります。母は、本当に苦労しました。子どもを十三人産んで、五人大きくしました。姉、わて、弟三人です。母は、子どもを背中に負ぶって、表づくりの内職をしていました。なぎ（生江）まで、材料をもらいに行きます。当時は、一回二銭の渡しをわたって、なぎまでいきました。お金がないので、なぎからもらってきた材料で仕上げて、よそへ売って、それから、なぎへ材料費を払いました。

ほんまに貧乏でした。朝、おかいさんを米三合で炊いて、一日家族七人が食べるのです。水菜とあぶらかすと、ゆばのこげを炊いた物がご馳走でした。正月なのに餅がないので、雑煮を炊くことができません。長柄に住んでいた母の姉が見かねて、正月に、

「せめて子どもに雑煮を食べてさせてやれ」

と、餅をしばしばくれました。父は自分でも、

「極道をして、かかあを泣かした」

と認めています。昔は、自分の思いが通らんと、暴れて何でも壊す、難儀な父でした。けど、一つだけ、父のことで自慢に思っていることがあります。それは、水平社の運動に参加していたことです。

啓発小学校で水平社の演説会がありました。父も参加し、警察に追われて、逃げ回ったことがありました。このことを、父は誇りにしていました。晩年は、

「わてが嫁に行く時、何にもしてくれなかった」

と言っても、笑うだけの好々爺になって、八十八歳で亡くなりました。思うままに生きたのに、死に際には、子や孫に取り囲まれて、けっこうな人やったと思います。

こんな貧乏な生活でも、わての親たちは、男の子には、貧乏な様子を見せませんでした。昔は、女の子が生まれたら、「ああ、金儲けになる」そんな考えしか、親にはなかったのではと思います。

わては、北中島尋常小学校へ入学しましたが、学校へ行ったのは入学式の日だけでした。所帯の金の足しにと、「法界屋」に出ることになりました。大人が竪琴を鳴らし、わては太鼓を叩いて、お金をも

らうのです。もの心ついた時から、わては働いてました。そのことを疑問に思ったことはありませんでした。わての頭にあったのは、今日食べる米が、家にあるかということだけでした。

家は借家に住み、月ごとの家賃ではなく一日ごとに支払う「毎日家賃」と、一日ごとに借りる「毎日布団」を利用してました。トイレも共同便所で、六軒ごとに二つぐらいしかありません。隙間があって外から丸見えでした。着ていた服も、ハナカミがなかったから、袖で鼻汁を拭きました。そのため、袖はピカピカに光ってました。正月には、姉や兄のお下がりをもらい、三が日がすんだら質屋へ持っていって、お金を借りてくるという生活でした。三日間は、服で鼻拭かれへんから、ボロを縫い付けてもらって、鼻をかんでました。汚したら、質屋に持っていかれへんからと、子ども心にも、三日間はしゃちこばってました。

わてらに比べたら、今の子どもは幸せやなあと、つくづく思います。けど、かわいそうなところもあるなとも思います。わてらの時は、貧乏のどん底やったから、どんなものを食べても本当においしく感じました。今は物が豊富にありすぎるので、おいしさがわからんのと違いますやろか。物がありすぎて、かえって物のありがたさがわからんようになって、悪いほうへそれていくのではないですか。

わての子ども時代は貧乏のどん底生活やったけど、楽しかったんです。強がりやおません。

子守り奉公

わては、なにやら小さい時から、金にくくられた生活をしていました。わてが六歳になった時、お金を前借りして子守り奉公に出されました。いちばん最初は、お楽さんとこへ行きました。子守りしたお楽さんの子どもは、ごっつい子でした。ものすごく重たかったです。そのうえ、お楽さんとこはてんぷら屋をしてたので、揚げ物を売りに行かせられました。もちろん、背に子どもを負ぶってです。冬のおしめ洗いは、あかぎれに泣かされました。負うた子どもは重いし、子どもが泣くとわても泣きたくなります。雨の日なんか、よその軒下で泣いたことは数えきれないほどでした。でも、

「親のために自分が働くと、おかゆが食べられる」

と思って、つらいことも辛抱しました。それでも、貧しくて、おかゆも食べられんこともありました。

子どもの頃から、思い切り遊ぶということはありませんでした。背中が重い時、わてはいけずなほうやったから、時には子どものケツをつねって、

「やあ子、乳ほしいと泣いてる」

と言って、背中から降ろしてもらったこともありました。

こんなんだったから、学校へは行けずじまいでした。子守り奉公、法界屋だけでなく、弟たちの守りもあったのです。当時は、今のように学校へ来いと、やかましくは言われませんでした。本や帳面を買うお金があるでなし、習字の練習に使う新聞を取っているでなし、ないないづくしでした。北中島尋常小学校へは、入学式の時に行ったきりで、山口町へ住むようになって、三年の時、啓発尋常小学校へ行けと言われて、一カ月ぐらい行っただけです。子どもをおんぶして学校に行くと、子どもが泣くので先生に怒られて、学校はそれきりでした。そんなんだったので、字は読めないし、書くこともできませんでした。

わてらの子ども時代は、遊んでいても、みんな背中に子どもを背負っていました。子守りしながら、お寺や家の軒下や空き地に集まってきます。いろいろな遊びをしました。時には、子守りしながらハギレを縫って人形に着せたり、おじゃみを作ったり、手間ひまかけたきれいな遊びをしました。

日之出の昔の子守り唄は、

守りが憎いとて　破れ傘着せて　かわいいわが子に雨かかる　コイコイ
あいつどこのがきや　見たようながきや　見やんがきなら　はりとばす　コイコイ

という唄です。子守りしながら、思いついたままだれかがうたい、口から口へと伝えていきました。みやらけに伝わる子守り唄だけでなく、「とおりゃんせ」なんかの唄も歌いました。

そうそう、子守りの時は、子どもに髪の毛がかかったらあかんので、日本手ぬぐいで頭をくくりました。子どもは男物の帯か、ええしの家やったら、白のさらしでおんぶしました。寒い時は、ねんねこ着て、あんまり寒くなかったら、肩かけの古いのを、子どもに巻いておんぶしました。わては子守りをしながら、法界屋にもいったし、子どもでしたが、家のためによく働きました。

法界屋

わては、七歳から法界屋に出ることになりました。法界屋というたら、今の「歌の流し」です。竪琴か三味線を弾く大人と、太鼓を叩きながら歌い踊る子どもと、二人セットで行きます。今は乗り物で行きますが、その時は歩いて行きました。東大阪の荒本、八尾の西郡(にしごおり)、中津の三番(さんば)や加島(かしま)、飛鳥、南方(みなみかた)へ行きました。昼間は、人のよく集まる風呂屋の前へ行って、歌ったり踊ったりしました。ありがたいことに、被差別部落に行くと、パッと集まってくれて、やっぱり部落の人や。

「どこから来たんや?」「みやらけから来た」と言うと、

「だれそれ、元気でいるか?」とか、「のぶちゃん、元気でいるか?」

「おるよ。わてのおとうちゃんや」「そうか」と、よく言ってくれました。

ある日、被差別部落に行ったときのことです。風呂屋のところでお腹(なか)がすいて、踊れなくなったことがありました。その時、あるお婆ちゃんがおにぎり持ってきて、食べさせてくれました。あの時、食べさせてもらったおにぎりの飯のおいしかったことは、今でも忘れることはありません。

日之出では、散髪屋の前で踊りました。散髪屋のみったんも、怒りながらも、

「みんな、見たってや！」

とよく言ってくれました。夜になると、十三や吹田などの盛り場に行きました。料理屋なんかでは、

「上がって来い！」

と言われると、上がって踊ります。五十銭もくれると、いいお客さんでした。帰りも、電車がなくなるので、たいてい歩いて帰りました。帰る途中でご飯を食べて、ご飯代を差し引いて、二人で半々に分けました。わては子どもやったけど、もらったお金を分ける時は、明日の生活がかかってましたから、ごまかされんように見て、同じように分けてもらいました。もうけは、一円五十銭の時もあれば、三円の時もありました。帰りはいつも午前二時頃になってました。仕事から帰ると、眠っている母親の布団の下にお金を入れました。母親はそのお金で、朝、お米を買っておかいさんを炊きます。わてのもうけた銭が、次の日の家族全員の食事代になるのです。

もちろん、雨が降ると法界屋に行けないので、米が買えません。その時は、母親が借金して、お米を買うのです。食べ物に苦労したので、わては、病院に入院しても出された給食などは残したことがありません。人が残していると、つい、

「おにぎり握って、ラップに包んで、後で食べや」

と言ってしまいます。その時のことを思い出して、言ってしまいます。

お金もうけですので、服装にも気をつかいました。ハッピに名前を書いてもらい、当時、人力車屋がはいていたステテコや、腹掛けをこしらえてもらいました。白粉を鼻だけに引いたりもしました。お

客さんにフルーツを食べさせてもらったり、ずいぶんかわいがられました。歌は、「あおやぎ」とか、「スットン節」や「安来節」などを歌いました。森本の栄ちゃん、津本の武士虎さん、山中四四九（よしこ）さん、静ちゃん、わて以外にも、日之出には、芸達者がたくさんいました。

芸人稼業

法界屋や子守りの仕事は、十二歳ぐらいまでしてました。

十三歳から十七歳まで、芸人として各地の舞台に立ちました。いわゆる「下町の玉三郎」です。日之出の漫才師だった山下忠一、キヌエさんの口利きで、漫才師の荒川ラジオ、ヒサエ一座に入りました。初演は、天六（てんろく）の千代田館でした。日本舞踊の「奴さん」とか、「深川」とかを踊りました。踊りは、法界屋の時にムラにいた男性に習ったのです。荒川一座では、漫才、にわか、踊り（レビューといいました）を演じました。

わての芸名は、師匠の名前をもらって「荒川梅子」と名乗っていました。

親が座長から前借りしていたので、わての手元にはお金が入りません。化粧品などはお客さんからもらったりしました。正月には、草履や着物を、座長にこしらえてもらいました。やがて、座長に漫才を仕込まれて演じるようになりました。ずっと巡業で、和歌山、九州の八幡・博多・熊本、東では名古屋、大阪では、柴島（くにじま）の中島座、天六の南座、新世界のラジウム温泉、茨木（いばらき）などへ行きました。

十七歳まで、一度も日之出へは戻りませんでした。あんまりつらいので、茨木の劇場に出た時に逃げ出したことがあります。修業は厳しく、足が上がらなかったらステッキで叩かれました。舞台で高いヒールの靴を履いていて、階段から落ちてケガをしたことがありました。その時は休みました。その時以外は、休ませてもらったことはありません。でも、かわいがられました。

座長は、部屋で休みますが、わてらは客席に布団を敷いて、ざこ寝でした。座長に着物を着せたり、お茶を入れたり、座長夫婦の肩をもんだり、楽屋の掃除をしたり、座長や座員の衣類の洗濯をしたり、着物の手入れをしたりで、遊ぶひまもありませんでした。着物の手入れは、化粧品がつくので、揮発油でしっかりと拭かなくてはなりません。これがたいへんでした。

方々巡業に行きますが、部落での巡業は、ほっとしたものです。和歌山のある部落で巡業した時は、どっさり投げ銭をもらいました。投げ銭は全部、座長が取る決まりになっていました。舞台へ出て、拍手かっさいの時はなによりもうれしかったが、「大根！」とやじられた時は、なによりもつらかったです。

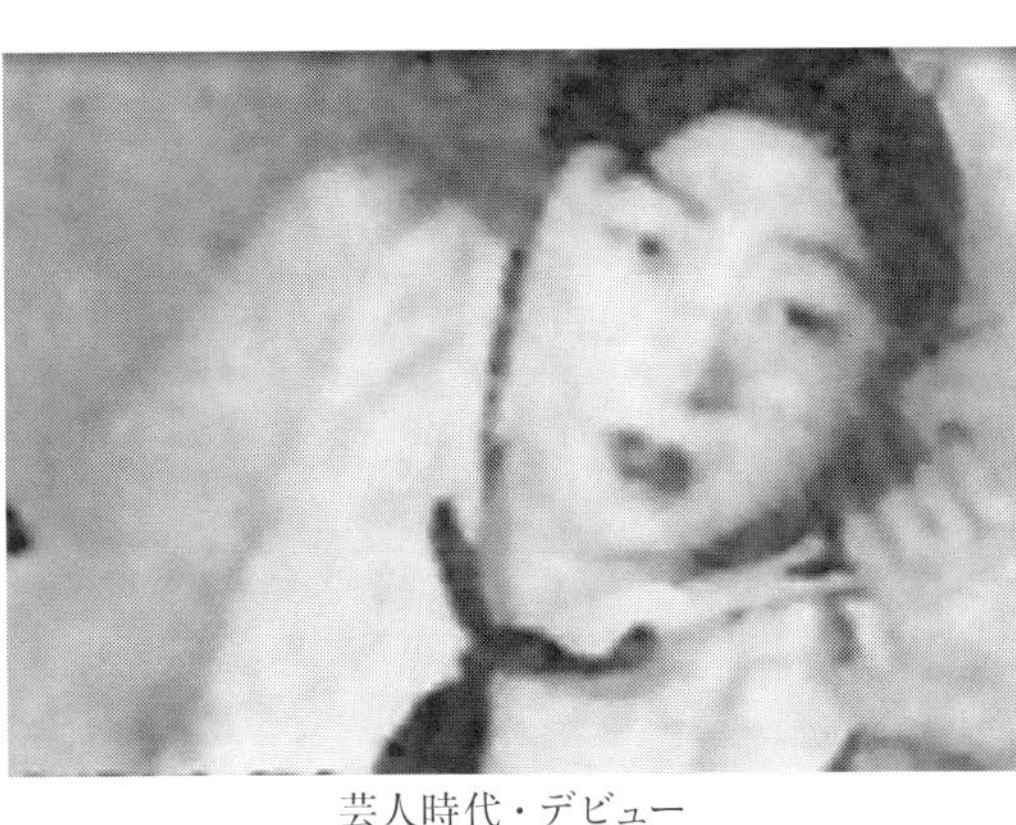
芸人時代・デビュー

わての芸人稼業の最後の十七歳の二月に、中国東北部に関東軍と開拓団の慰問に巡業しました。

この時の一座は、若松屋松太郎一座でした。若松屋さんは、山中四四九さんの義姉の静ちゃんのご主人でした。この時の芸名は「荒川小梅」でした。

当時、中国各地には「匪賊（ひぞく）」や「馬賊」が出て、反日・抗日運動が盛り上がっていた時でした。わては、旧満州へ行くとは知りませんでした。神戸から船に乗って、門司に着いて、いくら行っても海ばかり、船酔いして病気になってしまいました。はじめ、大連で一週間の興行をして、奥地のチチハルへ行き、山東半島の青島（チンタオ）まで巡業しました。そこから、上海、台湾へ行く予定でした。ところがその時、台湾大地震が起こり、あわてて日本へ帰ってきました。それでも、旧満州に三カ月ほどいたと思います。わての親もまさか中国まで行くとは思っておらず、帰ってきた時は、無事をとても喜んでくれました。

身売り

天川村

わての漫才などの芸人稼業は、十七歳で終わりにしました。こんな暮らしが続くうちに、年頃になり、十七歳の時に嫁にいきました。嫁にいったとはいえ、夫は養子同然だったのです。というのは、わての父親が人から銭を借り、わての夫が働いてもらってきた銭を全部、わてのお父ちゃんに取られていたのです。そのため、わての夫は、

「こんな家にいるのは、いやや！」

と言って、出て行ってしまいました。わての十八歳の時のことです。わてはとてもつらかったです。別れた夫が好きだったので、毎日、泣いていました。でも、仕方がありません。父親が仕事してくれないから仕方がなかったのです。それでも、父親は借金をし、それがますます増えてきました。そこで、わてをどこかへ売ろうと考えたんです。

わてが最初に売られた先は、奈良県の天川村にあるお茶屋でした。後に訪ねていった時に、「大門旅館」という料理旅館になっていました。その時は、三百円の借金のかたに行かされたのです。でも、二カ月ほどして、お父ちゃんがどこでお金を借りたのかしれませんが、わてに、「着物、着がえ」と言って、よそのお店に連れて行きました。その店で千五百円を借り、他の土地へ売られました。

大垣・南北楼

今度、売られた先は、岐阜県の「大垣旭廓」でした。大垣へ行った時は、千五百円の借金になってました。わては、親と口入れ屋の話を、黙って聞いてました。店の名前もわからんと連れて行かれました。店には、きれいなネオンがあって、写真が飾ってありました。大垣に来た日に大きな写真を写して、初見世と書いて貼り出されました。この店は後で「南北楼」ということがわかりました。親方はほっそりした人で、あんまりごっついことのない人でした。おかあさんは小粋な人でした。

この店でのある日のことでした。店のおばさんに「お客さんや」と言われたので、行ってみると、わての親に似た年頃の人でした。自分の親より年上で、お金持ちの人で、帰りたくなり泣いてましたが、逃げることはできません。布団にくるまって泣くしか、しかたがなかったのです。

とにかく身体の自由はなく、病院の検査の時と髪結屋しか外に出ることはできません。その時も仲居さんがついてくるので、外に自由に行けない「籠の鳥」でした。ここでのわては、連れもおらず、孤独なものでした。大垣には、三カ月か四カ月ほどおりましたが、また、お父ちゃんが来ました。

難波新地

大垣で働いても、借金千五百円はなくなりませんでした。どうしようもなくなって、水掛不動さんのすぐ裏の難波新地へ鞍替えになりました。

ここで、ムラの人がお客さんとしてやって来ました。その人は、わての顔を見るなり、「かわいそうに」と言ってくれて、お金を払って一晩遊ばせてくれました。ムラで三番目ぐらいの金持ちの人でした。ここで病気になって、日之出に逃げて帰りました。がまんできなかったんです。警察へ足抜けしたと引っ張られて、連れていかれました。もう、難波新地では働かされへんからと、九州の八幡へ売られていきました。売られ売られていく、浮草の人生でした。

八幡白川町

今度は、北九州の八幡から山のほうへ電車に乗っていったところにある、白川町の「丸福」という店に売られました。ここでわてては、「勝枝」の源氏名で呼ばれてました。七年間の年季づとめをすることになりました。その時の借金は、二千五百円にもなっていました。ここにいた七年間、泣かない日はありませんでした。客が来て、一段一段階段を上がる時、身を切られるような思いがしました。こんなつらくて苦しい暮らしのなかでも、好きな人ができました。その人は、船乗りの人でした。船が魚雷にやられて死んでしまいました。

ある日、お客さんが、朝早く帰りました。わては店の人が寝ているのを確かめて、床を抜け出しました。お客さんからもらったチップのお金で、大阪まで切符を買いました。汽車に乗っても、気持ちは落ち着きませんでした。駅に電車がついて止まった時、だれかが来て、連れて帰られるのではないかとハラハラしたり、あっちこっちをキョロキョロ見まわしたりしました。やっとのことで大阪に着き、東淀川(よどがわ)駅に着きました。「早(は)よう、家に帰らな」と思うと、自然足も速くなり、どこをどう通って帰ったか、思い出せないくらいでした。

家に着くと、母は一番下の子を背たろうて、おかいさんを炊いていましたが、わてに気がつくと、驚きと喜びと、悲しさを一緒にした感じで、わてを迎えてくれました。一晩、みんなと一緒に寝ましたが、目が覚めた時には、廓の主人、宮竹たけじろうが、枕元に立っていました。この人は、刺青(いれずみ)を入れたごっつい体格の人でした。

連れ帰られると、廓に戻らず、八幡の警察に十日間入れられました。初めての経験でしたが、本当に悲しかったです。体を叩くと傷が付き、売り物にならないので、横に置いてある机をバシバシ青竹で叩き、そのたびに身体が怖さで震えました。十日間飲まず食わずで、顔を洗う時、口を水ですすぐだけで過ごしました。警察から釈放された後も、丸福の行灯（あんどん）部屋に入れられました。

お客さんから病気をもらうと、病院に入れられました。病院の窓には鉄柵がついており、いつも監視されてて逃げることはできませんでした。廓の主人と院長とは、ツーカーの間柄だったのです。七年間のうち、この入院で二十日間ほど休んだだけで、生理の時といえど休まずに務めました。正月三が日は、一晩ひとりのお客さんと決められてました。何人も相手をしなくていいので、この三が日は心の休まる日々でした。しかし、お正月ということもあり、親のこと、家族のことが思い出され、つらい思いをしました。正月がすめばまた、いつもの心の歌を歌いながら、その日を送るのかと思うと、胸が熱くなりました。

親のためとは　いいながら
なんで　わたいが　こんなにも
お金のためとは　いいながら
あがるかいだん　針の山

お金は働けば返ってくるけれど、失った青春は返ってきません。本当に、七年間泣かなかった日はなかったです。

ある日、仲間と一緒に客と話をしている時、その客が、

「おまえの親は、寝ているやろ」

と言って、右手の親指を折って見せられました。わては、

「うちのおとうちゃん、起きてるよ。大阪にいるよ」

と答えました。その客と二階に上がって話をしてると、さっきの話については、

「わかった、もうええ」

と言い、その言葉がどういうことを意味しているか、この時はよくわかりませんでした。このことがあった後、同じ仲間からも、お風呂に入る時など、

「私ら、もう先に入ったから」

と言って、わてと一緒に行動することが少なくなったのです。仲間からも差別されたのです。いったいだれが悪いのか、わてが何の悪いことしたというのでしょうか。せめてもの抵抗として、その客が来ても、絶対に会わないようにしたものでした。


戦争がますます激しくなってきました。わてらのいる廓もみんな、どこかへ行かねばならなくなりました。どうしたものかと思っている時、広島の人が身請けしてくれることになりました。わてが二十六歳、その人が四十二歳で、借金は二千六百円にもなってました。

身請け 帰郷

八幡へ七年間の年季で来てちょうど七年という時に、広島の人に身請けをしてもらいました。この人は、最初からのお客さんでした。八幡から日之出に逃げて帰り、警察に留置された後、行灯部屋に入れられ、やせてしょげていた時、食べ物を差し入れてくれたりしました。わての感じでは、部落の人やと思います。皮革関係の商売をしてましたが、八幡ではうどん屋をしていました。この人に身請けをしてもらった時は、借金が五千円ぐらいになってました。身請けの費用は一万円ぐらいかと思います。こ

の人に、広島で家を買ってもらって、西愛宕町に住みました。体が自由になったのがうれしくて、親が帰ってこいと言うと、時々日之出に帰ったりしてました。この人が四十二歳で召集令状が来ました。軍隊に行く時、

「ここにいるんやったら、貯金通帳をやる。大阪へ帰るんやったら三百円やる」

と言われました。わては日之出の親もとへ帰りたい一心やから、三百円もらいました。広島の家をそのままにして、時々日之出に帰ったりしました。本格的に帰ろうと思って引き揚げたのが、一九四五（昭和二十）年八月四日の晩八時頃でした。

日之出に帰った翌日、広島に原爆が投下されたのです。広島にいたら、広島駅のすぐ裏でしたから、確実に爆死していたと思います。その人とはそれきりでした。生きていたら八十歳を越えているはずです。そうそう、一度、その人の奥さんが、出征の準備のため着物を取りにきて、会ったことがありました。その奥さんはよくできた人で、「自由な体になったので、あなたも帰りなさい」と言ってくれました。

帰った日之出は、空襲をうけてました。焼夷弾が当たって、家の半分が焼けていました。家の横に、防空壕がありました。焼夷弾がシャーッと飛んできたので、夢中で防空壕を出て、はだしで國次の高射砲台（大阪市立西淡路小学校東側）まで逃げました。わては、母親と弟たちの手を引いて、必死でした。パチパチと火が勢いよく燃え、横の人がバタバタ倒れました。わては本当に命冥利があるのか、この時も助かりました。日之出の家は焼けてしまい、仕方がなくそのまま、靴屋をしている淡路の弟の家に住み着きました。

敗戦後は気が抜けたようになり、遊び歩きました。でも、

「これではあかん。仕事せなあかん」

と思って、安定所にいっている人に頼んでみたけど、けんもほろろに断られてしまいました。結局、

「わてのような女は、水商売しかでけへんのか」

と思いました。絶望から無茶をしはじめました。女だてらに博打にも手を出すわ、酒は飲むわ、好き勝手なことをしました。

「今までのわての苦しかったもん、全部忘れたる！」

と、思ってたんやと思います。

おとうちゃんと結婚

あけても暮れても、それこそ、身体がボロボロになるくらい無茶をしました。

そんな三十四歳の時に今の夫、谷上秀雄と知り合いました。夫は、わてより八歳下でした。

「わては年もくうてるし、この人をつかまえとかなあかん」

と強く思いました。今度こそという気持ちでいっぱいでした。わては姉さん女房で、夫を「おとうちゃん」と呼んでました。おとうちゃんは物静かで、けんか一つしたことがありません。後に、わてが部落解放運動に熱中しても、だまって見守ってくれました。いい人と知り合えたと、つくづく思っていました。おとうちゃんは、旋盤工として製鉄所で働いてました。ところが、機械にはさまれ、手をケガしました。働けない自分を卑下したと思います。それで、悪い仲間に誘われて多額の借金ができました。借金のことは、全然知りませんでした。知った時は、ものすごい額になっていたのです。

わては、借金を返すため、石川県の白米千枚田の近くにある「柳田」へ働きにいくことにしました。料理屋の仲居として、住み込みで働きました。わては法界屋や芸人しとったから、歌は歌うし、太鼓も叩く、座持ちがいいとお客さんにとても喜ばれました。村の有力者の一人が、何をかんちがいしたのか、

たわむれてきたことがありました。わては、きっぱりとはねつけました。このことが村じゅうの評判になり、「大阪から、すごい女が来よったみたいや」「どんな女や」と、えらい「はな」がかかるようになりました。おかげで、借金を早く返せるようになりました。

　能登は、惜しまれながら半年ぐらいでやめて、大阪へ帰ってきました。下新庄で、おとうちゃんと、おとうちゃんの母親と一緒に暮らしはじめました。やっと落ち着いて暮らせて、毎日は無事に過ぎていきました。ところが、突然、波風が立ちました。おとうちゃんの母親、わてからしたらお姑さん、わては、「おばあさん」と言っていましたが、このおばあさんが初めて、「映画にいこか」と誘ってくれました。そらもううれしくて、わての心臓がドンドンとなりました。淡路のわての家にちょっとよって、「わての母親の顔を見たろ」と思って靴屋に入りました。それを、このおばあさんが見てから、おかしくなりました。その時から、わてへのいじめが始まりました。それからはずっと、このおばあさんに、

「○○ボウシも、金持ちゃだんなじゃ」

と面と向かって、何回も皮肉を言われました。言われるだけでなく、いくらそうじをしても指でほこりはないかと確かめられました。当時は、炭火でおかずを炊いてました。おつゆがふいても、鍋の横はふけるけど、鍋の底は熱いのでふけません。それなのに、

「鍋の底ふいて、お盆の上におけ」

と言われました。礼儀作法はきびしく仕込まれてたので、この点は何も言われなかったけど、食べ方があかんと文句をつけられました。

　おそらく、おばあさんはわてに「いじめられたらあかん！」と思っていたんとちがいますか。

　いちばん困ったことは、夜のことやった。二人で顔ひっつけて寝ていると、パチン！とふすまが開くのです。おとうちゃんが気をつかって、足音がちょっとでもするとパッと離れます。これにはまいりま

した。わてが思うに、おばあさんは三十いくつで後家さんになって、女手一つで子どもを大きくしてきました。しかも、わてのおとうちゃんはおとんぼで、かわいくてかわいくてしかたがなかったからとちがうやろか……。

「わて、何をしてもアカンねんなあ」

そんなことが頭の中にふわっと浮かんできた時、涙が自然に出ました。そしていつの間にか、わては薬局で睡眠薬買って、公園の水道の水で飲みこみました。それから、淡路の靴屋の家に帰って、仏壇に手を合わせて二階へ上がりました。しばらくすると薬がきいてきて、バタバタ音を立てたそうです。義妹が気づいて、

「なんぞ、姉さんがやっているのとちがうか」

と二階へ上がってくると、わてが意識不明になっていました。義妹は、口八丁手八丁の嫁さんだったから、卵をポンと割ってぐっと飲ませて、薬をはかせてくれました。それからしばらくして、うちのおとうちゃんが連れにきたので帰りました。それからも、おばあさんと一緒に暮らしました。おばあさんに、

「出ていけ」とか、「嫁とは思ってへん」とか言われつづけました。

そうこうしていたら、七月の末頃からおばあさんは、急に熱を出しました。淡路の大川病院の先生に来てもらったりしたけれど、なかなか熱が下がりません。けど、やっと熱が下がると、わては毎日、おばあさんを盥（たらい）で風呂に入れて寝かせました。でも、やっぱり熱が出てきました。熱がきついから、便も出ません。それで、脱脂綿を指に巻いてつばをつけて、うんこを指でかき出してあげました。その時、おとうちゃんの兄貴がやってきました。

「なにしているんや」

「ウンチ出ないと言わはるので、こうして出しますねん」

と言うと、兄貴がウワアッ！と泣き出さはりました。

「もう、かんにんしてくれ。うちの家内でもここまでようせんのに、ようしてくれた。今までの悪いことみんな水に流して、かんにんしてくれ」

と手を合わせて、今まで見下げてきたことを謝ってくれました。それから、兄貴ともつながりができました。それから四、五日して、このおばあさんが初めて声をかけてくれました。「あね」ってわてを呼ぶから、返事したら、「すまんけど、水をくれるか」と言うんで、脱脂綿に水を含んで口にふくませました。その時やったなあ、

「おまえに、去ねと言うた時に帰っとったら、こんな世話もせんでよかったのに。えらい苦労かけてすまなんだ」

と言わはって、涙をポロッとこぼさはりました。その涙を見た時でした。わて、今までのこと飛んでしまいました。今までのつらかったこと、この涙でしまいやと思いました。ほんで、

「世話できてよかった。本当によかった……」

と身体全体で感じとった時、涙がフワッとあふれ出ました。おばあさんは、それだけ言ったら、終わりやったんやろなあ。何分もせえへんうちに、コトッと音がしたと思ったら、そのままやった。

第三章

みやらけの梅子ねえ

部落解放運動との出会い

一九七一（昭和四十六）年、わては、夫とともに日之出に戻ってきました。それまでは、下新庄に住んでました。姑をすでに看取ってました。姉の谷川モトエが、

「梅ちゃん、住宅も建って日之出も変わったから帰っといで」

と再三勧めてくれたからです。住宅の申し込みを行い、一九七一年六月に第一改良住宅二棟に、「田中梅子」名で入居しました。戻ってきた日之出は、姉の言うとおりに、ものすごく変わっていました。

日之出に帰ってきた時、「同和事業の窓口一本化の原則」を撤廃しようとした榎原吹田市長に対する吹田闘争が始まってました。わてはのめり込むように、この闘いに参加しました。それまでの心の空白を、わては必死に埋めようとしていたと思います。大きな声を出していると、当時の大川大阪府連婦人部長が、声をかけてくれました。

「あんたはどこの支部や？　だれや？」

「みやらけの谷上梅子です」

「そうか、みやらけか、がんばりや！」

と言ってくれました。


この闘いが、わての部落解放運動の初めでした。それ以来、わては、狭山再審中央行動で東京に行ったり、支部動員にのめり込んでいきました。運動に参加するなかで、わてのそれまでの生きざまのすべてが、部落差別にねざしていることが、だんだんわかってきました。家でも、おとうちゃんに、運動のこと、部落差別のこと、わての生いたちを、包みかくさず話すようになりました。おとうちゃんは理解してくれて、やがて、運動に積極的に参加してくれるようになりました。うれしかったです。

十人の養子を育てる

わてには、自分の腹を痛めて産んだ子が、ひとりもありません。子ができない身体になってしもたんです。でも、わてはこの年齢まで、十人の子を育てることができました。そらもう、今でも、どの子もみんな、頭にこびりついて忘れられません。


俊彦。この子の名前を思い出すだけで、目のあたりがボヤーッとしてしまいます。涙でな。大阪へ帰ってきて、何をしてよいかわからへんようになって、心も身体もグチャグチャになって迷ってた時、俊彦と出会いました。わての父親の友だちに、

「この子の面倒、見たってくれへんか？」

と言われて、初めて俊彦と会いました。俊彦の目が真ん丸で、笑いもせんとわての顔を見つめました。かぶりつきたくなるような顔見たら、何か知らんけど、あの妹分の勝丸の子どものような気がしました。

俊彦はまだ一歳にもなってません。紺の着物を着せてもらって、本当にかわいかったです。思わず、その友だちからひったくるようにして、顔をすりよせて、

「勝丸の子や、勝丸の子やで……」

と、心の中でつぶいてました。

俊彦が、三歳になった冬のことでした。元気だった俊彦が、えらい熱を出しました。普通の風邪やと思っていたけど、いっこうに熱が下がりません。義妹に、

「早よ、病院へ連れていったらな！」

と言われたけれど、わてお金ないし、そのままにしときました。でも、あんまり熱も引けへんから、どうでもなれと思って、中津の済生会病院へ連れていきました。入院せなあかん、ということでした。けど、そんな金、どこにあるでしょうか。ひと晩考えました。入院させたらどないかなるやろと思って、連れていきました。

「お母さん、ついていてください」

と、医者に言われてついていたけれど、注射も打ってくれません。俊彦は、「ブーブー」言うて、水ばかり飲んでました。ベッドの上で俊彦を抱いて寝てましたが、わてが離れようとすると、すごくいやがりました。「ハーハー」と息が荒くなってきました。しばらくしたら、じっとしてしまいました。

「俊彦！　俊彦！　俊彦、どうしたんや！」

なんぼ叫んでも、目を開けません。わて、ボーッとしてました。どれぐらいたったでしょうか。わては、俊彦に正ちゃん帽を深くかぶせました。俊彦をおんぶして、上からねんねこを、こぼっと着せました。そして、看護師に見つからんように、外へ逃げ出しました。お金がなかったんです。わては、病院にはらうお金がなかったんです。外はまだ暗く、中津の駅に着くまで、だれにも会いませんでした。足

は駅に向いていても、いっこうに進みません。八幡の廓から逃げた時と同じでした。俊彦の身体、おんぶした時は温かかったのに、だんだん冷えて冷たくなってきました。わての背中で、氷のようになってきました。俊彦、ゴメンやで。かんにんしてや。

次の日、俊彦をミカン箱に入れて、お墓に埋めました。わての俊彦は、たったの三つの命でした。

おとうちゃんと下新庄で暮らしはじめてすぐに、姉が再婚しました。新しい父親になじめなかった姉の子ども二人を引き取りました。甥は、小学校三年生でした。四年後には、姪も引き取りました。小学校二年生でした。姪は小学校六年の二学期まで、甥は中学校卒業後もしばらく一緒に暮らしました。

わては、この子たちの将来を考えて、かなり厳しくしつけました。言葉づかい、立ち居ふるまいに、やかましく言いました。姪はしょっちゅう遊びに夢中になって、言いつけた用事をしないので、しばしばきつく叱りました。よそ見をして食べたりすると、象牙の箸で叩いてわからせたこともありました。子ども心に、こわい叔母さんと映っていたのではないでしょうか。

二人が手元から離れた後、「ふた親が料理屋を営んでいるので、子どもの世話ができない」ということで、赤ん坊を引き取って世話しました。それが安弘です。安弘のことを、亡くした俊彦と思い大切に育てました。安弘が小学校に入学することになって、親元へ帰すことになりました。

安弘が親元へ帰ったので、ポッカリと心の中に穴が開いていたら、知人が子どもを育ててくれないかと、話を持ってきてくれました。母親が入院中で、おばあさんも歳をとっていて面倒を見られないという四歳の男の子でした。それが信次でした。信次には、もの心がつくようになると、引き取った事情も包みかくさず話をして大きくしました。信次が小学校に入学した時、

「おかあちゃん、この字、何と読むねん?」

と聞いてきました。わてはドキッとしました。一瞬悩みましたが、正直に答えました。

「おかあちゃんはな、家が貧乏やったから、子守りや法界屋に出てて、学校へ行かれへんかってん。だから、字読まれへんねん。信次ごめんな」

この信次とのやりとりで、前々から、「おいでや」と言われていた識字学級へ行こうという決心が生まれてきました。信次は柴島高校卒業後、就職し、一人前になりました。わては実子に恵まれませんでしたが、わての育てた子どもたちは、だれひとり道を外すことなく、一人前になってくれました。どの子もみな、「おかあちゃん」とわてになついてくれ、いつもわてを大切にしてくれています。ありがたいことです。

識字学級

識字学級によく行くようになったのは、一九八八（昭和六十三）年頃からです。それまでのぞいたことはありましたが、一緒に来てた人に、

「まだそんなとこ（ひらがな）、やってんのか」

と言われて、足が遠のいていました。わては、奉公ばっかりで、学校というもんが、どんなもんか知りません。学校の思い出といえば、入学式の日一日のことでしたが、風呂敷を腰に巻いて、学校へ行きました。どこへ行ってていいかわからないので、運動場でぼさっと立っていたら、女の先生が、

「私は桜井といって、あなたの担任です」

と優しく声をかけてくださったことは、一生忘れられません。

自分の目と口あったらどこへでも行くけど、やっぱり字知らんことで、ずいぶんと苦労してきました。病院の外泊届ぐらい自分で書きたかったし、子どもの学校の関係の書類でも情けない思いもしました。

通いはじめると、識字のある土曜日が待ち遠しくて、用もないのに自然に会館へ足が向きました。

よみかき教室の新年会で、みんなで歌を歌ったり、初めて年賀状を書いたり、本当に楽しかったけど、識字でしゃべったり書いたりすることで、やはり夫や親戚の人に気つかいます。いろいろ言う人もいて、なんべんやめよと思ったか知れません。けど、岸キヌエ婦人部長は、

「おまえの歩んできた道や、堂々と書き」

と、はげましてくれはりました。その時、涙出てきました。識字でみんなといろいろ勉強して、字書けんことや、親がつまらんこと恥や思てんのは、自分で自分のこと差別してるんやとわかりました。苦労してきたんはわてだけやない、まだまだつらい思いをしてきた人、いっぱいいるんや。字、書かれへんかったら訴えられへんと思えるようになってきました。

博多の妹分のこと、ずっと気になってました。しゃべったり書いたりすると、なんか消息がわかるんとちがうかなという期待があります。今は、明るく苦労しています。

よみかきで、いろんな人と知り合いになりました。

大賀先生が、大垣や九州や洞川(どろがわ)（天川村）、いろいろ連れていってくれはりました。ほんまに世界が広がりました。また、保育守る会や妊産婦守る会に参加する若いおかあさんらが、わての作文を劇にしてくれたこども、一生の思い出です。あの時は、涙が出て止まりませんでした。

よみかき教室の谷上梅子さん

自治会活動

わてのおとうちゃんは、自治会の会長に選ばれました。わても会計監査になり、おとうちゃんを助けることにしました。おとうちゃんが会長になった時、

「よそもんが会長になって……」

と心ない批判が一部にありましたが、

「よそもんも地のもんもない。要は、みんなでこの日之出をよくすることや」

と、心に念じて、二人でがんばりました。

一九七七（昭和五十二）年三月に、第四改良住宅に移りました。第四改良住宅に移ってからも、おとうちゃんは自治会会長の役を持ちました。おとうちゃんを助けて、わてもみんなに相談をかけたりかけられたり、精いっぱい努力しました。

法界屋と伝承歌の伝承

わては、みんなが知っているように浮き助です。出しゃばりと見られるほど、人前に出るのが好きな性格です。運動のおかげで、安心して貧乏ができるようになったはいいけど、わてが六歳からしていた法界屋と、子守り奉公で歌っていた子守り唄が、日之出から失われるのを残念に思いました。また、わてらの苦労を若い世代に伝えたいと思い、機会があるたびにみんなの前で歌いました。

一九九〇（平成二）年、わてが部落解放文学賞を受賞した年の十一月十五日におこなわれた「部落解

放第六回文化祭・たたかいの祭り」で、甥の谷川勝とともに「よみがえる旅回り芸の部」で法界屋を演じました。甥の勝と相談して、衣装や道具をそろえるのに苦労しました。苦労して準備した甲斐があって、会場から大きな拍手をあびました。この経験が自信となって、いろんな機会に多くの人々に見てもらうようにしました。また、みやらけの子守り唄も頼まれたら歌って、つらかった子守り奉公の話をしてきました。

そして、花嫁の荷を出す時や婚礼の時に歌われた「長持唄」の伝承にも一役かいました。

「梅子ねえ、歌いにきて」

と頼まれると、喜んで出かけていきました。

かわいなァ　かわい子で　育てた娘　ヤレヤレ
今日はェ　◯◯さんのよ　嫁となるェ　ヤレヤレ
今日はなァ　日もよし　天気もよし
結びなァ　合わせてェ　ハァ　縁となるェ　ヤレヤレ
娘よ　よくきけ　ハァ　行った先大事
ゆけばな　殿御の　親大事よ　ヤレヤレ
わたしなァ　嫁ぎます
妹たちよ　後のふた親よ　頼みもすなェ　ヤレヤレ

わてが心込めて歌ったカップルのなかには、部落だということで結婚に反対されたが、粘り強く親たちを説得して新しい門出を迎えた夫婦もありました。

谷上梅子さんの死

一九九五（平成七）年四月十二日午前十一時すぎ、老人会の清掃活動が終わって、谷上梅子さんは四、五人の友人と自転車に乗って、おとうちゃん（谷上秀雄さん）のいる解放会館に行く途中、消防署から十号館のほうへ信号が青になったので渡ろうとしたとき、右折してきたトラックにひかれました。トラックの運転手の前方不注意が原因でした。

頭を打ち、意識不明で、吹田の千里救命センターに運ばれました。医者から、「手術するけど、五分五分」と言われましたが、奇跡的に回復へ向かいました。

淀川区の北大阪病院へ転院し、歩行訓練も始めた矢先、容態が急変し、三日目ぐらいから意識不明になり、六月二十九日午後十一時九分、梅子さんは七十五歳で永遠の眠りにつきました。惜しまれる梅子さんの死でした。七月一日、日之出住宅集会所でお葬式がしめやかにおこなわれました。

その後、妹分の死を惜しみ、岸キヌエさんは事故現場近くに、お地蔵様を建立しました。

谷上さんの最後の作品

中村隆貴

去年（一九九四年）の秋だったと思う。谷上さんのぜんそくがひどくなり、北大阪病院に入院したときのことだった。私が見舞いに行くと、「寝てばっかりもしていられないから、宿題を出して」と言ってきた。思いがけない言葉に、さて、どうしようかと考えた結果、私が手紙を出し、谷上さんがそれに返事を書くというやり方で、勉強をしていこうと決めた。

手紙のやりとりは三回ぐらいだっただろうか。私は、まるでラブレターを開けるときのようなトキメキを感じながら封を開けたのだった。

そのときの入院で、谷上さんが知り合ったキムさんという女性がいる。彼女は同じ病室の谷上さんから、『心だけは売れへんかったで』を手渡され、深い感銘を受けた。やがて彼女は、谷上さんに「私は在日韓国人です」という書き出しの手紙を書き、自分が日本名ではなく、本名を名乗り、韓国人として堂々と生きていくことを決意した、と伝えた。

谷上さんは、キムさんの変容を間近に見て、逆に、自分自身を再度ふりかえるきっかけをつかんだのではないだろうか。病院内で感じた部落へのさまざまな偏見に対しても、毅然とした態度でその誤りを正す実践をしながら、解放運動や識字とのかかわりのなかで見つめなおしていこうと、決意したのである。

「先生、そろそろまとめていかなあかんなァ」

と言い、書く意欲が徐々に高まってきていた。

あの事故は、そんな矢先に起こった。そして、谷上さんは逝った。もう、あの陽気な梅ちゃんには会えない。残念としか言いようがない。

＊

私の手元に三枚の原稿が残った。まだ、最初の下書きの段階である。誤字、脱字をお父さん（ご主人）が直しているところもある。夫婦二人で取り組もうとしていた様子がうかがえる。この原稿は途中までしか書けていないが、谷上梅子の最後の作品と言っても差し支えないだろう。この「最後の作品」を紹介して、故人を偲びたいと思う。

（なかむら たかのり／当時西淡路小学校教員）

わての、七十五才までの生きざまをみな様読んで下さい。こんな女のいることを、日之出の人も、ぶらくのなかまたちにも、今、わては病院で、かんじゃさんやかんごふさんにも、わてのおいたちのはなしをしてきいてもらうことが、わてのたのしみです。わてにいやなたいどをする人は、なんかいでも、わての話を聞いてもらいます。

わては十年前から、ぜんそくに苦しんできました。わてとこの家のうらに墓地があり、おひがんやおぼんのときには、せんこ（線香）のにおいで、まんせいきかんしえんになり、こうがいにんていをうけました。年間二～三回入退院をくりかえします。

今年の三月に入院した初めに、こんな話をしました。

「住所はどこ」

「日の出」

「日の出ってどこ」

そう聞かれたので、「わては部落」と言いました。それを聞いて相手の人は、「部落も何も関係ないよ」と言ってくれましたが、わてが学校に行けなかったので、この年になって、よみかき教室で字を習っていることを話しました。みんなは、学校に行けなかったことがふしぎだったみたいで、「なぜ学校に行けなかったの」と聞かれた。

そんなら、口でゆわずに、四十四ねんぶりに出した本をもっているからそれをよんでと、本をわたしました。みんながこうたいによみながら、なみだをながして読んでくれました。その中に、八十才と九十才のおばあちゃんをかんごふさんが、くるまいすにのせてつれてきました。むかしをおもいだすため、たんこうぶしやおけさぶしを、うたってあげたら、とてもよろこんでいました。

でも、わてもくるしいときもあったが、九十才のおばあちゃんをみると、わてもおばあちゃんのようになれるとおもい、ひっしになってよろこんでもらえるように、がんばってきました。そこに、二十さいのかんごふみならいの子がきて、わたしも本をよませてと言いました。よんでいるうちに、「谷上さん、私は在日韓国人」と言いました。これからは、谷上さんにまけないようにキムとよんでとゆった。その子はかんこくをかくしていた。自分にまけていることを、はずかしくおもった。これからはむねをはって、人にまけないようにがんばっていくと、わてにおしえてくれました。わては、ほんとうによかったとおもいました。

このながいじんせいで、人様によろこんでもらったりできたのも、かいほううんどうやまたしきじで、じをかけるようになったから。じをかけずにいたら、こうゆう思いは、あじわえなかった。

識字がうれして、うれしてな

日野範之

いく度も訪問しているはずの日之出識字学級で、谷上梅子さんとはじめて話ができたのが五年前。「出前文章教室」というので、文章助言のお手伝いに行ったときのことだった。会館の識字担当の岡本（和夫）さんが紹介してくれ、一階の部屋で、表西（弘子）さんが促してくれ、さまざまな話を聞かせてもらえた。

梅子さんは、その年で識字十五年生。前年に書いた「心だけは売れへんかったで」が、第十六回部落解放文学賞に入選。下読みのときから私は心打たれた。ことに、妹分にあたる勝丸の出産をめぐる悲しくつらい話、そして「こんなえぐいことあってええんか。『女郎かて人間じゃ』」と泣きながら叫ぶところにいのちへの深い叫びを聞いた。直接に赤ちゃんを始末したのは産婆か誰か知らないが、本当に産まさせないものの正体は何か……？

しかし、身を切るようなこのような話を誰がすすんで書くものか。が、梅子さんの話がその日、識字のまわりのみなの励まし、大賀先生の導き、そして「おとうちゃん」の支えによってこそはじめて書きえたことに及んだとき、この地の運動の新たな深まりを知らされた思いだった。

記された内容をみなが背負ってゆくという決意もまた、「日之出へ帰ってきて解放運動いうもん知ったからや。ほんで、識字で字少しずつ勉強してきたからや」。梅子さんはそう記した。

「識字学級が、うれして、うれしてな。いま、わての学校や、先生」。梅子さんはそう語ってくれたが、このときで七十一歳。まるで小学一年生が、これから学校の門をくぐるようにも新鮮に、そして、全身で喜びを表して「識字のはじまる夜がまちどおして、まちどおしてな」と。

去年十二月初め、いま私のいる、真宗大谷派（東本願寺）の宗議会議員の方々と日之出を訪問、研修のとき、梅子さんは三十分生い立ちをしっかり語ってくれた。最後、「親のためとはいいながら……なんで私がこんなにも……」の歌を、かつてつらいときに歌ったそれが口をついて出たとき、目にわき出るものを見た。私はおばちゃんに、このようなつらい内容を語らすことのない世をこそ、と思うばかりで胸がいっぱいになった。

それにしても、私が七十余歳になったとき、おばちゃんのようにその生きた道すじをしっかり話せ、生きている喜びを新鮮に全身を持って語るようになれるだろうか？

（ひの　のりゆき／当時真宗大谷派・同和推進本部）

心の旅――大垣の日々

奥村直子

梅子さんが、五十二年ぶりに大垣の町に立ったのは一月末の寒い午後でした。前日に降った雪がまだ残る、駅前のにぎやかな通りから十分余り、ひっそりとした住宅街の一軒に、松野久一さんを訪ねました。松野さんは一九一三（大正二）年生まれで、「一篷」の号をもつ詩や絵画をたしなむこの町の文化人です。梅子さんの大垣での生活を振り返るに当たって、教育委員会からこの地の生き証人として松野さんを紹介されました。この松野さんのおかげで、梅子さんが「こうめ」という名で「南北楼」という遊郭に働いていたことが確認されました。同時に、当時の町の様子や遊郭の悲惨な生活をかいま見ることもできました。

大垣の遊郭街は昔は町はずれにあり、門と溝に囲まれていました。廓の近辺を「新開地」、廓は通称「淫売屋」と呼ばれていました。徴兵検査をすませた若者がここへ遊びに来ることがいわゆる「成人式」であり、「溝をまたぐ」と言ったそうです。遊郭街の門のそばには小さい交番所があり、廓へ行くときにその前を「〇〇楼へ行きます」と言いながら通って行きました。公然とした女郎遊びは、戦後の売春防止法によって、ようやく姿を消していきました。

松野さんによれば、一九三八（昭和十三）年当時の生産者米価が、四斗（一俵）あたり十三円四十二銭で、小売りは、外米を少し混ぜた二級米で一升あたり三十五銭、職人の賃金は米三升、人足（日雇）が約一円、大工左官業で一円二十銭の日給でした。遊郭での花代は、一人一時間が九十五銭で、とても高くつく遊びでした。

娼妓（しょうぎ）たちは前借りで多額の借金を背負い、一時間いくらで、楼主の言うままに客をとらされました。客の置いて帰るわずかなチップさえ彼女たちの手元には入りませんでした。かせいだ分は親方が六分、残りの四分が仲居と本人の取り分でした。ひたすら働かされ、着物を作る時は全くの自前で、その料金が借金に加算されました。人絹（じんけん）の着物を本絹といつわって、実際よりも高く売りつけ、上前をはねるといった悪どいやり方がまかり通っていました。だから、娼妓たちの借金は、減るどころではなかったのです。

松野さん宅から町をはずれた一角、小さな橋を渡ると、かつての廓屋敷が数軒、いまなおその面影を色濃くとどめています。そこには、「阿部定（あべさだ）事件」のお定が身を寄せていた「橋本楼」も残っています。表玄関に小さなネオンのあとが見られる古ぼけた屋敷、くすんだタイルのモダンな洋館建築、幅の狭い格子ががっちりとはめ込まれた窓からは、女たちの声なき叫びが聞こえてくるようでした。

かつての南北楼、裏にまわると、梅子さんが働かされていた二階の部屋が見えます。小さな窓、高い手すり、牢屋（ろうや）のようなこの部屋へと屋敷のまわりを流れる溝をまたいだ男たちには、五十二年の時を隔てて、この屋敷の前で静かにたたずむ梅子さんの涙の意味は絶対に理解できないと思います。松野さんは記されています。

「大垣遊郭旭廓は現在の藤江町五丁目付近で、昭和十二年日中戦争勃発時は、二十二、三軒の楼があり。それぞれ一軒に七、八名、多くは二十名の娼妓を抱え、前借、年季雇用で文字通り搾取狡猾(こうかつ)の上、外出は仲居をつけての同道のみ、または警察に届けるを要す。極めて自由を拘束したものである。それで、娼妓は望郷の念、辛さに耐えかねて脱出した事を記憶する。年季奉公のつらさは、想像に絶するものであった」

（おくむら なおこ／当時柴島高校教員）

八幡白川町での日々

藤井秀美

私たちは谷上梅子さんとともに、九州は小倉に向かいました。梅子さんが五十一年前に、八幡の遊郭に売られた足跡を追っての旅でした。

小倉駅で待ち合わせをして、部落解放同盟小倉地協の岩田千明さんが迎えてくれました。さっそく四人で八幡の白川町に向かいました。白川町は新日鉄（旧八幡製鉄所）本社のちょうど裏側にありました。白川町に着くと、梅子さんが「この辺のはずや」と言ったところに車を止め、坂を登っていきました。坂を登って四辻角に来た時に、「左かな？　ようわからんな。この辺のはずやけど……」の言葉に付いていきました。この辺で一度聞いてみようということになり、「鈴や」と書かれた家に入っていきました。

いくら呼んでも、誰も出て来ません。のんきな家やなァと思いながら呼び続けました。

家の中は古めかしくて、昔のような広い玄関でした。玄関の奥のほうが、風呂屋の番台のようになっていて、白い手すりが付いていました。梅子さんがその玄関をくるくる見て回っている間におじいさんが部屋の奥から出てきました。

「昔、このあたりは遊郭でしたね。丸福という店はどこら辺ですか？」と聞くと、この家が丸福の隣で、つい最近丸福を取り壊したこと、でも、丸福の一部がこの家の奥に残っていることがわかりました。このおじいさんは、一九一三（大正二）年生まれの中島豊さんと言い、戦前は布団屋として遊郭に出入りをし、戦後、当局から乞われて遊郭を経営しました。売春防止法成立と同時に廃業をし、製鉄所から溶鉱炉のお湯をもらって温泉旅館を、いまは下宿屋を経営されていることがわかりました。

「なんだったら見ていきなさい」

との言葉に、上にあげてもらいました。少し廊下を歩くと左に中庭が見えます。

「わて、この部屋におったんよ」

と庭の前の部屋を梅子さんは指しました。ここにベッド、ここにタンス、と記憶をたどりながら、梅子さんは涙をポロポロ流していました。そこは、お職部屋と言われるいい部屋でした。線香の上がりでお職部屋、二番部屋、三番部屋というふうにランクが付いていました。梅子さんは三番から下がりませんでした。

丸福と契約していた病院が百メートルほどのところにありました。いまはアパートとして使われていますが、窓には格子がはめられていました。梅子さんたちは定期的に、病院で性病の検査を受けました。病気が見つかると入院となります。楼主や彼女たちは、金銭がからむので、検査で病気が見つかるのを嫌がり、イーストを塗るなどしてごまかしたそうです。

生理のときも綿花を詰めるなどして客を取らされました。大切な商品なので、女が逃げないよう見張り、逃げると追いかける「請願巡査」が遊郭にいました。楼主と警察がぐるになって女たちを苦しめていたのです。

働いても働いても借金が減りません。父親が、時には母親が小さい弟を連れてお金の無心にやってきました。当時の部落の状況（戦時統制経済）を思うとそれも仕方がなかったことだろうかと考えさせられました。

中島さんは、

「遊郭にいたことを隠す者はおっても、昔を思い出し訪ねてくる者はおらん。何を好き好んで……」と、ポツリとつぶやかれました。本当にそうだなァという気持ちと、思い出したくない昔を吐き出し、当時の部落の状況を、女の歴史を伝えることの大切さを思う気持ちが複雑に交錯しました。

「遊郭があったというだけで、この地域も長い間差別を受けていた。子どもたちは白川町を隠して帰ってこない」
との中島さんの言葉も、胸に突き刺さりました。

（ふじい ひでみ／当時大学生、現小学校教員）

谷川梅子さんの軌跡から学ぶ

大賀喜子

身売りに追いやったもの

ひと言でいって身売りとは、娘を犠牲にせざるをえなかった、部落差別の結果としての「貧しさ」と、日本社会を覆っていた「家父長制による女性差別」です。そして、その受け皿である、遊郭を存在させる「公娼（こうしょう）制」の存在です。部落の貧しさと、「女は家の犠牲になって当たり前」という男尊女卑の家父長制が原因です。「自分が犠牲になって家族を救うため」、泣く泣く売られていったのです。

梅子さんの父親は下駄直しをしていましたが、体が弱く、あまり仕事ができませんでした。父親自身、「わしが極道して、梅子に苦労をかけた」と生前もらしていました。

子どもは十三人生まれ、成人したのは五人で、梅子さんは次女です。姉のモトエさんも、小さい時から子守りや乳母の奉公に出ました。

世界恐慌下の不景気は、部落を直撃し、差別と貧困にあえぐ部落大衆をほんろうしました。この時には、日之出に生まれていた「東宮原水平社」は姿を消していました。「戦時非常時」の統制経済は、零細な部落産業を押しつぶし、泣く泣く娘を犠牲にせざるをえなかったのです。こうして、谷上梅子さんの青春は押しつぶされたのです。

公娼制廃止と復活

なぜ、遊郭が存在していたのでしょうか。

資本主義の発達は、労働力と「性」の商品化を促進しました。公娼制は、私娼制へ切り替えられるのが一般的ですが、日本では家父長制やおくれた機構が残り、一九五六（昭和三十一）年の売春防止法制定まで続きました。女性史研究家の高群逸枝さんは、

「公娼制は、明治以後は、大勢からいうと崩壊期に入ったと考えてよいが、廃止までは爾来百年もかかり、それも敗戦とか婦人参政権獲得とかを契機として達成された」

と記述されています。

明治政府は一八七二（明治五）年、「マリア・ルーズ」号事件で、ペルー船の船長より、日本にも奴隷売買（芸娼妓）がある事実を指摘され、国際道義上から、同年十月二日に、公娼制廃止の布告を出しました。しかし、翌一八七三（明治六）年、貸座敷渡世規則をつくりました。これは、直接国家が営業するのではなく、業者と娼妓双方から鑑札料を納入させ、娘の家父長が楼主と取引をし、「借金」という口実で、娘を売り渡すものでしたが、国家の監視下に置かれ、実質は公娼制の復活でした。

廃娼運動が起こるも

このような公娼制の復活に対して、大正デモクラシー運動を背景に、一九二〇年代から、クリスチャンを中心に、廃娼運動が盛り上がりました。

一八九四（明治二十七）年に婦人矯風会、一八九五（明治二十八）年に救世軍、そして一九一一（明治四十四）年には、全国組織の廓清会が結成されました。廓清会は雑誌『廓清』を発行し、遊郭の廃止と娼妓の解放のため、男性も参加し着実な運動を展開しました。その結果、一九一六（大正五）年には、府県単位の廃娼決議、焼失後の遊郭廃止、屈辱的な花魁道中や張見世廃止などを実現しました。

日本帝国主義の対外進出は、アジア、ヨーロッパ、南北アメリカ、オセアニア各地に娼家をつくっていきました。激増する「からゆきさん」問題は、海外からも批判を浴びました。第一次世界大戦後は、国際連盟から国際的圧力を受けました。二つの保留条件をつけて、加藤高明内閣は、一九二一（大正十）年に、「婦人及び児童の売買禁止に関する国際条約」を批准しました。保留条件は、標準年齢に二十一歳以上とあるのを十八歳以上と引き下げたこと、朝鮮、台湾、関東州などの植民地には適用しないことでした。

しかし、一九二九（昭和四）年の世界恐慌、一九三一（昭和六）年の満州事変、その後の五・一五事件、二・二六事件、さらに一九三七（昭和十二）年の日中全面戦争開始による生活破壊とファシズムは、廃娼運動を飲み込みました。「非常時体制」のもと、一時衰退の兆しをみせた遊郭は、ふたたび息を吹き返しました。戦線の拡大とともに、「天皇の軍隊」は、朝鮮半島、中国、アジア、日本の女性たちを「日本軍軍隊慰安婦」として戦場にまで連行しました。

梅子さんが身売りをしたのは、一九三七（昭和十二）年、日中全面戦争開始の年でした。敗戦の三日後、一九四五（昭和二十）年八月十八日に、警視庁保安課は、業者代表と占領軍への売春設備について協議する始末で、一九四六（昭和二十一）年二月二十日に、公娼制廃止を決議しましたが、十一月十四日にはふたたび「公娼制」を復活させました。

戦後・売春防止法の成立

「子どもと女性を守れ」という父母や女性団体、女性国会議員たちの猛烈な反対運動により、ついに一九五六（昭和三十一）年五月二十一日、「売春防止法」が成立しました。翌一九五七（昭和三十二）年四月一日から実施され、保護更生が始まり、翌々年四月一日から違反者への刑事処分が開始されました。女性の悲願であった、四百年におよぶ「公娼制」はついに廃止されました。その時から、女性の保護事業が開始され六十年以上がたち、男女平等が進む一方、性差により女性が直面する困難は、未成年の「ＪＫビジネス」や性虐待、ＤＶなど複雑・多様化しています。

厚生労働省によると、女性保護施設は、二〇一八年四月時点で、三十九都道府県に四十七カ所あり、二〇一九年秋には、多様化する課題に対応するため、有識者会議が新法を提言しているとのことです。

谷上梅子さんの場合は、部落解放運動との出会いのなかで、識字学級で文字を獲得し、仲間に支えられ、自らの生いたちを明らかにする過程で、性暴力のトラウマを克服し、同じ立場にある女性たちに明かりを灯(とも)し、勇気を与えつづけてきました。

谷上梅子さんが提起したもの

谷上梅子さんは、自己の体験を明らかにすることにより、買売春で犠牲になった女性の課題を明らかにしました。捨て身で、女性の尊厳を訴えたのです。

まず第一に、部落女性がおかれた厳しい凄惨な状況を「可視化」「見える化」しました。梅子さんが身売り体験を明らかにしたことは、同じ体験をもつ部落女性たちに、さまざまな反響を呼び起こしました。自分は言えないがよく言ってくれたという応援と共感の気持ちと、自分は絶対に言わない、知られたくない、墓場にまでもっていく、今さら何をいうのや、かんにんしてほしいわという「寝た子を起こすな」といった反感さえ覚える気持ちです。しばらくの間は、地域では「沈黙」が支配しました。しかし、次の世代に伝える必要性を感じた女性から、死を前にして、枕元に呼ばれました。

「梅ちゃんみたいに名前を出す勇気がない。でも知ってほしい、何かのかたちで伝えてほしい」

ただ、聞くだけでした。

ある女性は、梅ちゃんと同じ時期、城崎温泉のすぐそばの遊郭に売られ、数年間の年季明けで、故郷に帰ってきたとのことでした。その後結婚し、子どもができないので養子を育て、解放運動に参加し、子どもも社会人になり、今は幸せとのことでした。夫にも子どもにもそのことは話しておらず、物静かな夫と子どもに囲まれ、部落解放運動に参加する人々の温かみのなかで幸せと話されました。

ある女性は、がんの末期の枕元で話されました。戦後、京都・京極の米軍進駐軍の主に黒人兵を相手にしていた、いわゆる「パンパン」だったとのことでした。彼女の父親は、仕事をせず、どうしようもない家庭で、食べる米さえない日々が続いたなかで、弟や妹を救うために選択したのでした。進駐軍が引き揚げると同時に、故郷に帰ってきて結婚をしました。いちばん苦しかったことは、子どもが中学生になると英語を学びます。発音がおかしいけど、発音を教えることができなかった。それがいちばんしんどかった。発音を訂正したら、子どもが、

「おかあちゃんは字も知らんのに、なんで英語ができるのや」

と聞かれるに決まってる。「その時が一番つらかったでぇ」と話されました。

第二に、梅子さんは、現在女性がおかれているさまざまな課題を明らかにしました。長年、朝鮮半島や東南アジアなど、日本軍が軍事占領した地域への過去の侵略戦争の心からの謝罪と戦後補償問題がまだ完全には解決されていません。とりわけ「日本軍慰安婦問題」は、さまざまな試みがなされましたが混迷しています。そのうえ、戦後の日本企業の経済進出のなかで、アジアの女性たちが犠牲になったことは忘れてはなりません。かつての日本女性の「からゆきさん」にかわり、「じゃぱゆきさん」問題、日本人男性による少女「買春」問題、アジアの女性が産んだ日本人男性を父親とする子どもの問題、農村の花嫁問題などが表面化しました。

梅子さんの悲劇は、今も終わっていません。買売春を根絶するには、貧困と女性差別をこの世界から追放し、女性の自立を確立することです。同時に、日本社会にある買売春を温存助長する女性蔑視の社会通念を一掃することだと思います。

第三に、梅子さんの体験は、戦時下でのことで平和の問題とかかわっています。梅子さんの身売りは一九三七（昭和十二）年、日中全面戦争突入の時に始まり、一九四五（昭和二十）年、日本の敗戦とともに終わりました。国をあげてのファシズムは、水平社運動、廃娼運動を押しつぶしました。戦時統制経済は部落の零細な仕事を崩壊させ、梅子さんは家族の犠牲になったのです。戦時色が強まるにつれ、梅子さんの客は、アジア各地に送られる兵士であふれました。遊郭に来る男たちも、戦争に召集され、殺すか殺されるかの凄惨

な戦場で、人間の尊厳を奪われ生きることを否定された人々でした。

梅子さんは、昼間はモンペをはいて、「大日本国防婦人会（後の大日本婦人会）」のたすきをかけて竹槍（たけやり）訓練をし、夜になると客を取らされました。

「満州へ売られるところやった。親戚の人がお金を出してくれたので助かった。そうなっていたら、今のわてはない」

と、梅子さんはもらしていました。海外へ出た「からゆきさん」たち、「軍隊慰安婦」として連れていかれて、戦場に放置された女性たち、植民地主義、軍国主義、戦争こそ女性の最大の敵であることを物語っています。

第四に、梅子さんは、「部落解放運動に参加すること」「奪われた文字を獲得すること」がどんなに大切なことかを、存在と実践でもって示しました。梅子さんは、入学式しか学校に行っていません。だから、字を読むこと、書くことができませんでした。彼女が文字にふれ、読めるようになったのは、八幡の遊郭で、雑誌の絵で文字を独学で覚えてからでした。望郷の念にかられて、故郷へ手紙を出す必要からでした。自力で文字を書けるようになったのは、ふるさと日之出に戻り、部落解放運動に出会い、よみかき教室に通うようになってからでした。運動に参加することにより、部落差別が何であるかを知り、自分の苦闘のすべてが部落差別を生みだす日本社会の仕組みに原因があるということがわかってきました。何年も悩んだすえ、自分の生きざまのすべてをさらけ出したのです。部落解放運動と識字の仲間たちの理解と支えが谷上梅子さんを変え、まわりの人々を変えたのです。

谷上梅子さんが語ってくれた真実を、私たちはしっかりと受けとめ、多くの人々、とくに若い人々、子や孫に伝えていきたいです。みやらけの大輪の花、みやらけの梅子ねえ、本当に本当にありがとう。

（「谷上梅子さんの軌跡から学ぶ」『ヒューマン・ライツ』一九九一年三月号より抜粋、加筆修正）

参考文献

武村民郎『廃娼運動』中公新書
牧英正『人身売買』岩波新書
「わたしの居場所　一三　婦人保護施設」『大阪日日新聞』二〇二〇年四月一九日号記事

第四話

東宮原水平社のたたかい

十五人の証言から

プロローグ

忘れられた声を掘りおこす

大賀喜子

東宮原水平社、後の北大阪水平社は、一九二二（大正十一）年十一月四日に結成されました（三日説、十四日説もある）。

翌一九二三年の第二回全国水平社大会では、日之出から島田忠三郎さんが副議長に選出され、森仙太郎さんが大阪府少年水平社代表として、学校での生々しい差別の実態の訴えをし、華々しい活動を展開しました。その大会後の水平社と国粋会との衝突事件（水国争闘事件）の闘いにも、多くの人々が参加しました。

残念なことに、東宮原（北大阪）水平社は迫りくる生活苦と厳しい弾圧のため、七〜八年で自然消滅してしまいます。しかし、その後も青年グループにより、軍隊での差別を糾弾する闘争や労働運動・社会主義運動が闘われました。

私が森仙太郎さんを知ったのは、彼が新大阪駅東口近くの「日之出第一改良住宅」の管理人をしていた頃でした。しばらくして、彼が少年水平社の活動家として活躍していたことがわかりました。夫、正行も知らなかった事実で、長い間、みんなから忘れられていたのでした。

十五人の証言は、それぞれの側面を語っています。これらの貴重な体験は、長年うずもれていましたが、一九九二年三月、水平社創立七十周年を記念して『証言—東宮原水平社のたたかい』という冊子にまとめられたものです。

大阪少年水平社に参加して

森仙太郎さん◉一九〇九（明治四十二）年生まれ

子どものころ

生まれは野間口

わしは、一九〇九（明治四十二）年四月に、大阪府豊能(とよの)郡豊能町の野間口(のまぐち)で生まれました。

実父の家は大金持ちで大西亀太郎といい、実母は上田スエといい、ここも金持ちで、実母が大西宅へ縫い物を習いにいっている間にわしが生まれたんです。実父のほうには、兄と弟がいました。なんせ狭い村なんで大問題になり、大西家と上田家が争うようになったんです。しばらくして、実母は尼崎(あまがさき)に嫁ぎ、その後五人の子どもが生まれました。

わしは、母親がお産のあと六日立ちしてすぐに、日之出で一番貧乏人の家にお金をつけてもらわれていきました。貧しい家では、何人ももらい子をしてたんです。というのは、養い賃が入ることと、少し大きくなると、働かせて賃金が入るからでした。

養父は森亀太郎、養母はウメといい、「はりしん」（西尾新右衛門）さんの借家——通称「まわりあんどう」に住んでました。養父は西尾正太郎さんのところで、竹の皮を漂白して作る「表(おもて)づくり」の職人をしてましたが、食べるのがやっとという、その日暮らしでした。「はりしん」の奥さんが、毎夕家賃を取り立てに来てました。地域では、月決めでなしに「毎日家賃」といい、布団も借りてて、毎朝貸し賃を取りにくるんで「毎日布団」というてました。

北中島尋常小学校

わしは勉強が大好きやったけど、家事と「表の仕事」を手伝う時は、時々学校を休まんならんのでした。好きな学校やのに、東宮原の子どももみんなと同じで、惨めな思いもしました。トラホーム検診の時、校医の先生は東宮原の子だけを「重トラ」にして、赤いヒモの記章をつけさせて前に並ばせたんです。ところが、他の地域の子にも「重トラ」はおるのに、並ばせへんのです。

今も、忘れられんことがあります。六年生の時、級友の一人が、わしのことを「ド○○!」言うてきたんです。すぐに、担任の新谷久四郎先生に訴えましたが、

「おまえは、○○やないか。○○が、○○言われてもしゃあないんとちゃうか」

と取り合ってくれません。養父に、こないに理不尽に差別をされるわけを聞いたところ、

「昔から、そうなってるんや。とにかく我慢するしかしゃあない……」

と言うばっかりでした。

けど、差別者のはずの新谷先生は、家が貧乏で高等科に行けんのを不憫(ふびん)に思ったんか、わしに、勉強と両立できる「給仕」の仕事を斡旋(あっせん)してくれましたんや。

水平社運動に参加

東宮原水平社

一九二二（大正十一）年三月三日、全国水平社の創立大会が京都でありました。

その頃の日之出では、一九一二（大正二）年に部落改善団体の「啓振会」が生まれており、初代会長は北井竹次郎さんでしたが、「北井派」とは別に「万井派」の人らも活動してました。啓振会は、

「部落民が世間の人に受け入れられるには、まず部落民自身が、服装や言葉づかいや礼儀作法を改めんとアカン！」

と、風紀や取り締まりを強化してました。

そんな時に、水平社の宣伝隊が東宮原へやってきましたんや。水平社創立者の一人、西光万吉（さいこうまんきち）さんのいとこが正徳寺の住職であったんと、水平社の阪本清一郎（さかもとせいいちろう）さんの妻数枝（かずえ）さんが、隣の飛鳥（あすか）の中井家出身であった縁で日之出にやってきたんです。しばしば東雲（しののめ）橋付近で、西光万吉、泉野利喜蔵（いずのりきぞう）、平野小剣（ひらのしょうけん）、阪本清一郎、松田喜一（まつだきいち）さんらが路上演説をしてました。

この時には、啓振会の人らがやってきてずいぶん抗議してました。なかには水をかけて、

「寝た子を起こすな！」

と叫ぶ者もおって、えらい大騒ぎになりました。けど反対に、

「演説、最後まで聞いたらんかい！」

という声も上がって、みんなは少しずつ、水平社はええことしてるんやとわかってきました。わしは、

「部落民が自ら立ち上がり、差別をはねのけよう！」

という言葉に、今まで悔しかった疑問がいっぺんに解けて心が躍りました。

東宮原水平社は、一九二二（大正十一）年十一月四日（一説には十四日）、創立大会を開き、委員長には、啓振会の副会長をしていた島田忠三郎さんを選びました。島田さんは、自転車につける皮の袋や、魔法瓶を入れる皮の袋を作る仕事をしてました。わしの仕事先の親方の西尾正太郎さんや、京井君一、竹田増一、山中菊松（末造）、今井源三郎、山下道一さんらも参加してました。

事務所は、お寺の横の大きな西尾伝次郎さん宅にあって、「北大阪水平社」の看板を掛けてました。できたばっかりの水平社には勢いがあって、中心は「島田派」と「西尾派」で、啓振会に対して、

「『部落改善』は、間違っとる！　『解放』いうことを、忘れとる」

と、真っ向から対決してました。

わしも小学生をたきつけて、お寺にあった啓振会の事務所に行って、大阪府知事の感謝状にしょんべんをかけさせたり、剣道の道具を壊させたりしましたけど……。水平社が活発になったので、啓振会は自然に消滅していきました。

翌一九二三（大正十二）年三月二〜三日、京都岡崎公会堂で開かれた第二回全国水平社大会で、島田忠三郎さんが副議長をし、わしが「大阪少年水平社」代表として、学校の差別実態を告発する演説をぶちました。全国大会で演説できたんは、その少し前の大阪中央公会堂で演説したんが認められて、「坊主、おまえやれ」と言われたからです。それで、北中島尋常小学校の頃の悔しかったことを原稿にして、演説をぶちかましましたんや。

ちなみに、その時、婦人水平社を代表して、飛鳥出身の阪本数枝さんが、「婦人水平社を作ろう」と呼びかけてました。

水国闘争

二回大会直後の三月十七日に、奈良県で被差別部落の婚礼行列に対する差別事件がおこり、すぐに、水平社が糾弾に立ち上がりました。「国粋会」という右翼団体が介入してきて、やつらは鉄砲やらとび口やら、竹やりやらで武装して押しかけてきて水平社とにらみ合いになりました。

それで、水平社も全国の同志に対して檄(げき)を飛ばしたんです。わしら東宮原水平社も、中田亀蔵副消防団長以下二十五名の者が奈良へ駆けつけました。出発する時には、みな、家族と「水杯」を交わして参加するほど緊迫した状況やったんです。駅には警察官が見張っとり、列車に乗れんので淀川(よどがわ)を舟で渡って、京橋から電車に乗って奈良に入りました。残念なことに、わしはまだ子どもやったんで、参加は許されんと留守番でした。

北中島尋常小学校での差別糾弾

わしが、北中島尋常小学校で給仕をして働いてた頃、二歳年下の京井章さんが水平社の事務所に駆け込んできました。

「担任の花田先生が家庭訪問で東宮原へ来て、うちのムラの様子見て、そのあと、クラスの生徒の前で『東宮原はきたない』言うた……。おれは悔しい！　何とかしてくれ……」

と言うて、涙流しながら訴えてきたんです。これはムラ挙げての問題やとなって、事情を聞くため、翌日学校へ抗議しにいきました。当時の糾弾は徹底してて、差別に対して抗議し謝罪を求めるまでしました。わしも東宮原の子ら全員を集めて、朝礼台の上に立って、

「われわれは、今まで差別を受けても黙ってた。これからは、声をあげて闘わんとアカン！」

と言うてると、校長がすっ飛んできて、

「そんなことをしたらアカン……。過激なことをしてもろたら困る。おまえはアカやないか」

と、さえぎってきよったんで、

「赤でも白でもない。差別されたから立ち上がったんや！」

と言い返したりするうちに、校長が、

「すぐに、給仕をやめてくれ」

と言うてきました。悔しかったけど、きっぱりと給仕をやめ、それからは、ムラの人らがぎょうさん働いてた蜂工業――通称「はちこう」へ働きにいくことにしました。

「はちこう」の日給は八十五銭で給仕の日給の二倍以上もあって、仕事はきついけど賃金が高かったんです。日之出だけやなしに、飛鳥の人らもたくさん働いてました。わしは、靴の甲皮（こうかわ）のミシン掛けの仕事で、七年間働きましたが、労働組合を作ったら、いの一番に首を切られたんで、さっさとやめたりました。

他地区へのオルグ活動

水平社は、組織があるようでない団体でした。電車賃から弁当代まで全部自分持ちの、手弁当で活動してました。わしの家は貧乏やったんで、働かんと生きていけません。それで、水平社の全国大会には一回しか行けてません。それと、日之出でも、

「水平社は、部落を売り物にしてる。差別の問題はそっとしてたほうがええ！」

という「部落改善派」と、わしら「部落解放派」は激しく対立しとり、よそのムラでも似たりよったりの状況がありました。近くの大塚へ行った時なんか、どつかれたり、豊中の山之江では水をかけられたりもしました。

「寝てる子を起こすようなことしやがって、このアホ！」

言うて、怒鳴られたこともありました。

　当時、水平社が盛んやったんは、第一は西浜で、第二は梅田三番。丹下では糸若柳子さん（一九二二〈大正十一〉年、向野水平社、翌年婦人水平社を設立した人）が頑張ってて、そこへも行きました。昼間は仕事やから、夜や休みの時にあちこちに行ったんです。当時の人は今から思うと、それほど理論武装してたわけでもなく、

「差別されるんは、残念や！」

という気持ちのほうが強く、活動に参加していくうちに、年上の人の話を聞いたりして、部落差別とはこんなもんやというんがわかってきたもんです。

　水平社同人といわれた人は、たいがいルパシカ（ロシア風のゆるやかな上着）を着てましたが、西光さんだけは、菜っぱ服（青色の労働者服）でした。みんなは西光さんを、

「マーチャン、マーチャン」

と呼んでて、西光さんは、わしのことを、

「ぼうず、ぼうず」

と言うて、可愛がってくれました。

　西光さんと日之出とは、正徳寺の住職、奥田成範師といとこやという以上に深いつながりがありました。西光さんが一九二八（昭和三）年の三・一五事件で投獄されて、三三（昭和八）年二月に仮釈放で出られるようになった時、成範師が奈良刑務所まで迎えにいき、しばらくの間正徳寺に滞在してました。ムラの人らも、西光さんが画板を抱えてスケッチに行くのを、ちょくちょく目撃してました。そやから、寺が空襲で焼けなんだら、西光さんの描いた日本画がたくさん残ってたんやないかといわれてます。

全国委員長・松本治一郎さんとの出会い

東宮原水平社ができてしばらくして、飛鳥の膠屋の中井利助さんの家に、二回ほど松本治一郎さんが来ました。

わしが会ったんは一回だけやが、わしにとっては目に焼きついてる出来事でした。水平社の幹部会議が中井家で開催された時なんか、広い屋敷を淡路署、十三橋署の警官がぐるっと取り巻いて、家の中では畳を裏返して立てかけて、その真ん中に百目ロウソクを灯して、松本治一郎さんが座ってました。わしは警備要員でしたが、殺気立って物ものしい雰囲気でした。その時、

「しっかりやれよ。ぼうず!」

と松本さんが近づいてきました。「光」というたばこを十箱もらって、えらいうれしかったんを今でもはっきり覚えてます。

弁士中止! 正徳寺での水平社の演説会

東宮原水平社がまだ盛んやった頃、正徳寺で、西光さんの演説のまねをして、斜めに切った竹を出して、演説をぶちました。

「諸君、この竹は、手で曲げようと思えば曲げられる!」

と言った途端、後ろでサーベルを持って立ってた十三橋署東宮原派出所警部補の牧野平太郎さんが、

「弁士中止! 検束!」

と怒鳴って、サーベルを振りかざしてバタバタッと前へきました。

一九二五(大正十四)年四月二十二日、悪名高い弾圧立法である治安維持法が制定されてからは、水

平社への弾圧も余計に厳しくなってきました。泉野利喜蔵さんや栗須七郎さんらが演説すると、寺を取り巻いてた警官が門を破って入り込んできたんで、わしらと大乱闘になりました。

あみだ池（西区にある仏光寺）での検束

水平社の演説会で、栗須七郎、西光万吉、阪本清一郎、松田喜一、下坂正英、糸若柳子、山田孝野次郎さんらが演説し、わしも大阪の少年水平社代表として演説をぶちました。栗須さん、西光さんはじめ七～八人が、全員数珠つなぎで芦原橋署に検束され、この時、わしも生まれて初めて捕縄を懸けられてひと晩ブタ箱に入れられました。今まで「注意」とか「中止」はよう食ろたんやけど、検束は初めてでした。翌日には全員釈放されたんやが、わしは、えらくこたえたもんです。

運動から離れて

北大阪水平社の消滅

わしが、組合活動して蜂工業を首になった一九二八（昭和三）年は、初の男子のみの普通選挙があった年やったけど、治安維持法も改悪されて死刑ができるようになりました。三・一五事件で共産党員が検挙された時、水平社の活動家も大勢拘束されました。またこの年は、近衛兵やった朝野庄吉さんが、軍隊内の差別を訴える直訴事件を起こした年でした。

その後、一九三〇（昭和五）年、二・二六第二次共産党事件で、日之出からも二名の検挙者が出て、ムラじゅうが大騒ぎになりました。二人が持ってた本やら冊子やら、ビラやらは、ムラの風呂の焚口でみな焼いてしまい、そっからムラじゅうに箝口令が敷かれたんで、そのうちに、東宮原水平社の運動は忘れられていき、終息してしまいました。

わしが水平社で活動したんは、給仕と蜂工業の仕事をしていた七年ほどやったが、わしがやめた頃から東宮原水平社の活動も消滅していきました。東宮原水平社（後の北大阪水平社）が、なんで立ちゆかなんだか、わけを考えてみると、まず治安維持法で弾圧が強化されたんと、それから全国水平社本部の中でも意見対立があったからやと聞いてます。わしにはようわからんが、なんやアナーキスト派とマルクス派の対立があって、しまいに水平社解消論まで出てきたらしいです。

あの時分は、今の若い人には想像できんやろけど、弾圧が激しゅうて、日之出でも小西幸一さんや中田守さんが、小岩井浄さんのやってた労働学校へ参加してて、共産党事件に巻き込まれ逮捕され、留置場に入れられて、村じゅうが大騒ぎになりました。留置場から出てからも、二人には徹底して尾行がついたんで、みんな怖なって鳴りをひそめてしまいました。

さまざまな仕事に就く

蜂工業を首になってからは、みんながしてた青物行商に行きました。朝早ようから天満の市場へ買い出しに行って、近くを売りに回ってました。

一九三四（昭和九）年、二十五歳で結婚して、この年の十二月長男が誕生し、一九三八（昭和十三）年次男が生まれ、日本の負け色が濃くなった一九四四（昭和十九）年一月に三男が生まれました。

この頃巡査を拝命しまして、警察学校卒業とともに淡路署に勤務しました。そしたら自分の住んでる日之出の博打の取り締まりをやらされました。ムラの人にしたら、地のもんが巡査になると具合が悪いんです。博打もおちおちやってられんし、わしはムラの人らとの板挟みになって苦しなって、すぐに巡査をやめてしまいました。

茶話会と日曜学校

正徳寺の檀家のなかで、とくに信仰に厚い人らが茶話会というグループを作ってました。わしが、水平社から足を洗おうと思ってた矢先に、お寺の日曜学校（子どもらを集めてお経などを教え、将来浄土真宗の門徒にするのが目標の会）の指導を、茶話会の人らから頼まれました。わしは、もともと芸事が好きなんで、子どもを集めて、ゲームや劇をやったり芝居のまねごとをやったわけです。劇の内容は、仏さんの話を題材にしてましたがね。ちょうど、娯楽も何もない軍国主義一色の暗うてみじめな生活やったんで、ぎょうさんムラの子どもが集まってくれました。私に召集令状がくるまでの間、日曜学校を続けました。

召集令状

巡査をやめて一週間もたたんうちに、恐れてた召集令状がきて、海軍の水兵として召集されました。広島の呉にしばらくいて、朝鮮の鎮海へ向かう途中、博多に上陸しました。その時、松本治一郎さんに会いにいったんです。わしの心の中では、この世の別れという思いが強くあったんです。秘書に取り次いでもらうと、松本治一郎さんはおられ、私を覚えてくれてました。

「ぼうず、召集か、海軍へか……。日本ももうアカンわ。おまえみたいな小さい者が海軍か。日本はアカンわ……」

「頑張ってこい」とか「死んでこい」とは、決して言わなんだんです。

「要領ようやって、帰ってこいよ！」

と言ってくれました。わしはこの言葉を胸に秘めて、朝鮮半島の南の鎮海で過ごしました。

日本の敗戦と再出発

妻の空襲死

わしが朝鮮の鎮海に召集されてた時、日之出は、六月七日、十五日、二十六日の三度の空襲でまったくの焼け野原になってました。

妻の春子は、二人の子どもの手を引いて、赤ん坊の三男を背負って逃げる時、機銃掃射を浴びて亡くなりました。一九四五（昭和二十）年六月七日のことでした。背負ってた赤ん坊の三男は奇跡的に助かって、かすり傷一つなかったんです。妻が必死になってかばったからやと思います。その時の妻の気持ちを思うと……。十二月の帰国と同時に、妻の死を知らされました。命からがら帰るとやもめになってて、小っちゃな子どもを抱えて、家も焼かれて、わしは途方に暮れました。そんな時、夫を戦争で亡くして一人ぼっちになった今の妻と知り合ったんです。小っちゃな子を三人抱えたわしの境遇に、いたく同情してくれて再婚してくれました。わしの戦後の、再出発が始まりました。

戦後の復興と日之出

敗戦後の日之出は、惨めなもんでした。三度の空襲で焼け野原になり、バラックで生活してました。日之出の真ん中を流れるドブ川（江戸時代四代将軍家綱の時に、二十一カ村が大請願運動して百姓普請で掘り上げた中島大水道）には、ごみが捨てられドブネズミが走り回ってました。近くには、東洋一の柴島(くにじま)水源地がありながら、ムラには水道もなくて、共同井戸と共同便所で用を足してました。

戦後、復員してからは、日之出の住民と同じで、実にさまざまな仕事に就きました。差別もあるし、貧乏で子どもを学校にも行かせられんので、土木作業や日雇い仕事に行ってました。蜂工業の経験を生かした靴の修繕の仕事で、三国（現淀川区）とか近くを回り、家の軒下を借りて修繕してました。芝居好きがこうじて、明石牛之助や市川百之助などの劇団に入って、何年か田舎の旅回りにも行きました。それ以外にも、ゴム底靴の修繕の仕事や、ムラを出た一年半か二年の間は、ヤンマーディーゼルの工場で働き班長もしてました。

食糧を手に入れるのに、国鉄（現ＪＲ）に乗って遠くまで買い出しに行き、苦労して手に入れた品物を、警察に没収されてしまうこともありました。その腹いせで「箱師」になる者もいて、列車の棚に置かれてる荷物を窓から投げて、外に仲間が待ち受けててちょうだいするというのをやってました。部落への差別ともあいまって、日之出のムラは「ドロボウ村」やと世間から侮られました。先の希望もなく、競ってヒロポンで悲しみを紛らわす人らもいました。

わしは、日之出をなんとかしようと思って、ボーイスカウトに参加して、青年団団長になり、ささやかな活動を始めました。また、戦前からの青年の親睦団体の「友美会」があったんで、わしもこの会に入り、なんとか日之出をよくしたいと心を砕いたわけです。中田善政さん、平井善四郎さん、山下道一さん、田中茂さん、京井章さんら二十五名ぐらいが参加してましたが、戦後は十二〜十三名ぐらいに減っていきました。友美会の活動から、やがて同和事業にかかわることになっていったんです。

お寺の日曜学校は、住職の結婚で活動中止になってしまい、その後一九五四（昭和二十九）年八月には、大賀正行君や北井悦治さんの息子・浩一君ら高校生の手で「日之出少年会」が結成されて、若い世代が台頭してきました。同和事業の一環で、一九五五（昭和三十）年に日之出保育所が開設し、翌年日之出公民館が落成しました。一九五八（昭和三十三）年九月末に、第一改良市営住宅が建設されたんで、わしは管理人として入居しました。

日之出を出て

再婚した妻は群馬県の出身で、いわゆる「一般の人」でした。義兄が東京都八王子市で寿司屋をしてて、この義兄が寿司屋の店を用意してくれてました。再三「帰ってこい！」とせかされるし、妻のたっての希望で、泣く泣く日之出を後にしました。一九六四（昭和三十九）年九月でした。

当時は、大賀正行君を中心に部落解放同盟日之出支部も結成されてて、新幹線と阪急の乗り入れと、それにともなう地域解体から日之出を守る「新しい町づくり」の運動が緒に就いたところでした。若い人らが日之出をよくする先頭に立ってるんで、安心して故郷を後にしたわけです。

八王子市の諏訪で板前を雇って、妻が寿司を握りわしが出前持ちをして働きました。店が順調に繁盛したかと思うと、道路の拡張で店の半分が道路にひっかかり、立ち退き問題が起こりました。

それで、しかたなく、一九七五（昭和五十）年十月、栃木県足利市小俣町へ転居しました。妻と二人で、小俣町で静かに余生を送るつもりでしたが、近くの禅宗のお寺から、

「檀家総代になってほしい」

という話が持ち込まれました。

「何で、よそもんのわしに頼みにきたんや」

と尋ねると、

「このままでは、部落のもんに檀家総代がまわる可能性がある。部落のもんに持たせたくないから」

ということやったんです。日本が戦争に敗けて、新しい憲法もできて、部落差別もなくなるのではと楽観していたわしには、たいへんなショックでした。

「部落の人に檀家総代してもらうのは、アカンのですか？　わしは長い間そういう差別はアカンゆうて

運動してきました。むしろ部落の人にこそ檀家総代をやってもらわんとアカンのとちがいますか！」と思わず口をついて出まして、みなの説得にあたりました。このことが、わしの今後の生き方を考えるチャンスになったんです。もともとわしは日之出に強い愛着があって地区外には出たなかったんで、これをきっかけに、息子たちに話すと、とくに三男が帰ってこいと強く言ってきました。妻とも話し合って、一九八二（昭和五七）年四月に、なつかしい日之出へ帰ることができました。

帰ってきた日之出は、部落解放運動の力で立派になって、本当に涙がこぼれる思いでした。日之出の人らも、「仙太郎さん！」「仙太郎さん！」言うて、温かく迎えてくれました。

若い人々へ

一九九二年、水平社創立七十周年を記念して、わしは、長年胸に温めてきたことを吐き出そうと、決心しましたんや。後を継いでくれる若い人らへ伝えたいことがたくさんあるからなあ……。

わしは、十四歳の時から「少年水平社」の活動をしてきたけど、わしらが活動してた頃は露骨な差別を受けたり差別は日常茶飯事やったんが、今は長年の運動で表向き差別は無うなってきました。そやけど、いったん表に出ると、昔と変わらんのが現実やないかと思います。わしの体験からして、若い人らには、差別とは妥協せんと徹底的に闘うという根性を持ちつづけてほしいと思います。

とくに、結婚の時には、まだまだ厳しいもんがあって、わしの次男も、「○○に住んでる」と言った途端、話がぴしゃりと無うなってしもたんです。それと、妻の親戚には、わしが部落出身で水平社運動をしてきたいうことは、チャンスが無うて言うてなかったんです。

「なあ、森君、どう思う？　部落の人間は、自動車の教習所もタダや、われわれの血税を使ってるんや。こんなこと許されると思うか？」

こういうことを、自動車販売の営業をしてる妻の従兄がわしに言うてきました。妻はすぐに何も言うなと、わしの尻をぎゅっとつねってきました。けど、雑談でも部落のことを話題にして、「部落は怖い」と言うてきたんです。

わしが、「何が怖いんや？　同じ人間やないか」って思わず反論したら、

「いや、あいつらは日本人やない。朝鮮人や」

と言いよりました。妻がぎゅっとつねるし、面と向かって反論できんで、ほんまに悔しいて、一皮むいたらこれが今の日本人の情けない姿やと、つくづく思たんです。わしでもこんな具合なんで、若い人らにえらそうに言えたもんやないが、差別に対しては、どんなやり方でもええけど、きっちりアカンと言うてほしいと思います。

啓振会と東宮原水平社

北井悦治さん◉一九一三（大正二）年生まれ

生いたち

私は、一九一三（大正二）年七月に、十一人の大家族の中の三男として生まれました。父は松ノ進、母はきくえといい、祖母の代から米屋を営んでいて、油、煙草なども売り、日之出ではどちらかというと、ええしの家でした。

北中島小学校に六年間通い、北陽商業学校一部（昼間）に進学して五年間通いました。

一九三三（昭和八）年頃結婚し、長男浩一が生まれた一九三七（昭和十二）年には父が他界し、母は、一九四五（昭和二十）年六月七日の空襲で亡くなりました。

戦後、部落解放全国委員会の指導があり、一九五八（昭和三十三）年、第一改良住宅の建設が実現した後は、保育所建設のための寄り合いを何度も持ち、子どもたちの遊び場を確保したり、本格的に解放運動が起こる前の先駆けを果たしたんではないかと思っています。

啓振会活動と祖父竹次郎

一九一三（大正二）年、私の祖父竹次郎が創始者となり、正徳寺で啓振会の発会式がおこなわれました。啓振会の名付け親は、後に水平社の中心になる島田忠三郎さんや万井寿三郎さんではなかったかと思います。組織の目的は、規約に、「当村における従来の悪事を矯正し、改善の実を上げる為」と書かれてるように、「部落改善」でした。つまり、

「暴言暴行・脅迫・窃盗・犯罪人の隠匿などの行為を戒め、犯罪があれば、すぐ警察へ申告せよ」

と国（内務省）の命令を住民が進んで実行するよう求めました。とくに風紀面には力を入れていて、「言葉をきれいにしよう」「身なりをきちんとしよう」ということを、住民に強制していました。たとえば、だれかが川（中島大水道）で泳いでると、

「泳ぎっぱなしはアカン」

とリンを鳴らして、時間制限をしたこともあったようです。

啓振会に対しての反対の意見

山下藤太郎さんは、この頃のことを回想して話されてました。

おれが小一か、小二の時やった。
父親はよう酒飲んで酔っ払ってたんで、事務所の椅子の上に乗らされて、「ぼくのお父さんは、酒をよく飲みます。みなさん、酒を飲んだらあきません」と言わされたり、ムラじゅうを五、六人の子どもでふれ歩かせられた。それから、女も男も縄の帯やったんが、キレの帯を縫って巻くようになったんも啓振会ができてからや。

井上千昭（いのうえちあき）さんも、こんなふうに分析されてます。

官憲の意向により、ムラの有力者に対して半強制的に会を組織させられたのだと思います。改善という名目で、部落民自身が、「そういう行儀の悪いことをするから、差別をされるのや」と自らを卑しめ、抑え込むための役割をさせられた組織体でした。規則を上から決めたうえで、「あれもアカン」「これもダメ」という姿勢を貫きました。もし規則を破ろうものなら村八分にされ、そのうえお上への忠誠心が問われるにいたっては、ムラの人たちの間に啓振会への不信が募っていき、結局、内部分裂をしました。

水平社結成と水国闘争

古くからのムラの習慣で、浄土真宗の年季――二十歳になった人を「帳持（ちょうもち）」と呼び、輪番で勤めていました。外から来た人も日之出の人間とみなされ、お寺の檀家になり帳持を勤めました。貧乏な人ほど余計に経済的負担がのしかかり、なかには高利貸しから金を借り、娘を身売りさせる人もいたので、何とかせんならんという声が生まれました。そこで、平井善四郎さんが、「帳持は、村じゅうあげて勤めたらどうや」と提案し、最近まで続けられていました。お寺中心にムラが団結していたから、水平社の結成も実現できたんやないでしょうか。

私の祖父自身は啓振会の会長をしていたので、水平社には参加せんかったんですが、啓振会に入っていたムラの人は、そっくりそのまま水平社運動に入っていったんで、啓振会という名前はやがて消えていく運命でした。

私が、子ども心に一番印象に残っているのは、一九二三（大正十二）年の水国闘争へ、東宮原水平社が応援しにいったことです。

奈良の水平社に対して、右翼の国粋会が暴力で妨害して乱闘騒ぎになる危険性が迫っていました。日之出からも応援に行こうと梅田に駆けつけたのに、駅には警官が張っていて列車に乗れないんで、やむなく歩いて京橋へ駆けつけたということでした。送り出す側も、出発する側の決死の覚悟を察して、別れを惜しむ光景が見られました。

次に記憶があるのは、正徳寺での水平社の演説会のことです。必ず、私服の刑事がお寺のまわりに張り込んでいました。一人の刑事が私の店に煙草を買いにきたあと、水平社の人が入れ違いに来て、「北井さん、今日は荒れるかもわからんから、早めに店を閉めたほうがええ」と言ったんです。それで店を閉めてじっとしていたら、演説が始まるやいなや、お寺の中でバリバリバリーッとえらい音がしてきました。後で聞いたら、臨官席に座ってた巡査が、「注意！」「中止！」を連発するんで、水平社の人らが抗議し反発して暴れたということでした。ガラスやら電球が割れて、お寺の中はもう滅茶苦茶（めちゃくちゃ）になっていました。

もう一つの記憶は、西光万吉さんの思い出です。私は子どもだったんで、言葉こそ交わさなんだけど、西光さんは水平社結成前の夏休みの間正徳寺に居候していました。西光さんは画家で、画板をさげて出入りする姿をよく見ました。縁付きの登山帽をかぶって、色白の面長な好男子でした。

日之出の暮らし

明治から大正にかけて日之出の暮らしを支えてきた仕事は、青物行商や表づくりをはじめ、ゲタ・靴直し、炭売り、土木作業などいろんな職業でした。周辺に町工場ができると、マッチ工場や靴工場の「蜂工業」（後のスタンダード株式会社）に、賃金をもろて働きに出る人らも出てきました。

青物行商は、一九二二（大正十一）年頃から急増していきました。天満の青物市場からや、天満の市場に売りにくる百姓から野菜を買って、仕入れた野菜、魚、乾物を道ばたで店を構えて売ったり、大八車に積んで売り歩いたりする露天商でした。

表づくりは、竹の皮で編んだのを機械の型にはめ、草履(ぞうり)の形にしていきます。問屋に持っていったり、仲買の卸商に売ったり、直接、玉造(たまつくり)、心斎橋(しんさいばし)まで売りにいくこともありました。当時、表づくりを担っていたんは娘さんで、よい表を作るのに四、五人寄って稽古をしていました。生江(いくえ)や加島(かしま)には問屋が集まっていて、よい表を作る人がいたら、こちらから材料を持っていって、「うちのんも、はさんでくれ」と頼んで教えてもらいました。お祖母(ばあ)さんと一緒に、時々表の材料を買いに、毛馬(けま)の橋を渡って、生江や遠くは住吉までも行きました。

日之出の人らはたいがいわずかな収入で、それもともすると酒や博打の金に化けてしまうので、女の人はお金を融通し合ったり苦労をしていました。「毎日家賃」で、西尾さんという大家さんが七十軒ほど借家を貸していて、月々では払えん人のところに毎日家賃を取り立てに来ていました。払えずに溜(た)まると、宿替えをせなアカンのでした。布団も買えん人は毎日貸してもらって、毎朝布団の貸し賃を払っていたんで「毎日布団」といっていました。「毎日家賃」「毎日布団」の事業は、もともとは啓振会が始めたもんです。布団の借り賃も払えんと、子どもが寝てても布団をめくって持っていくような厳しい生活実態でした。

環境改善の取り組みを

こんな実態、何とかせんならんと、戦後の荒れ果てたなかから、環境改善に取り組みました。その後、息子の浩一と大賀正行さんらが「日之出少年会」を作り、部落解放運動をスタートさせました。運動により、日之出の環境も大きく変わり、子どもの教育ひとつ取ってもずいぶん熱心になってきました。もし解放運動がなかったら、今の姿はなかったし、それを思うと運動の大切さを実感しています。

正徳寺に啓振会の事務所を

澤本一恵さん◉一九〇八（明治四十一）年生まれ

お寺の養女となって

正徳寺の住職（奥田成範師）の妻（奥田千恵野）に子どもがなかったんで、姪（めい）である私が養女としてもらわれてきました。

啓振会は最初、お寺の太鼓堂を事務所にして、風紀や規則に違反する者を処罰していましたね。その後、お墓のほうに事務所を建設したんで、そちらを啓振会館と呼んでました。後に、お寺が空襲で焼けると、一時期啓振会館が仮本堂になったんで、寺が再建されてのちに、青年会館としてムラの集会所になりました。

啓振会館の横の旧大井さんの家が、日之出を取り締まる警部補の家でした。今でいうポリボックスですが、当時は、警部補の家族も一緒に住んでました。警部補を務めてたのは、最初は牧野さんで、後に川上さんになりました。

西光万吉さんは、よく正徳寺に出入りしてましたが、必ず巡査の尾行がついてました。養父の成範師は西光さんと気が合い、西光さんが刑務所に入れられた時は、奈良刑務所を訪ねて本の差し入れをしてました。仮釈放で出所してから、正徳寺が西光さんを引き取りました。それからは、西光さんは本を書くと言っては、しょっちゅう画板を持ってスケッチに行ってました。

私に子どもが生まれると、とても可愛がってくれたんです。私は子どもを残してお寺を出ましたが、子どもはやがて正徳寺の住職になりました。

当時は、部落に対する差別は、非常にきつかったですね。金蘭会の女学校で、柴島の浜村の子どもと同じクラスになった時には、まともに「○○」と言われて、大げんかをしました。今でも、その子の名前は、しっかり憶（おぼ）えてますよ。

大阪労働学校と第二次共産党事件での検挙

小西幸一さん◉一九〇九（明治四十二）年生まれ

大阪労働学校との出会い

わしの父親は、青物行商をしてました。

北中島尋常小学校を卒業すると、わしは父親の青物行商についていきましたが、十五歳くらいで子ども用の乗り物の車輪を作る小さな鉄工所へ働きにいきました。

森仙太郎さんと同じ借家――通称「まわりあんどう」に住んでて、「毎日家賃」なんで、夕暮れになると家賃を取りにきてました。そこは、その日暮らしの貧乏人が多くて、水平社の運動は貧乏人を総なめにしたので、お寺で演説会があると満員の盛況でした。当時、部落差別は当たり前やったんです。

父親は島田忠三郎さんのところへ出入りし、水平社運動に参加したんで、水国闘争にも行きました。

奈良へ行った時なんかは、

「青竹で竹やりを作って、持って行ったんや！」

と自慢してました。

運動はだんだん下火になったけど、島田忠三郎さんに可愛がってもらいました。

わしも第二回全国水平社大会に参加し、小学生の時から労農党が好きで山本宣治（やまもとせんじ）さんや大山郁夫（おおやまいくお）さんを崇拝しました。

こんな雰囲気のなかで育ったんで、一九二八（昭和三）年、友人の中田守と相談して大阪労働学校へ勉強しにいきました。正直、マルクス・レーニン主義の本は難しくてわからんかったけど、わからんなりに本屋でエンゲルスやマルクスやレーニンの本を買って読んでました。全協（日本労働組合全国協議会、一九三四年消滅）があって、此花区の春日出の会合に出席したら、組合運動をやってくれと話が出ました。けど、わしらに組合があるでなし、ビラまきしようと、鐘紡中島工場（現在の東淀川区柴島のエバーレ）へ、「組合を作ろう！」というビラをまきにいきました。そこには、総同盟（日本労働総同盟、一九四〇年解散）の組合が確かあったように記憶してます。

検挙

そんな活動をしてた時、一九三〇（昭和五）年三月一日に、仕事場へ十三橋警察の刑事四人が、「ちょっと話が聞きたいから、来てくれ」と、やってきました。現在の十三大橋の橋詰にある十三橋警察に連れていかれ、十日間ほど取り調べもなく、そのうちに芦原橋警察へ身柄を移されて、五月十四日まで七十五日間留置されました。その間、拷問を一回だけやられました。手を後ろへしばって、ロープで編んだやつで吊り上げられて、容赦なく水を浴びせられました。非合法だった全協のビラを配布したというんが逮捕理由やったけど、要は共産党の殲滅が目的やったと思います。共産党との関係をしつこく聞かれました。

一度だけ、「共産党に入党せんか」と、岡田と名乗る人が誘ってきたけど、断ったことがありました。警察には一言も言いませんでした。

わしは、「知らん！」と言い通し、関係者の名前も一切出さんかったんです。ところが、わしが捕まって十日後に、中田守が捕まったんで、わしが漏らしたんではないかとずいぶん疑われました。

その後の日之出

一九二八（昭和三）年、朝野庄吉が軍隊での差別を訴える直訴事件があり、一九三〇（昭和五）年の第二次共産党事件で、日之出では二名の逮捕者を出しました。

二月二日からの共産党への全国的検挙で、六千百二十四名が検挙され四百六十一名が起訴になり、日之出から二名検挙され、大騒ぎになりました。マルクスやエンゲルスやレーニンの本は、平井善四郎さんらが家から持ち出し、日之出湯の焚口で全部、二十四時間かかって燃やしました。

これ以降ムラはまったく鳴りを潜め、水平社運動への検挙や弾圧もなかったことになりました。

釈放後

釈放されてからは、何もできんかったんです。

一九三四（昭和九）年に、大阪市の保健部の仕事に行きました。今の環境事業局で、ごみ収集の仕事をして定年になるまで働きました。

一九四五（昭和二十）年三月一日に召集されましたが、内地の勤務でした。内地を転々としてましたが、滋賀県にいる時、食料をもらいに広島に行って、そこで被爆しました。当時は特殊爆弾といって国民には隠されてましたが、その惨状は言葉にできるもんやありません。被爆したことさえ、今初めて言葉にしました。長い間語ることができなんだんです。九月十六日に除隊となったんで、ふ抜けのようになって日之出に帰ってきました。また大阪市の清掃局へ入り、定年まで無事に何とか勤め上げました。つくづく考えてみるに、波乱に満ちたわが人生でした。

軍隊内の差別糾弾 直訴事件

朝野庄吉さん◉一九〇七（明治四十）年生まれ

親の仕事の手伝いで学校に行けなかった

私の父親は、奈良の長谷（はせ）の被差別部落の出身です。父親は、株の相場に手を出して失敗し、借金取りに追われて姫路に行ったもんの、体を壊して仕事ができなくなり日之出にやってきました。

私が三歳から二十九歳の時まで、日之出に住んでました。

父親は、もともと草履の表を締める仕事をしてましたが、私が八歳の頃から、廃品回収業を始めました。私も手伝いで廃品の回収に回ったり、問屋に集めた物を持っていったりしてたんで、学校には皆目行けませんでした。子ども心に学校へ行きたいとは思いましたが、まわりの子どもも親の手伝いをしてたし、どうしようもありませんでした。

米騒動と水平社

米騒動の時は、子ども時代やったけど、よう知ってます。米の値段が急に値上がりして一升五十銭に跳ね上がったんで、みんなが暴動を起こしました。日之出の米屋には、暴れにいきませんでした。小さな零細な米屋には押しかけんと、天満の大きな米屋を襲って交渉しました。たくさん捕まり、磔（はりつけ）（死刑）で犠牲になった人もいました。

私は、東宮原水平社に最初から参加してました。正徳寺によう出入りしてたんで、西光万吉さんとは知り合いになりました。松本治一郎さんがしょっちゅう言っていた「人間平等」が好きで、たまに学校に行っても毎回差別されるのが、がまんがならんかったんです。

東宮原水平社の委員長は島田忠三郎さんで、島田さんが副議長を務めた第二回全国水平社大会に参加しました。その後の水国闘争の時も、私は子どもでしたが参加させてもらいました。緊張したけど、大人たちに交じっていっぱしの闘士でした。

軍隊の差別を糾弾し、直訴する!

私は、啓発小学校（現在のむくのき学園）で、夜間に開かれた青年訓練所の第一回卒業生でした。東京の李王殿下指揮下の近衛兵に選抜されました。ふつうなかなか選ばれんのに、なぜか選ばれたんです。ちょうど二十一歳の時でした。いろいろと身元調査をされ、父親の出身地の奈良のほうまで調べられました。この近辺では三人が選抜され、第一中隊に配属されました。

軍隊の中では差別がきつくて、差別待遇に暴力、いじめの連発で、そりゃ無茶苦茶でした。一九二七（昭和二）年十一月、北原泰作（きたはらたいさく）の天皇直訴事件があり、私もがまんできずに、翌年の八月二十五日に「部落差別の撤廃」を求め直訴しました。北原泰作さんは直訴して強化隊に入れられましたが、私の場合は、一週間の謹慎になりました。軍隊も差別糾弾事件に狼狽（ろうばい）したんか、大隊長が父親のところにわざわざ来て、家の状況を一目見て、

「生活が苦しかったら軍事援助というものがある。援助をもらいなさい」

と言いましたが、父親は怒って、

「日本の国に生まれて、そんなばかなことはせん!」

と追い返しました。

けれど、直訴事件では日之出の人には迷惑をかけ、ムラじゅう大騒動になりました。

「軍隊の中での差別待遇がきつい！」

と山下道一さんに手紙で訴えたために、友人が関与したのではないかと疑われ、警官の調べを受けた人もいました。西井惣治郎（にしいそうじろう）さんには、全然関係ないのに申し訳なかったと、今も思ってます。

一年間だけ軍隊にいましたが、父の病気を口実に帰されました。体よう追っ払われたんです。

私には、東京から大阪へ帰るにも刑事の尾行がつき、仕事にも張り付いてました。東京から帰ると、島田忠三郎さんとこの花火屋に働きにいきました。働かな生活ができんからね。島田さんは、尾行の付く私を盛り立ててくれました。偉い人でした。

水平社の消滅・その後

東宮原水平社は、島田忠三郎さんが中心にいて、後に北大阪水平社と名前を変えましたが、やがて自然消滅していきました。私の記憶では、一九二七（昭和二）年か二八（昭和三）年ではなかったかと思います。

働きにいった花火屋では何回も爆発事故があり、妹も爆発に巻き込まれ亡くなりました。会社では、年に一回慰霊祭をやってました。

花火屋から蜂工業へ働きにいった時に、召集令状が来て、一回休暇で帰りまた召集され、中国の海南島攻略に参加し、一九四六（昭和二十一）年四月に復員しました。それからは、ずっと日之出の外で、履物屋をして生活を続けました。

戦争へは二度と行きたくない！　若者を兵士にしてはいけない！　と強く思っています。

思い出すのは水国闘争

中田トキさん◉一八九六（明治二十九）年生まれ

日之出に生まれて

私（善政・登さんの母親）の父も母も、日之出の出身でした。母は西尾家の出で、日之出の内外に土地を持ち、大地主で借家を持ってました。いわゆる「ええしの出」でした。柴島の高等小学校卒業後、和裁を習いにいき、母の姉のご主人・東さんを仲人に、十八歳で建設業を営んでた中田亀蔵と結婚しました。中田家は、古材業から成長し、大工を使って家を建ててはりました。子どもは九人生まれましたが、育ったのは六人でした。

水国闘争

一九二三（大正一二）年三月、大和（奈良）で嫁入り行列の荷に、「◯◯の荷や！」と差別する事件が起こりました。水平社は全国の同志に檄を飛ばし、日之出からも駆けつけることになりました。参加する人は、家族と「水杯」を交わして大和に入りはりました。消防団の副団長をしてはった夫が中心になって、親しくしてた島田忠三郎さんや兄の西田伝次郎らも大和入りをしました。

夫 亀蔵のこと

夫の亀蔵は相撲道楽で、相撲にとても力を入れて、どれぐらい金を注ぎ込んだかわかりません。

家の入り口に火鉢を置いてじっと座って、子どもらが遅く帰ってくると、

「何してたんや！」

と、しょっちゅう怒鳴らはりました。生きてる間はきついお父さんやと思ってましたが、亡くなった後は、よう言うてくれはったと感謝してます。自分の子も他人の子も同じように扱い、子どもが可哀そうやと思ったら一生懸命に世話をしてはりました。

舅の中田亀吉は、よう私に言うてはりました。

「みやらけの者が行商にいって、おつりを渡すやろ。そうすると、向こうの北宮原や南宮原の者は、ザルで受けよるんや。そやからな、サイボシ（牛馬の解体に携わってきた者により伝えられる、肉を燻製にした保存食）を食べれる部落同士の結婚やないとアカン」

私は直接体験したわけやないけど、差別はとても露骨で厳しいもんでした。水平社ができてからは、目に見えて減ったと思います。水平社の運動なしには、露骨な差別はなくならんかったんとちがいますやろか。

軍隊での差別

京井正雄さん◉一九一五（大正四）年生まれ

生いたち

わしは、日之出で生まれました。父親は孫次郎いうて、日雇いで土木作業に行ったり、柴島水源地で

地固めの杭(くい)打(う)ちの仕事をしたり、問屋から木炭や練炭(れんたん)を買って売る炭屋をしたり、季節ごとに次々と仕事を変えながら働いてました。

　母親は七歳の時、病気で死んでます。そんな家庭事情やったんで、啓発尋常小学校は四年までで、後は仕事、仕事でした。学校をやめてからは、天満の青物市場で小坊主で働いてました。十二歳からは、天満の市場で野菜を仕入れて売り歩く「青物行商」でした。

　まだ子どもやったんで、水平社の運動には直接参加せんかったけど、演説会は聞きにいき、おもしろかったと覚えてます。常に警官が見張ってて、よう乱闘騒ぎになりました。島田忠三郎さん、京井新吉さん、森仙太郎さんらが演説してました。森さんの演説は、子ども心にもうまいなあと思いました。いつも警官が付きまとってけんかになってたけど、それがまた、おもしろかったんです。

　一九三二（昭和七）年に、親睦会の「友美会」が結成されました。若者らが集まってスポーツしたり、飲み会したりしてました。わしも誘われたんで、翌年から入って、月一回ぐらい集まってました。多い時で、二十三人ぐらいやったんちがいますか。

軍隊での差別

　一九三六（昭和十一）年に召集令状が来て、中国中部に派遣されました。軍隊の中では、部落差別はひどいもんでした。どういうわけか、相手はわしが部落出身やとかぎつけて、差別発言します。

　初年兵の時は泣き寝入りしてたけど、四年兵になるとわしも黙ってられません。一九三九（昭和十四）年に、淡路島の百姓出身の兵隊が、わしに直接、

　「うちの近所の部落の○○が、どうのこうの……」

言うて、四本の指を出したんで、わしはそいつに、

「そんなん言う奴は、殺したる！」

と怒ったんです。

「もう、がまんできん」

と命がけで人事係の曹長に直訴しました。その場に日之出の者もいて、えらいおとなしい人で、

「あんまり大げさにするんは、やめてくれ」

と言うんで、

「おまえには言うとく。途中で死んでもやるからな！」

と言い返してやりました。わしが話した曹長は、恵美屋茂四郎（えびやしげしろう）といい愛媛県西条の人で、関係した者六人を遺骨のある部屋へ呼んで話を聞いて説教してくれました。差別した者は、

「そんなこと、言うてない！」

と言いましたが、わしは必死でした。曹長は、当時としてはようわかった人で、

「兵士は天皇の赤子（せきし）となったんだから、みな平等だ」

と差別したほうを諭（さと）してくれました。自分の経験からして、初年兵の時直訴した北原泰作は、勇気があり立派やと思います。また、同じ日之出の朝野庄吉さんは、部落出身ながら近衛兵になって、軍隊の差別を直訴したんです。当時、部落出身やとなかなか近衛兵にはなれんかったんですわ。


わしはこの事件の後、翌年に帰されたんやけど、また中国中部へ召集されました。ハバロフスクの近くでシベリア鉄道の監視の仕事をしたけど、兵士やのに戦闘には巻き込まれませんでした。

日本が敗けてからは、中国東北部から朝鮮半島へ、それから一九四五（昭和二十）年九月十日に日之出に帰ってきました。ぎょうさんの人が戦闘で死んだり、シベリアに連行されたり、引き揚げに苦労しましたが、わしはある面、恵まれてたといえます。

戦後は、八百屋や雑貨屋、炭屋など、何でも屋をして暮らしました。

文学青年だった

小西勝さん◉一九〇九（明治四十二）年生まれ

生いたち

私は、日之出で生まれ、両親は一つか二つの時に相次いで病気で亡くなり、父方の祖父母に育てられました。祖父母が土地を借りて百姓をしてたので、北中島尋常小学校卒業後、ネギや大根なんかの野菜を作り、長柄橋の北詰とか天満の青物市場へ売りにいって暮らしてました。

豊崎の青年学校という夜間学校に、せっせと通ってました。こう見えても英語が得意でした。

二十四歳で結婚し、妻の兄が同級生の中田守で、彼に誘われて蜂工業へ就職しました。通称「ハチコウ」では、一部から五部に分かれて靴を作っており、中田は二部の班長をしてました。一部は靴にする材料を作るとこで、皮を裁断し、二部は製甲の仕事で、靴底を作ってました。三部はミシン縫いで、四部は底付け、五部は仕上げでした。私は、一部の仕事をしてました。

青年グループに入る

中田守を中心に、私や小西幸一やらの青年グループがありました。よく本を読み、インテリ気取りでした。中田や小西らは思想方面にいきましたが、私はどちらかというと文学青年で、詩とか俳句に凝ってました。一九三〇（昭和五）年、中田や小西らが検挙されたのに懲りて、グループは自然消滅しました。中田守は、母親と妹がいたため運動を断念し、召集され中国で戦死しました。

啓振会のこと

水平社ができる前は、啓振会が熱心に活動してました。

「言葉をきれいにしよう！　身なりをきれいにしよう！」

と、やかましく言ってました。日之出の真ん中にきれいな川（中島大水道。今は暗渠）が流れてて、啓振会は、「泳ぎっぱなしはあかん」と時間制限してました。私らの年代の者はみな、戦後は「どぶ川」と言ってましたけど、中島大水道で泳いだもんでした。チリン、チリンと、時間がきたらリンを鳴らすのが、泳いだらあかんという合図でした。一事が万事で、「差別をなくすには、部落民が行いを改めることが第一」と啓振会が風紀を取り締まってたんで、ムラの衆は陰で反発をしてたもんです。

水平社のこと

私は、直接水平社とはかかわりがなかったけど、強い影響は受けました。

島田忠三郎さんが委員長で、正徳寺で演説会をし、西光万吉さん、栗須七郎さんらがよくきて演説してました。子どもでしたが、「弁士中止！」と言う警官と衝突して、それがおもしろくて必ず聞きにいったものでした。当時の私らは、学校では差別され放題で、通せん坊されたり、「〇〇」と言われっぱなしでした。

水平社ができてからは、表向き差別はなくなり、水平社のおかげで、私も自分は部落民であるという誇りと自覚も生まれてきました。

戦争中と戦後

太平洋戦争が始まって蜂工業全体が徴用工に編入され、軍靴製造一色となりました。私は徴用工として敗戦まで働き、戦後は阪急沿線の正雀（しょうじゃく）駅前で、靴修繕の店（後に靴屋）を出し細々と生活しました。

モガだった私

川内ヒサエさん◉一九一二（大正元）年生まれ

家族のこと

うちとこはきょうだいが九人もおって、うちは一番下でした。家は八百屋をしてました。父親は酒呑（さけの）みで、母親は苦労してましてん。姉たちはみな、マッチ工場へ住み込みで行ってたから、小学校を卒業したんは、うちだけでしてん。

菊松（通称末造）っていう兄さんは、うちら娘とちごて、音楽が好きで東京へバイオリン習いにいったり、雄弁大会に出たりしてましたな。水平社運動にも参加して、なかなかの闘士やったと聞いてます。けど、東京から戻って二カ月目に死んでしまいましてん。

うちのすぐ上の寅吉兄さんは戦死で、母親は、うちが二十四歳の時に死にましてん。母親は八尾の安中（やすなか）の早田家いうとこの出で、姉らが働きにいった飛鳥のマッチ工場のごりょんさん（奥さん）が、母親の親戚やったんで、えらい大事にしてくれてました。母親は安中のええしの家柄で、一人娘やったんが、婿になる人をどうしても好きになれんで、家出して日之出の叔母を尋ねてきて、好きになった父親と一緒になったと聞いてますな。

米騒動の時は、米の値段が跳ね上がったんで苦労しましてん。その時、早田の家が米くれたりして助かったと聞いてます。母親が家の跡を継がなかったんで、家が絶えた時、

「みやらけへ行ったら、誰か残ってるやろ……」

と墓を移す時に、わざわざ連絡をくれましたわ。

田辺製薬で働く

啓発尋常小学校六年生を卒業した後、長柄橋の南にあった田辺製薬へ働きにいってましてん。

きっかけは、募集の張り出しビラを見て応募したんやけど、日之出ではうちが最初でした。それから知り合いにも勧めて、次から次へと働きにきたんですわ。会社は、午前七時に出勤し、午前八時三十分から午後五時まで働いて、初任給が一日六十銭でボーナスもありましてん。

職場では、うちには直接言わんかったけど、「○○！　○○！」と指出して、よう言うてました。「○○は、どうやこうや」とか、「こわい」とか「うるさい」とか、こっちが知らん顔してても、しょっちゅうそんな話するんですわ。部落差別するんが、当たり前でしてん。

そのうちに、うちも黙ってられんようになってきましてん。

「おまえらより、うちらのほうがきれいに暮らしてるわ！　おまえの家に行ったら何や、あの汚さは！」

と言うて、うちの家へ遊びにこさしたこともありましてん。けど、遊びにこさしたら、ちょうどうちの隣の長屋で、汚な口でけんかが始まって、

「何言うてんのん、ちょっと！」

と言い合いになったんで、

「あの人ら、口悪い人やねん」

と言うて、障子をビシャッと閉めたこともありましてん。

うちは気性が激しくて、「負けてたまるか」と、服装にしても流行の気に入ったもんを買ってきましてん。当時流行の先端の「モガ（モダンガール）」でしてん。流行の服着て、心斎橋や梅田を練り歩いてましてん。「おまえらに負けるかい」とね。歳とった今でも、そんな気性ですわ。

そんな調子で、職場でも、言わんならんことは言うてました。

「こんなお茶飲まれへんから、もうちょっと、ええお茶おくれ」

とか、仕事着の白衣かて、

「一年に一枚では足らんから、二枚おくれ」

とか、そういう要求は先頭切ってやってましたよ。うちは、言いたいこと言うさかい、昇給の時、他人が十銭上がっても、うちは五銭や。その代わりに言うねん。

「うちの組の賃金は、人並みに上げたってくれ。うちは言いたいこと言うからな、安うてもかめへん」

うちは、こういう気性やったんです。

労農党の運動に参加して

うちが二十歳で結婚した相手は、中田守さんで、うちより三歳年上でした。

守さんは小西幸一さんと大阪労働学校に行ってて、労農党を支持してましてん。一九三〇（昭和五）年の第二次共産党事件で二人は検挙されたんやけど、この時、うちは田辺製薬へ働きにいってて、「今、連れていかれたで！」と知らされたんですわ。守さんの影響もあって、うちもあの頃から「左翼」の傾向がありましてん。田辺製薬には知られたなかったんで、朝早よからビラ張りに行って、役員にはならんかったけど、熱心に労農党の活動をしてましてん。寄り合いに行ったり、他の工場で労働者がストライキすると応援に行ったりしましたよ。警官が四、五人家に乗り込んできて、守さんを引っ張ってって、三日間留置しましてん。守さんは釈放されると、蜂工業へ働きにいって、そこでも組合活動をしました。思想犯扱いやったから、家も調べられてね、散々家を荒らされて、本やらビラをごそっと持っていかれましたよ。こんなこともあったんで、しばらくしてから離婚しましたわ。

再婚と空襲と闇市と何でも屋

姉が小さい子を残して死んで、まわりがしつこくすすめるんで、三十一歳のときに、姉の夫やった人と再婚しましてん。夫は何でも屋で、八百屋をしてましたわ。再婚したんで、十五年間働いてた田辺製薬はやめましてん。

一九四五（昭和二十）年六月七日の昼近くに、突然B29が上空に飛んできたか思たら、一トン爆弾、中型・小型爆弾を落としてから焼夷弾攻撃になって、まわりの家はめらめら燃え上がりましてん。うちは、姉の子五人の手をひっぱって逃げたけど、その時、良子いう娘を焼夷弾の破片で亡くしてしもて、恐ろしかったことと悪夢は、忘れよ思ても忘れられませんわ。

空襲で家が焼けてしもたんで、焼け残った小屋に戻って生活を始めましてん。狭い部屋で雑魚寝して、こっそり取ってあったお金を握って、家探ししました。旭区大宮の家具付きの家を、三千円の権利で買いましてん。そこで四年間住んで、闇市で着物やらを全部出して、「売ります！　買います！」とやって儲けました。子どもたちを食わすのに精いっぱいで、なり振りかまわず商売してましたな。

闇市が閉鎖されたら、古物商をやって古着や道具を扱いました。お客の中には巡査の人もいて、泥棒の盗品を金に換える人もいましてん。

ある時、殺人事件で殺された人が住んでた長屋を買うてくれ言われて、五万円で買いましてん。日之出へ引き上げる前に、そこを十万円で売って、その金を元手に土地を買うて家を建て、ムラ商売を始めたんですわ。

十九年間続いた何でも屋でした。青物は天満へ仕入れに行きましてん。最初は、うちが子どもをおんぶして、天六まで仕入れに行ってたんやけど、あんまり儲かるんで、それまで「毛糸売り」をしてた夫もやめてやりだしましてん。

うちは離婚した後、気楽に暮らしてたけど、姉が子どもを残して死んだんで、仕方なく再婚しました。義理の子どもと実子二人を育てるいう運命を受け入れたんです。

さまざまな仕事 だましの行商も

山下藤太郎さん◉一九〇六（明治三十九）年生まれ

日之出の仕事

わしの父親の頃の日之出の仕事いうたら、下駄の表を作ってました。竹の皮を漂白したんを女の人が編んで、機械で締めて形にします。親方の家から材料を仕入れてきて作るとか、内職みたいに工賃もらってしてました。百姓もするけど、土地持ちの裕福な家の手伝いで、わずかな手間賃でした。

そのうちに、ムラから出た人が炭の行商をみんなに広めて、方々へ売りに行きました。青物行商するまで、橋を渡って一般地域に行って仕事をしてた人は、ほとんどいません。金をもらう賃仕事いうても、このムラの中か隣のムラかで、狭い地域の中やから、わずかな仕事しかありません。差別がきつうて、なかなか仕事させてもらえん時代でした。

ムラは、ともかく貧しかったんです。女の人は、帯巻いて歩いてません。帯の代わりに縄を巻いてました。男も着物はつぎはぎだらけ、そんな時代が長かったんです。

隣のムラの飛鳥に、中井さんのマッチ工場ができて働きにいくようになって、いくぶん気が楽になりました。娘さんらは学校に行かんと、朝九時から午後五時まで、なかには住み込みで、出来高制で働いてました。わしも学校に行きながら、夏休みや冬休みには働きに行ってました。

北中島尋常小学校での差別

わしは、一応小学校六年生まで行きました。学校を卒業するまでは杉岡姓やったんが、両親が別れたんで母親の姓の山下になりました。

学校へ行った日は、いつも二時間ほど立たされてました。原因はけんかで、けんかしたら立たされます。わしが殴ると相手は仲間を呼んできて、毎日殴られてると敵愾心(てきがいしん)も起きてきます。そこで自分より年上の者に告げ口し、こっちも集団なら相手も集団で、けんかになると必ず相手し、三人いようと五人いようとします。殴るから、また立たされます。しまいに「馬になれ!」言うて、運動場に連れていきました。学校へ行くと五、六人がけんかを売ってくるんで、やり返すという具合でした。五年生と六年生の二年間は、毎日けんかでした。なぜけんかするのかというと、差別されてたからです。

わしらに向かって、ムラの外の人間が、

「おい、レンガ一束！」

と言ってくるけど、こっちは何のことかわからん。けど、むこうは意味を知ってます。

「レンガは四つにくくってあるやろ。おまえらのことや！」

と、思いもせんことを言うてくるわけです。「○○！」とか、「レンガ一束！」とか、しょっちゅう言われるけど、みんなは遊びのグループに入れてほしいんで黙ってます。学校では、よそ者がグループの中心でした。「ど○○ぶし！」言われても、遊んでもらおと思うから抗議できん。差別されても知らん顔するだけでした。わしは気が短いんで、あんだけ言われてどうすることもできんのは、がまんがなりません。わしだけがボカンとやるもんやから、二、三人、多い時は五人ぐらいがきて、ひとりで相手してました。けんかに慣れてくるとすばしこくなって、向こうがパッと動く前に、先にこっちの手が出ます。先生は、部落の者にはハナから呑んでかかってるんで、言い分もなんも聞いてくれません。

わしは常習犯扱いでした。わしが、

「先生、だれそれを殴りました」

と行くと、「どれどれ？」と出てきます。それで立たされて、他の生徒が勉強してるのをじいっと見てるだけでした。

毎日こんな具合でしたが、なかには部落の生徒に公平な先生もいてました。藤田先生といって、善い、悪いをはっきり区別してくれました。今思うと、わしらと同じ部落出身やったかもしれません。ちょこちょこ日之出まできて、どこへ行くかというと北井さんの家でした。ムラの中の家の状況を、ああやこうやと聞いてました。

けんかばっかりしてたので、しまいにムラの生徒からも仲間外れになってしまいました。

「おまえ、あっちから去(い)ね！」「こっちから去ね！」

っていう具合に……。そのうちに啓振会の有力者の息子がえらそばって、

「おまえ、こっちから去ね！」

と命令してきたんで、

「何しに去なあかんねん、いやや！」

と言ったら、にらんできよったんです。墓の向こう側の一段高いところから、下の田んぼへ放り込んだら、親が出てきました。その時は、さすがのわしも、布団の中ですくんでて、うちの親が謝ってました。

そんでも、あくる日またいばるから、また放り投げてやりました。

水平社ができたら

水平社ができると、面と向かっては「○○」と言わんようになってきました。

タクシー会社に勤めてた時も、わしが部落やと知らん者が、部落の話をパーッとします。すかさず、わしは言い返してやりました。すると、そういうことを言った者は、あくる日からこんようになりました。こんなことのくり返しでしたが、そうせな仕方なかったんです。

水平社では、髪の毛を伸ばした栗須七郎さんという人が、よく演説にきたのを覚えてます。栗須さんは最後まで頑張らはりました。金で買収しようとしても、栗栖さんは「いらん！」言うて、頑張らはった、偉い人や。わしは、水平社の演説を方々へ聞きにいきました。みんな上手でした。はじめのうちは野次(やじ)飛ばしてやかましゅうしてても、演説が上手なもんでしばらくしたら静かに聞いてました。

召集

一九四五（昭和二十）年、戦争も終わりかけの三十九歳の年に召集令状がきました。日之出では、わ

しが最後の召集でした。中国に渡る船もないから、三十六日間兵隊に行っただけで、天皇の放送があってから三日後には家に帰ってきました。

その間、わしのおった部隊は、全員被差別部落出身の兵隊でした。えらいさんもそうでした。

わしは召集令状の職業欄に、「靴屋」と書いたんです。靴の修繕屋が正しかったが、靴屋と書いたんです。まあ言うたら部落丸出しですわ。全員被差別部落の出身者で占めている部隊やったんで、隠してたらバチバチ殴られました。班の者に、「おまえどこや?」と聞いたら、「岐阜や」「長野や」と言います。

「仕事はなんや?」と聞くと、靴屋がほとんどやったが、職業欄には別の職業を書いてました。

「わしは大和で屠畜の仕事をしてる。山下はん、戦争に負けてもええから、早よ家に帰りたい。こんなことを言ってると知れたら怒られるけど……」

なんかも言うてました。

「奈良の○○というところや。あっち来たら寄ってや……」

と涙をポロリとこぼしてました。どうしてかわからんけど、部落の者ばっかりを集めてました。

行商が病みつきに

小学校を卒業してからは、兄貴について行商に行ってました。

青物は天満の青物市場で、炭は池田でとか、方々で仕入れて売り歩いてました。売りに行く先は、十里四方で「あのへんはよう売れたから」と、日にち置いて「また行こか」と行ってました。大きな声では言われんけど、だましの品物ばっかりで、まあ言うたら二等品でした。炭なんかは、下のほうに安もんの炭を入れて、上に上等な炭を置いて、高く売りつけてました。だましの行商してたから、同じ家に

は行けんかったんです。自分がそんなことしてたから、家のもんには、

「行商の品物、買うたらアカン」

と、やかましく言うてました。けど、結局だましたら自分に返ってきて、自分もだまされたもんです。

戦後は毛糸売りから毛布売りへ、行商が廃れるとタクシー運転手になって、十六年間働きました。退職金はスズメの涙ほどで、まあこんな一生やったけど、わしは精いっぱい生きたで。

日本一のお母ちゃん

井上シカエさん◉一九〇六（明治三十九）年生まれ

昔はきれいなムラやった

空襲で焼ける前の日之出は、きれいなムラでおました。

啓振会という団体がおまして、朝九時頃からムラを回って、昼からは、三時にもう一回回ってはりました。

「帯巻いてんとアカン」

言わはって、きれいにさえしたらええ、いうことでした。

巡査代わりに回ってはりました。子どもの場合でもいっぺんは注意しはって、何べんも注意やとなると、お寺の鐘つき堂に呼び出さはるんです。親も呼びだして、棒みたいなもんで脅しをかけはるんで、それで謝るんですわ。

朝起きたら、町会長の奥さんが道を掃いて、きれいにしたはりました。

「明日は、自分とこ掃き」

と口では言わへんけど、掃かなあかん思て、無我夢中で掃きにいったもんです。

昔は女は苦労した

実家は借家で、八百屋の店を出してました。八百屋いうても、よろず屋でおました。

商売は母の仕事で、朝早く天満の市場にいき、安いもんを仕入れてくるんです。男に行かすと、

「そんな安いもん、買うのん、いやや」

言いますやろ。そやけど、安いもんでないと売れません。そやから母が買い出しに行き、その間に、父が掃除と朝ごはんの支度だけやけどしたはりました。昔は、たいがい男は働きがのうて、女は苦労したもんでんなあ。兄弟でも、男は字ばっかりやってましたんや。母は、

「男の子には、字教えなあかん。女の子は、お針とお漬けもん漬けることができたらよろしおます。嫁さんに行った後、苦労しませんやろ。ええ着物は縫うてくれるけど、古い物は縫うてくれんから、縫い物は習わなあきませんで。つまらん所帯したらあきませんやろ。お漬もんは習うとき」

と言いましてん。三年ほど、お針を習いに行ってはやめ、やめたら行きをしてました。女の子は、家の仕事でお針を休ませることがあっても、男の子の字は、いっぺんも休ませんのやわ。男の子にいっぺんも子守りさせんのも、昔はそれを宿命やと思てました。

「男の子の頭元は、越えてもアカン」

と言われてて、そんなもんかと思て、自分の子どもも大きくしたもんです。

ずっと働きづめやった

私は、九人兄弟姉妹の七番目で、六女でおました。みんな三つちがいで、私の上は働きにいってました。そんで、下の子どもの子守りは全部、私の仕事でしてん。朝に、

「ちょっと、学校休んでんかぁ」

言われたら、お漬もんをムラじゅうに売りにいってました。四角い出前持ちみたいな物にお漬もんを入れて、一銭から三銭で売りに回ってましてん。

「お漬もんどうや～、キザミどうや～」

言うて、山口町から崇禅寺、新田の入り口まで歩いてたんで、重うて手がしびれることも多かったんですわ。

朝の仕事がすんで、器を置くなり、その手をなでる暇もなしに、風呂敷に本を包んで、たあ～っと学校に走っていくんです。北中島尋常小学校は、ちょっと遠かったんやけどな。

午後三時になると、今でいうおやつでんなぁ、レンコンやおいもさんや、へたなすやらを炊いて、また売りに行きますねん。八百屋の店は、私が十二、三歳までやってましてん。

十四歳ぐらいから、長柄橋の向こうの蜂工業へ働きにいきましたが、ニスの匂いがいやで三日か四日でやめてしまい、その後は、ネット会社や靴下の製造工業へ行ったんです。

学校へは行きたかった

家の仕事で、結局、三年生ぐらいまでしか、学校へは行けずじまいでした。

それからは、夜学校へ行ったんですわ。よう休むんで、学校へ行くのんがだんだんいやになってきましてん。字がわからんようになってくるんですわ。先生が黒板に字ぃ書かはっても、一日ぐらいやった

らまだいいけど、三日も四日も休むと全然わからんようになってきてね。そのうち、先生から、

「おまえはよう休む。何で休むんじゃ」

言われて、学校から泣きもって帰ってきたことを覚えてます。ある日、母が、

「行ける時は行かなあかん。字知らなんだために、人に食われた人もある」

言うて、例を出して話さはるんです。そやけど、学校に行く道々、

「行ったら先生に怒られるし、やっぱし同級生に変な顔で見られるし……」

と思て、何回そんなことで泣いたかわかれしません。みやらけの人は、みんなそんな思いを持ってた思いますよ。

学校へ通うたいへんさ

それとね、学校へ通うのがたいへんでしたんや。途中、南宮原の人が百姓したはります。私らが通ると
「〇〇が来た！　〇〇が来よった！」

言いますねん。こっちが五、六人で一緒に行っても、向こうは、

「〇〇いうたら、みやらけのことや！」

言うてきて、私らが必死になって抗議しても、

「おまえら〇〇やから、〇〇と言うたんや！」

と言い返してきますねん。悔しおまっしゃろ。差別したんは、大人だけとちごて、南宮原の子も、

「東宮原の者は通ることならん！」

言うてじゃましてきます。学校へ通うだけでもたいへんやったわ。こんな差別も、水平社ができると、

表向きは消えました。私の弟の菊松（通称・末造）も、水平社の運動に参加して、水国闘争の時に大和へ行きました。

夫の死、闇の商売を始める

私は、数えの十七歳の時に親の決めた相手と結婚し、十九歳で長女を出産しました。

夫は散髪屋をやってましたが、一九四七（昭和二十二）年に亡くなりましてん。よう酒飲んで、悪い酒で急死でしてん。八人の子がいて、一番下はまだ四歳でした。夫が亡うなった時も、悲しい気持ちより、これからどないしてやっていくんやって、頭抱えてました。生命保険にも入ってたけど、わずかでなんの足しにもなりません。私の着物も売りましてん。それまでは、お金の心配したことなかったんやわ。散髪屋は銭もうけの王様やったから……。

「お父さん、助けてとくなはれ！　堪忍、わてが悪おましたわ」

と仏間で手を合わせて、

「末の子が、小学校六年生の卒業するまで助けてや」

と祈ってました。その時私は四十一歳で、闇の商売で生活を立てていくことにしましてん。

天神橋十丁目筋の丸太屋で品物を仕入れてきて、なかには売ったらアカン物も入ってたけど、注文されたら何でも売ってました。米を回すと、品物を回してもらえたんやわ。人を見るとみんな巡査やと思えて……。米を運んでて巡査に見つかり、二回も引っかかって米を没収されました。その時は、泣いてほんまのことを言いましてん。巡査が、

「どこで買ってきたんや。言え！」

「言われしません。お米は今晩食べさすから、このとおりにして帰りますから、私が罪受けなあかんね

んやったら、このままブタ箱でもどこでも入れていただきまっさかい、米三升だけ、届けさせてくれとおす。そうでないと、子どもが学校から帰ってきても、ご飯食べられません」

言うて帰りましてん。同じ三升でも十万円の罰金を取られた人もいます。

そのあくる日は、怖うて……。子ども二人が迎えにきますが、あたりの様子を見て、

「何かあったんか？」

と聞くんですわ。刑事がいたら、

「こうしいや、ああしいや」

と言い聞かせて、私に合図をするように言ってました。買った米はみんな、あっちで売ってきます。そやけど、自分ら食べる米も持って帰らなあきません。そやから、子どもらが迎えにきてまんねん。そんな時、子どもが同級生に会ったりすると、

「おまえ、何してんねん？　張ってるのんか？　親が買い出しに行ってるのんか？」

と学校でも聞かれたりするらしくて、

「お母ちゃん、かっこ悪いわ。迎えに行くのんいややや」

言うたこともあります。

「どないかしてえな。僕らなんでも食べるから」

そう言いますねん。親泣き、子泣きをなんぼしたかわかりませんわ。末の子は、裸にパンツ一つのなりで、私が荷物を持って帰ったら、

「お母ちゃん、お母ちゃん！」

言うて、寄ってきます。

「もう少し遅かったら、どっちから帰ったかわからへんのに……。可愛いなあ、可愛いなあ」

言うて、その子に食らいついて泣きましてん。上の女の子に学校休ませて、交代で子守りさせて、そないして商売に行きましてん。

池に入って死んだらひと思いや……

こんな悲しい毎日で、ここに池がおましてんけど、上の大きい三人の子らがおれへん間に、

「小さい子五人連れて死んだら、ひと思いや！」

と思うたこともありましたな。そんな時分は、きょうだいを頼っていくこともできんで、うちに帰って、女の子らにも言われしません。私の帰りが少しでも遅かったら、

「お母ちゃんどないや？　引っかかれへんかったか？」

って聞いてきます。

「なに、引っかかれへん。お母ちゃんには、神さんついてくれるからな」

って、引っかかって帰ってきても、そう言うてましてん。品物、引っかかった時おまんねん。注文を頼まれると、引っかかるとわかってても行くんですわ。引っかかった翌日は、商売に行くのがいやでな、怖おまんがな。

「お母ちゃん、今日は行かんのんか？」

子どもが言います。

「今日はしんどいし、仕入れに行かなあかんし、銭でも取られたら、上の子の仕事に差しつかえたらあかんよってなあ……」

そう言って、何べん泣いたことか……。

ある時、法事でお説教を聞かせてもろたんです。

「おばちゃん、何にも怖いことあれへん。食わんがためにするんやからな。仏かて情けいうもんがあるんやから、怖いと思わんと商売に行きなはれ。食わんがための商売、人の物盗(と)って売るんとちがうさかいに」

そっから、度胸がつきましてん。

「なにもぜいたくせんさかい、守ってくださいや」

言うてやりましてん。それからは、何があっても、少しも苦しいと思わんようになりました。神戸の元町まで服地を買いにいったり、犬がわんわんと鳴いている家へ売りにいかなあかんことがあっても、元値で売って帰っても、儲けたふりしてたこともおましたわ。

子どもたちも働いてお金入れてくれたりして、助けてくれました。

そやけど本当に苦しい時、空ばっかり見て昼から行った時もありました。上の兄ちゃんが、

「お母ちゃん苦労してるから、日本一のお母ちゃんやなあ！」

言うてくれましたわ。どんなに苦労しても苦労と思わん、その一言がうれしいです。

恵まれた生活だったが……

吉田好子さん◉一九一二（明治四十五）年生まれ

私の家族

私の母キワは二十歳で東大阪市の人と結婚しましたが、私が生まれてから、別れて帰ってきました。実父は薬専を出た医者で、十七町も田地があって恵まれた生活やったんですが、使うすべしか知らん人やったんで、母が愛想をつかしたんだす。

六歳の時、母は私を連れて松本栄治郎さんと再婚し、谷町に住みました。そこでは、靴屋の商売をしてました。名前を聞いたらみんなが驚くような人も、注文にきはって靴を作ってました。今は養父の弟の子が跡を継いではります。養父の母親はもともと日之出の人で、日之出に借家も持ってたんで、日之出に家を買って、こちらへ移ってきました。このあたりは國次町（くにつぐ）というて、上田商店の近くに家はありました。養父は町会の副会長もしてはりました。

学校でのこと

私は、田中好子（たなかよしこ）という名前で学校へ行ってました。啓発尋常小学校から北中島尋常小学校へ、その後また、啓発尋常小学校へ戻ってきたんです。

啓発尋常小学校では、ほとんどムラの子でしたんで、差別はありませんでした。

日之出から柴島の高等小学校に行ってはった島田忠次郎さんは、

「学校で、〇〇と言われたから、そいつが乗ってる電車が来るのを待ってて、氷の塊で頭をバシッと殴ったったら、胸がすっとした！」

と言うてはったんを思い出します。

日之出の人々

昔、日之出は東宮原といわれてまして、最初は八軒の家がムラを起こしたんやと聞いてます。西尾家、吉田家、万井家、北井家、山中家などがそうだす。

私の夫の姉が嫁いだ中井利助さんは膠工場を、その弟の幸三郎さんはマッチ工場を経営してはりました。金光（かねみつ）さんは、明治維新後に日之出へ流れてきはった人でして、寺子屋を開いてムラの子どもさんらに字を教えてはりました。

養父の栄治郎も金持ちでしたんで、結婚の時には五荷の荷をしてくれはりました。

昔の日之出には裕福な家もありましたが、差別と貧乏でしんどい人がほとんどでした。身売りして芸者にならんとあかん人もおりました。仕事というても、下駄の歯入れや修繕、青物や炭の行商で、炭は問屋から仕入れたのをぶっちゃけて、二俵を三俵にして売ったはりました。博打打ちもぎょうさんいてました。

村芝居をするところもあったんだす。外から芸人さんがきはって、座布団を持って見にいきました。ムラの中にも芸人さんがいはって、昼間は別の仕事をしてはって、夜、芸人をしてはる人や、巡業して回る山中四四九（やまなかよしこ）さんのような人もいてはりました。

ムラには、朝鮮半島からきた人たちもいてはりました。うちの借家やった通称「五軒所」に、「朝鮮やけど、貸してくれませんか？」と頼みにきはって、うちの夫がかわいそうやからと貸してあげてました。昭和の初めだす。

私の夫

結婚したんは一九三二（昭和七）年で、六人の子どもをもうけました。

夫の吉田徳三郎の家は、日之出の中に借家もいくらか持ってまして、鉄砲の玉入れをフェルトで作る工場を経営してました。材料のフェルトは姫路と名古屋から買ってきまして、家の裏で息子とムラの人十人で仕事してました。他にも空気銃の玉の受け売りもしてまして、一九六七（昭和四十二）年までやってました。夫は、一九六九（昭和四十四）年に亡くなりました。

担任の先生からの差別発言

京井章さん◉一九一一（明治四十四）年生まれ

私の家族と仕事

私は、父親は孫助、母親はコシンの子として生まれました。

父親は、青物行商の仕事で、天満の市場に仕入れに行き天神橋筋を売り歩いてました。

私は高等科を卒業しましたが、男女合わせて一学級しかなく、当時、日之出で高等科を出たんは、非常に少なかったんです。高等科卒業後は、青物行商をしたり、靴の修繕をしました。

一九四四（昭和十九）年に召集令状がきて、中国の中部、北京の近くへ兵隊として行きました。

敗戦後、無事日本に帰ってきて、歌島橋で靴を修繕する店を出してましたが、その後ハミガキ製造会社に働きにいきました。その一方で、友美会の仲間と同和事業にも携わっておりました。

学校での差別と東宮原水平社

私が北中島尋常小学校へ通っていた頃は、よく差別されてました。

学校の横に役場があって、自分の戸籍を閲覧したら「新平民」と書かれてたんです。一八七一（明治四）年に解放令が出ても、差別を処罰する法律はありません。それで、差別がまかり通ってました。われわれに対して、「レンガ一束」と言って差別してました。レンガは四個で一束なんで、「〇〇」というわけやからでしょうね。

担任の花田先生による差別事件も起こりました。先生が、家庭訪問でうちのムラへきた後に、「東宮原は汚い！」と授業中に言ったんです。私はムラへ帰ってから、水平社の事務所――お寺の近くの西尾伝次郎さんの家へ行き、話しました。翌日には、たくさんのムラの人が学校へやってきました。そして、校長と花田先生を糾弾したんです。森仙太郎さんも、当時学校の給仕をしてて、雄弁家でしたね。

この事件以後は、だいぶ学校の雰囲気も変わってきました。

西尾伝次郎さんは土地を持っていて、百姓をしてました。伝次郎さんの家には「北大阪水平社」の看板が掛けられてて、黒地に赤の荊の荊冠旗が事務所に掲げられてました。栗須七郎さん、西光万吉さん、平野小剣さんらが、よくやってきて演説してました。当時は、警察の弾圧がきつくて、「われわれは」と言ったら、「中止！」のくり返しです。とくに、栗須七郎さんという人を、私たちは神様のように思ってました。

西尾さんの家の裏に島田忠三郎さんが住んでて、この方は水平社の中心人物でした。島田さんは、顔の細い人で、仕事は水筒の皮のサックを作ってました。皮を扱ってたので、西浜ともかかわりがあって、水平社に熱心やったんではないでしょうか。島田忠三郎さんの奥さんはお花やお茶も教えていて、日之出の中でもええしの家でした。

私はまだ子どもで、演説を聞きにいったり、後ろからゾロゾロとついていったりしてました。

一九二三年の水平社と国粋会との衝突事件では、私の父親も参加しました。全国水平社大会の第二回大会にも参加しました。大和への動員の話があった時には、母親が、

「子どもがいるし、何かあったら、後どうするのん」

と言って止めましたが、その時父親は、

「みんなのためやから、自分の命は放っても惜しくはない。もし何かあっても、三百万人の同胞がついてるから、わしが死んでも三百万人が香典を出してくれ何とかしてくれる。心配せんでもええ」

と母親に言って聞かせ、大和へ駆けつけたのでした。私は子どもでしたが、よく覚えていますよ。

日之出に流れてきた

京井光国さん◉一九一一（明治四十四）年生まれ

私の家族

私の父は藤次郎といい、三代前から本町（ほんまち）で呉服屋をしてましたが、失敗して日之出へ流れてきました。

母は苗村キヨといい赤穂の人で、子守りや口減らしのため、日之出に流れてきました。

父も母も再婚同士で、母ちがいの兄は、飛鳥の中井さんのマッチ工場で働いてました。マッチの軸に薬をつける仕事で、衣服に薬がつき、そこに火がついて全身大やけどをしました。命の危険がありましたが、なんとか助かりました。

水平社のこと

水平社には、松本治一郎さん、西光万吉さん、栗栖七郎さんらがよく日之出にこられてました。栗須さんはなかなかの雄弁家で、森仙太郎さんも演説がうまかったんです。

私の十三、四歳の時でした。松本治一郎さんが正徳寺にこられて、水平社の演説会がありました。演説会はほとんど聞きにいってました。水国闘争の時は、私はまだ子どもで行けなかったんですが、中田亀蔵さんが団長で、竹やりを作って持って行ったそうです。

当時の日之出の生活

当時の日之出の生活は、ほとんどの人がその日暮らしであえいでました。こぼち（家屋解体業）の仕事や、行商（炭や薪の行商・青物行商）や、下駄や靴直しをやっている人もいました。駄菓子屋が多かったんを覚えてます。

私は北中島尋常小学校へ通いました。差別を受けた人はたくさんいましたが、私は経験してません。日之出の子はしらこかった（わんぱくだった）ので、差別を受けても泣いて帰るような子はいません。差別を受けたら、必ずやり返してました。

上田卓三さんのお父さんなんか、元気そのもので、学校ではがき大将になってました。

仕事いろいろ

私は高等科を出てから、六、七年ブリキ屋へ就職してました。子どものおもちゃや鉄砲を作る型仕事でした。

二十六歳でとび職に変わりました。足場を組んだり、基礎工事をしたり、川に橋を架けるため、閉め切りといって川の中に鉄の板を打ち込んで、杭打ちして基礎を造る仕事でした。はじめのうちは雇われてましたが、後に、小さいながらも請け負って、人を雇ってました。

戦争へ

けれど、日本は日中戦争から太平洋戦争へと突入していきました。

戦争遂行のため統制経済となったんで、仕事が続けられんようになりました。そこで、消防署に入りました。私は、東淀川駅前にあった消防署に勤めてましたが、ここは、東淀川から吹田、茨木(いばらき)にかけての本部でした。消防署には十六年間勤めました。

二十六歳の時に結婚し、妻のカル子は、扇町(おうぎまち)の飴(あめ)工場で働いてました。妻は働き者で、子どもが生まれるまで包装の仕事もしてました。

日増しに米軍機B29の空襲が激しくなってきました。私の仕事は、焼夷弾で焼け出された火を消すことでしたが、なすすべがありません。

一九四五(昭和二十)年六月七日、日之出がやられた時には、十三の鉄橋が爆破されたので、そっちへ応援にいってました。三国(みくに)方面の消火をしてから、こちらも危ないと日之出へ帰ってくると、自宅はすっかり焼けてました。妻も子どももどこへ行ったかわかりませんが、勤務中なので探すことはできません。

翌朝、赤川(あかがわ)に住んでいた妹と子ども三人が空襲で死んだという通知がきて、急いで駆けつけました。妹たち四人は警戒警報が解除になった後、P51の機銃掃射でやられたのでした。あの時は本当に情けなかったです。

私の家族は岸辺(きしべ)のほうに逃げて、生きていてホッとしました。妹たちの遺体は荼毘(だび)にふされ、後に「千人塚」という慰霊碑が建てられました。今も淀川堤防で、惨状を伝えています。

特高からみた水平社

安味さん◉一九一二(明治四十五)年生まれ

特高になって

一九一一(明治四十四)年、大逆事件の翌年に、政府は特別高等課を置き、一九二八(昭和三)年に全国各府県に特別警察を設置し、思想・言論・政治行動を厳しく取り締まっていました。

わしは、一九四三(昭和十八)年に兵隊から帰り、その後四六(昭和二十一)年まで、特別高等警察官をやってました。特高(特別高等警察官の略)の仕事は、だいたい共産党と朝鮮人と水平社関係の調査が主で、わしは淡路署勤務やったんで、現在の東淀川区と淀川区が合わさった旧東淀川区の崇禅寺方面が分担区域で、日之出、山口、南方、飛鳥のあたりでしたな。

「ぼさつ」という身分証明を持って、毎日五軒から十軒回って個別調査をしてました。七、八軒は常に人の出入りをチェックしてて、新しい住民がやってきたら、すぐ調査して記録してました。

これ以外にも、特別に、将校、警察官、官公吏の身元調査とか結婚調査をしてました。部外秘の分厚いノートがありましてな、いわば興信所の「差別」調査でしたな。今やったら、人権侵害で絶対できんことを堂々としてました。わしは「お国のためや」と信じてたんで、命じられたら何とも思わんとやってましたな。

日之出に赴任が決まって、警部補から一応報告を受けてたんで予備知識はあったんやが、実際来てみたら、なかなかたいへんでしたな。地域の人らは、わしのことをいっつも疑ってたんやないですか。

島田忠三郎さんや森仙太郎さんからは、

「わしらを目の敵にしてるやろ」

と、よう怒られたもんです。ある時なんかは、日之出の七十いくつかの人品卑しからぬおじいさんの家に、共産党に関係してる者のことを調べにいきました。

「こういう人のことで、なにか教えてくれんか？」

と尋ねたら、

「そら、わしの娘や！」と、えらく怒られたこともありましたな。

地域との軋轢ばっかりやのうて、警察官の間でも、あいつは特高やと嫌われましてな。特高の部屋いうのんは、どこでも警察署の二階にあったもんですわ。

博打場が多かった

日之出には、確か十カ所ぐらいの博打場がありましたな。

わしは博打をあげる名人やったんで、博打場では、おタマちゃんやおツネさんが有名人やというんをよう覚えてまっさ。二人ともしっかりもんの姉御肌で、手ごわかったんですわ。

博打をあげるいう時は、柴島の交番所と挟みうちにして、二階に踏み込んでパッと現場を押さえ込むんですわ。通称「川向こう」の博打場を見張ってたら、人の動きがわかりますな。少しでもおかしいとなると、今ではそんなことできんが、当時は逮捕状なしですぐ逮捕したもんや。

戦後の特高

敗戦とわかるや、府庁の裏で資料を焼いて焼いて、焼きまくったんですわ。

一九四六（昭和二十一）年に、進駐軍のMPが十八人やってきよりました。

「壁のほう向いて、万歳しろ！」

と言って手をあげさせ、全身の身体検査をして、大きい部屋に連れていき、夜通し監禁ですわ。

「おまえは首だ」と言われて、ほんまに首を切られるんかと思い、遺書を書く者もおりましたんや。けど、次の日になって、MPがわしらを並べて、「おまえたちは帰れ」と追放されました。当時、大阪府だけでも六百三名の特高が、戦犯のG該当で追放になったんやないですか。

帰る時のことですわ。自分の部屋に鉄兜があったんで、これも何かの記念にとMPに、

「家が焼けて、鍋がない。鍋にちょうどええから持って帰るねん」

と言って持って帰ったんですわ。ただ一つの特高時代の遺品や。今もわしの宝物や。

戦後、高槻市で布団屋をしました。わしにとって、あんまり話しとうない特高時代の話やけど、つくづく、あんな弾圧や戦争の時代があったらあかんと思うんで話しました。

第五話 三度の空襲

プロローグ

みやらけの人々の空襲体験

大賀喜子

無差別爆撃のはじまり

一九三一（昭和六）年九月十八日の柳条湖事件（満州事変）、翌年の満州国樹立から始まった関東軍の独走は、ついに――。

日本本土への初空襲は、日本軍が真珠湾奇襲攻撃をした半年後の一九四二（昭和十七）年四月十八日、航空母艦ホーネットから飛び立ったＢ25十六機が東京方面を狙った襲撃でした。

一九四四（昭和十九）年六月十六日には、中国奥地に基地をかまえたＢ29の大編隊が、北九州工業地帯にコンドルのような姿を現しました。「超空の要塞」といわれたＢ29はつばさを連ね、八幡製鉄所、長崎造船所を狙い撃ちしました。これがＢ29の最初の日本本土爆撃です。

一九四四（昭和十九）年七月七日、サイパン島が米軍の手に落ちてからは、十一月以後、マリアナ諸島（サイパン、テニアン、グアム）を基地とするＢ29が日本上空にやって来て、言葉では言い表せないほどの大空襲が開始されました。

一九四五（昭和二十）年一月末、空襲の責任者（第二十一爆撃兵団司令部）がハンセル准将からルメイ少将に変わるや、躊躇なく無差別絨毯爆撃をおこない想像を絶する惨状となりました。

一般市民をねらった無差別爆撃は、米軍だけではなく日本軍も中国でおこないました。一九三七（昭和十二）年、日本軍は中国の南京を占領し市民を大量虐殺した後、揚子江上流の都市重慶に対して、翌一九三八年二月から二百十六回も無差別爆撃をしたことを、私たちは忘れてはなりません。

大阪大空襲

大阪の空襲は、一九四四（昭和十九）年十二月十九日、中河内郡三宅村（現松原市）、瓜破村（現大阪市平野区）への爆弾投下に始まり、敗戦前日の一九四五（昭和二十）年八月十四日の大阪陸軍造兵廠への大爆撃で終わりました。その間、大阪府内への爆撃は、ボーイングＢ29爆撃機百機以上による八回もの大空襲を含め、約五十八回を数えました。そのうちの三回がみやらけの人々には強烈な印象が残っています。六月七日、六月十五日、六月二十六日の三回で、第三次〜第五次大阪大空襲と呼ばれているものです。

第三次大阪大空襲では、六月七日午前十一時九分から十二時二十八分の間、Ｂ29四百九機、Ｐ51ムスタング（通称ピー）百三十八機が来襲しました。まず、大型の一トン爆弾を落として驚かせ、続けて中型爆弾や小型爆弾を投下し、それから焼夷弾攻撃をします。初めての三点セットによる空襲でした。木造家屋はすぐに燃え上がり、防空壕に入っていた人々は蒸し焼きになりました。逃げ惑う人々に対しては、硫黄島を基地とするＰ51百三十八機が低空から狙い、機銃掃射を浴びせました。新淀川沿いに、都島区、北区、旭区、東淀川区が大きな被害を受け、焼失倒壊戸数五万八千百六十五戸、死者二千七百五十九名、負傷者六千六百八十二名、被災者数十九万九千百五名でした。

第四次大阪大空襲では、六月十五日午前八時四十四分から十時五十五分の約二時間、Ｂ29四百四十四機が来襲し、焼失倒壊戸数が約五万三千百十二戸、死者四百七十七名、負傷者二千三百八十五名、被災者十七万六千四百五十一名でした。

第五次大阪大空襲では、六月二十六日午前九時十八分から十時二十二分の約一時間、Ｂ29百七十三機が来襲し、焼失倒壊戸数一万四百二十三戸、死者六百八十一名、負傷者九百八十三名、被災者四万三千三百三十九名でした。

みやらけムラは、この三度の空襲でまったくの焼け野原となったのです。約六十名の戦災死者がでました。近くにＢ29機を撃墜するための「國次高射砲台」がありましたが、まったく役には立ちませんでした。

七月に入ると、米軍の空襲は府内の南部、堺にまで及び、東京や大阪などの主要都市だけでなく、日本全土の中小都市にまで日本焦土作戦がおこなわれました。

七月二十六日、対日ポツダム宣言が発表され、八月六日に広島、九日に長崎に原子爆弾が投下され、八日にはソ連の対日宣戦布告がなされました。八月十四日の昼すぎ、大阪陸軍造兵廠を目標に七一六・五トンの爆弾が投下され、国鉄（現JR）京橋駅では乗客多数が爆死するという大惨事となりました。

ここにいたって、御前会議ではポツダム宣言の受け入れを決定し、翌十五日正午に、「終戦の詔勅」が全国に放送されたのでした。大日本帝国政府が「国体の護持」にこだわり、ポツダム宣言の受諾が遅れたため、大空襲、二度の原爆投下、ソ連参戦を招いたことは決して忘れてはなりません。

一九六四（昭和三十九）年、第一次佐藤栄作内閣の時に、無差別絨毯爆撃を指揮したカーチス・E・ルメイは、日本の航空自衛隊育成に協力したとの理由で「勲一等旭日大綬章」を授与されています。反対意見があったにもかかわらず……。その一方で、戦後、空襲障がい者・被害者（全国空襲被害者連絡協議会、二〇一〇年結成）は国家補償を求め訴訟を提起し、空襲被害者等援護法の成立を求めていますが、いまだに解決されていません。二度と国家に戦争をさせてはならないと思います。

國次高射砲台跡。國次高射砲は1945年6月に6基建設された。戦後、住宅になる

なお、以下六人のみやらけの人々の空襲体験は、『ながら―大阪大空襲を語りついで』（『ながら』編集委員会編）にまとめられたものです。

その冊子の最後に、中田豊子さんはこう記述されています。

当時のこと思い出すのんいややし、涙なしには語られへん。子ども二人育てるのにも、言うに言われん苦労をしてきた。そやから、二度と戦争したらあかんと思っている。ほんで、体の続くかぎり、必死で解放運動でがんばるつもりや。

参考資料：『写真で見る大阪空襲』ピースおおさか（財団法人大阪国際平和センター）

「生き地獄」のなかでの息子の死

忠海隆三郎さん◉当時四十九歳

六月七日の空襲は、昼前から始まった。

夜勤がすんで家で寝ていると、空襲警報が鳴った。私は防空壕に入ったが、外のほうがだんだん赤くなり不安になって、危険を感じて外に出た。防空壕から逃げ出して広場に出ると、人が倒れていた。朝九時ぐらいやのに薄暗くてわかりにくかった。じっと見つめてみると、自分の息子で、

「どないしたんや！」

と言ったが、何も言わんとグニャッとなっていた。その間にも、空から焼夷弾がどんどん降ってきた。

「子どもと一緒に死ぬんや」

と思って、子どもに焼夷弾があたらないように、馬乗りになってふさいだ。けれども、ぐるりの家がどっと焼けてくるし、次々と焼夷弾が落ちてくるので、子どもの介抱も必死の思いだった。まわりがだんだん熱くなってくるので、一刻も早く子どもを避難させなあかんと思い、子どもを引きずっていった。子どもはありったけの声で、「イタッ、イタッ」と叫ぶので、

「鬼の心にならんと、おまえを避難させられん。許してくれ！」

と子どもに謝った。どぶ川のはたまで引きずっていった。どぶ川の川ぶちへ下り、初めて子どもの傷を見ると、左か右かは覚えてないが足から肉がとび出てた。ちょっとして、隣組の組長がきて、

「ここで避難してはるんですか。奥さんはあっちで無事に避難したはりますから、安心してください」

と教えてくれた。そのうちに、家内もやってきた。

「子どもがこないなってるんで、すまんけど、おまえしばらく介抱してくれ……」

「子どもが死ぬ前に、水の一杯なりとも飲ませておこう」

と考えて、私は茶碗のかけらを探しに出た。元の場所に戻ると家内が、

「お父さんが出てる間に、息子が水と言ったから、川の水をすくって飲ませてやったんや。そしたら、こんな姿になってしまって……」

と言って、まもなくしてから息子は死んでしもた。そのまましばらくの間、川ぶちで避難してると、

「弁当を取りに来てください」

と町会の方から連絡があった。弁当をもらいにいった帰りに、知り合いに会った。

「えらいめにあったな」

「すまんけど、水道のあるところを教えてくれんか」

と頼んだら、連れていってくれた。水道で顔を洗い終わって、目を開けようとしても開かなかった。せっかく弁当をもらったのに、焼夷弾の煙が目に入って目が見えなくなって、帰ることができなかったので、知り合いの人に負ってもらって帰った。


私は、戦争というものがいかに恐ろしいか、直接この肌で体験した。目の前で子どもが死んで、私自身も目が見えなくなった。直接戦場に行かない者も爆弾でやられ多くの人が死んでいる。こんな恐ろしいことはない。二度と戦争はするものではない。私は、「空襲は生き地獄であった」と言いたい。それ以上は言いようがない。

五人の子どもの手をひっぱって

川内ヒサエさん◉当時三十四歳

ほんまに、思いだすのもいややや。

六月七日、空襲警報とともに畑の中にあった防空壕に入っていたんやけど、焼夷弾が雨あられのように降ってな。とうてい入ってられへんから、畑のほうへ逃げたんや。七歳の謙三と九歳の良一が、わての両方にしがみついとって、二十二歳の良子に六歳の敏子の手をひっぱらせて、夢中で逃げたわ。とつぜん、「ドカーン」という音がしてふりむいたら、わての背中スレスレに焼夷弾の破片が飛んできたんや。もし、三カ月の進を背中におんぶしてたら、進の命はなかったと思うで。砂けむりがもうもうと上がるなかやから、ほんまに死んでたと思うねん。その時やったな。敏子が、

「お母ちゃん！　お母ちゃん！」

と泣き叫んだんや。そばへ寄ってみると、良子が顔に焼夷弾の破片を受けて、ザクロのように口をあけて死んでたんや。血をどくどくと流してな。大切な娘をとつぜんなくして、悲しむことも、何とかしようにも何にもでけへんかったわ。その時は、生きてる子どもを助けることしか、考えられへんかった。死んだ良子を戸板に乗せて、山寺（崇禅寺）へ持っていって土葬にしてもろたわ。

ムラの中は、火の海やった。宮さん（中島惣社）や、ムラの墓へ逃げた人はあかんかった。ほんまに、思いだしたくもないわ。

油でまっくろけの母

北井悦治さん◉当時三十二歳

六月七日の昼の一時頃、勤務先から帰ってみると日之出地区は焼け野原でした。まだ、熱くて歩けませんでした。正徳寺の門徒で、名前がわかっているだけでも、六十人ぐらいの死者が出ました。

私の家族は、妹や弟が生きているのはすぐにわかりましたが、祖母と母の行方がわからないので、探し歩きました。祖母は山口町に行っていて、助かったことがわかりました。母は夜どおし捜し歩きましたが、見つかりませんでした。次の日の昼頃、家の近くの小さな小屋の中に、五人の人が死んでいるのが見つかりました。最初は、なかなか母とはわかりませんでしたが、金歯を入れてたのと、かすかに胸が盛り上がってるので、

「これこそ母だ」

と思いました。土人形のように真っ黒に焼けていて、油でコテコテになっていました。でも、母は小紋の胴巻きをしっかり付けており、その中に通帳とハンコが入っていたので、私の悲しい直感が正しかったわけです。今も母の唯一のかたみとして、通帳とハンコを大切に保存しています。

八日の昼に母の死体をみつけましたが、警察の検死を受けないと埋葬できません。警官を探して歩きました。警官は目を充血させて、堪忍してくれといいます。幸いなことに知っている人だったので、疲れた体で検死をしてくれました。日之出では、六十人ぐらいの死者がでて、火葬場も満員の状態でした。死体を焼いてもらうのに、材料も自分たちで用意をしなければなりませんでした。

日之出は三回も空襲をうけ、すっかり焼けてしまいました。焼けた後も、口でいえない難儀でした。食べ物を手に入れるのに難儀でした。配給がない時がずっと続きました。木の葉、イモ、イモのつるなど何でも食べました。たいへん苦しい思いをした時代です。戦争は二度といやです。

戦争に明け暮れた青春時代

井上千昭さん◉当時十八歳

最後の帝国兵士

私は、一九二七（昭和二）年五月に日之出に生まれました。

私の小・中学生時代は、まさに戦争に明け暮れた日々でした。毎日四時間の軍事教練が義務で、中学の四、五年生の時は、勤労奉仕という名目で大阪陸軍造兵廠や三国（みくに）鉄工所へ学徒動員され、勉学を落ち着いてすることなどない日々でした。級友は次々と予科練を受けて兵隊へいき、卒業する時はクラスの人数が三分の二になってしまいました。

卒業した年の一九四五年六月に召集令状がきて、軍隊に入隊したのが、敗戦の一日前の八月十四日で、一夜明けて敗戦を知りました。

「これで今晩からゆっくり眠れる」

と、正直なところホッとため息をつきました。

戦争と部落

日之出は部落産業というものがなく、ほとんどの者が日雇い、てったい（手伝いの仕事）、柴島水源地の土木作業や力仕事、行商、炭売り、下駄直し、靴修理などにいってました。サラリーマンいうても、人づてで、日之出や近くの被差別部落からは天六の製靴工場へいってました。やっぱり部落差別と絡まってるようで、その製靴工場も軍が指定している工場でした。ムラのなかでも軍隊に取られている人がたくさんいて、なかには志願兵もおりました。たいてい、思うように仕事がなくて、

「軍隊にでも入ったら、食えるやろ……」

というような気持ちからで、家が貧しいので、口べらしのようなものです。軍隊へ行くのはいやでも、国民はほとんど無抵抗で、私の場合も、

「逃げたら警察や憲兵がくる、怖いから……」

と、あきらめてました。

強制疎開という名で所どころ家を壊し、空襲になっても火が移らないようにしていました。けれど、被差別部落はどこも密集しているから、ちょっとぐらいつぶしても、あんまりどうということなく、結局蒸し焼きになってしまうのです。

大阪空襲の被害も、西浜、日之出、加島、飛鳥などの被差別部落は、とくにひどかったと思います。日之出が空襲を受けたのは、一九四五年六月七日です。その時は昼の空襲で、私は中之島の大阪逓信局に勤めていて留守中でした。空襲の後、長柄橋の上から北のほうを見ると、尼崎の神崎川まで丸見えでどこの家もないし、くすぶってました。ごろんごろん人が死んでるし、うめいてる。それを放っといて、家のあるほうへ駆けつけました。歩いている横で人がうめいてても、傍観者のようでした。

長柄橋を渡る時、穴がボコボコあいていて、橋の下でたくさんの人が火から逃げて、水のほうへいっ

て死んでました。ムラのお宮さんでも、たくさん死んでて、私のいとこもその空襲で亡くなりました。家はきれいに焼けて、ムラはほとんど焼けてました。それで、ムラの人は、万井さんの家と集会所の二つで寝ました。

焼夷弾、親子爆弾を受けて、川筋にたくさんの死体がありました。機銃掃射を受けて、焼けて体があついので、川辺にみんな行ったのです。生きている人が、死んだ人を崇禅寺まで運んでいきました。一人だけ身寄りのない人がいて、川の中に三日ぐらいつかってたと思います。二日めから水の中で顔が腫れあがってきて、結局みんなして葬ってあげました。

そうこうしているうちに、また六月十五日、二十六日の空襲でした。結局何もかもなくなってしまい、もとの家のところに帰って、穴ぐら（防空壕）を作って、そこで寝起きをしたわけです。

私は直接空襲にあってないのですが、空襲・戦災の様子はいやというほど見せつけられました。家が焼けた時分から、戦争にとても抵抗を感じ、むなしいなあという感じもしました。

今、日之出には戦災慰霊碑があって、そこに約九十人の名前が記されています。そのうち、四十六人がこの時の空襲で亡くなった人で、あとの四十四人というのは、日清、日露、日中十五年戦争、太平洋戦争で亡くなった人です。

敗戦後の部落

敗戦後、いろんなことをやりました。農家にイモの買い出しに行って闇市で売ったり、進駐軍の仕事を友だちと一緒にやりました。どさくさの時代で苦しかったけど、そのなかでも明るさがありました。

一九五〇年頃から、日之出も、靴屋の仕事をする者、勤めに出る者と、本格的な転換期でした。

ムラの盆踊りも、一九四九年に復活しています。といっても戦後の復興はずいぶん遅れ、一九五五

（昭和三十）年頃、少しずつまわりのほうから文化アパートが迫ってきましたが、部落の中はバラック住まいでした。

戦争は、本当に悲惨なものです。食べること、生きること、寝ること、みんな限られています。人と人とのつながりが断たれ、心から打ち解けて話ができる友も持てず、毎日空襲警報に脅かされた、めちゃくちゃな生活でした。戦争は人権を奪う、人と人との連帯を奪う、最大のものだと思います。

今、軍事予算が増えて、第九条の改憲など戦争への危ない流れもあります。日之出も昔の面影がなくなってきてますが、ムラの歴史や戦争中のことなどを、若い人たちに伝えていかねばと思います。

戦争のきずあと

田中十三日（とみか）さん◉当時十五歳

一九四五（昭和二十）年の六月七日昼前、急にサイレンが鳴りだし空襲があった時のことです。

私は、父や妹二人と麦畑に逃げ、布団をかぶって身をかくしました。その時、何かが私の背中に当たりました。突然、私は口から血をふきだし、その場に気を失ったまま倒れました。

「とみかが、やられた！」「かわいそうに……」

という声を、遠ざかる意識のなかで聞きました。大きな音で気がつきあたりを見まわすと、父と妹たちはおらず、空は夜のようにまっ黒でした。

「早く逃げなければ……」

と思った時、右のほうから、

「助けて！」

と片足のない人、

「水をくれ……」

と叫ぶ人たち……。その光景は、今でも忘れられません。

あれから三十三年ほどたち、心不全でレントゲンを撮ってもらった時、背中に「何かある」ことがわかりました。一九八一（昭和五十六）年六月頃、背中がすごく痛みだし、夜も眠られない日が続きました。そこで、七月十日、背中にある「何か」を取り出す手術を受けました。その手術は、はじめは三十分ぐらいの予定だったのが、一時間三十分もかかりました。出てきたものは、焼夷弾の破片でした。なんと、三十六年間もの長い間、私の背中に「戦争」が残っていたのです。

「戦争」――なんといやな言葉でしょう。私は、心から戦争を憎みます。みんなが幸福な日々を送り、「平和」を続けたいものです。

六月七日

中田豊子さん◉当時十歳

空襲

あの日は朝から警戒警報がなったりして、防空壕を出たり入ったりしていました。その当時、家の中のはだか電球の電線に、毎年つばめがやって来て巣をつくってました。ちょうど頭が当たる高さにあったのですが、ふしぎと落ちることはありませんでした。ところが、その日の何度目かの空襲警報の時に、だれもぶつかっていないのに、かってにつばめの巣がどすんと落ちてきたのです。

「いやあ、巣落ちてるわ」

とみんなでとてもふしぎに思っていました。それがあの空襲のまえぶれだったのかもしれません。

ようやく警報が解除になったのを確かめて、母はごはんを炊こうとしてかまどに火をつけました。あさから防空壕に出たり入ったりで、まだみんなごはんを食べていません。私は、姉と妹とめいっ子とといっしょに庭で遊んでいました。そろそろごはんが出来上がりかけたときのことです。警戒警報と空襲警報が同時になったような気がしました。「あれ」と思ったら、それとほとんど同時に機銃掃射が庭先の地蔵さんのところに襲ってきました。母はあわててはだしのままで、

「防空壕に入りっ」

と叫んで、みんなを抱きかかえるように防空壕に駆け込みました。防空壕へ駆け込んで二回目の空襲がきたときです。父は家が燃えてしまうと思ったのか、「ここにおりや」と言って一人で防空壕から出て家の中にもどりました。

しかし、防空壕の中は地上の空襲で砂は落ちてくるし、いつつぶれるかわからないような様子です。となりの家も燃えているようで、蒸し暑くてたまりません。おまけに外の焼夷弾などでものすごい煙がたちこめています。これではいけないと思ったのか全員いったん自力で防空壕から出て、宮さん（中島惣社）の土手のほうに向かって逃げました。土手のところで母は私たちの手を一人ずつひっぱって上へあげてくれました。しかしその間にも建物は燃えているし、すぐ足元には焼夷弾が地面につきささったままになっているし、こわくてこわくてそこでみんなはばらばらになってしまいました。でもわたしと

姉だけはしっかり手をつないで、無意識にひの川（中島用水路）に向かって走っていました。

惨状

ところが道という道には、死体がゴロゴロところがっています。その死体につまずいてころんでは立ち上がり、必死で走っていました。途中で姉の友達らしき人が、焼けこげて、皮のベルトだけを身につけて立っていました。

「あんな赤い服着て、目立つのは誰や」

と叫ぶ人もいましたが、当時赤い服を着ている人などありません。皮膚がやけて、まっ赤だったのです。

そんなおそろしい光景を見ながら、川にたどりつき、水の中に入ったらなんと川がもえているのです。水がふっとうしたようにあつくて、入っていられません。私たちはびっくりして、人が一人が通れるくらいの橋の下の柱のところににげこみました。そこへ姉と二人でしばらくつくもって（しゃがんで）いました。しばらく様子を見て、橋の下から出て宮さんの鳥居の方へ走っていった時、また機銃掃射がおそってきました。鳥居でふとんをかぶっていた人に、いっしょにいれてもらい焼夷弾をさけました。気が付くと最初にふとんをかぶっていた人はいなくなり、私たち姉妹だけがふとんをかぶってました。

黒い雨

やっと鳥居から出てくると、昼間だというのに、あたりはあちこちで燃えているところが赤くなっているだけで、けむりで夜のように真っ暗でした。私たちはどっちに逃げたらいいのかわからなくなりましたが、とりあえず川のところへもどってきました。その時、

「あれ、雨がふってきたで姉ちゃん」

といって空を見ると黒い雨がふってきます。見上げたので、目に雨が入ってとても痛いうえに、顔がまっくろけになってしまいました。その時姉と二人でB29が石油をまいていったんちゃうかと思っていました。雨にぬれるので鳥居にもどり、ふとんをかぶって雨をよけようと思いましたが、すでにふとんもけむりがあがって焦げています。姉が「あかん」というので、どうしようもなく、ただぼうぜんと鳥居のそばで、黒い雨にぬれながら、二人してつっ立っていました。

うずくまる母・妹・めいっ子

いつの間にか雨もあがり、ふと見ると鳥居に通じている細い田んぼのあぜ道に父が立っているのが見えました。そこは田んぼに水を放つためのため池になっているところで、父の足元には母がすわっています。その父を見て姉は、

「さすが自分の嫁はん見つけんのん早いわ」

と言って父のところへかけつけました。そして母を見ると、妹の末子（三～四歳）を抱いてため池の水につけるようにしてうずくまっています。びっくりして「どないしたん」と聞くと、父が空襲でやられたんやと教えてくれました。焼夷弾にちょくげきされた母は背中に妹をおぶっていることを忘れて、いとこときめいっ子をかばうために抱きかかえてうずくまったそうです。その母の首の後ろあたりに焼夷弾が直撃したのです。いとこは無事でしたが、めいっ子もやけどをし、母と妹は重傷です。妹は背中におぶわれていたので焼夷弾が目に当たり、やけどで顔はまっくろけでまつげも焼けて目も見えません。なにもわかりません。

いちまさんみたいにかわいかったのに、おもかげもありません。妹は私のこえをきいて、

「とっこ、とっこ」

と呼ぶので母の手から妹をうけとり、抱き上げてやりました。

「とっこ、かゆい、とっこかゆい」

というので、

「ここか」と手を指さすと、

「うん」

というのでそっと手をかいてやると、手の皮がまるで手ぶくろをぬぐみたいにズルッとむけてしまったのです。手がやけどでむし焼きのようになっていて、むけた皮ふはかたいのです。私はびっくりして思わず手をはなしました。「こらあかん」と思って、かかずにむけた手の上からそっとなでてやりました。小指は中身がやけて、ぶよぶよになっていました。私もこわくなってもうさわれませんでした。

母はやけどで皮ふは赤茶色になり、顔も手も風船のようにふくらんでいます。母はぐったりしながらもうわごとのように私たち子どもの名前を次々に呼んでいました。今でもその時の気持ちをどう表現したらいいのかわかりません。ただその時のことを思い出すと、つらくて胸がしめつけられるようで涙が出そうになります。

私達はどうしてよいのかわからず困っていると、そばを大八車をひいたおじさんが通ったので、

「母と妹とめいっ子を乗せて」

と頼みました。ところが、

「それどころやないわ」

とどなられて、乗せてもらえませんでした。そのおじさんもけがをした身内の人を乗せて、病院へ運ぶ途中だったようです。仕方がないので、父は、

「ちょっとここでみといてや」

と母と妹のことを私たちに頼むと大八車をさがしに行きました。どこからかやっとかりてきた大八車に母と妹とめいっ子とをのせました。毛布もなにもありませんから、大八車の板の上にそのまま乗せました。今から思うと、やけどで感覚があったかどうかわかりませんが、痛かっただろうなと思うと、かわいそうでたまりません。

私は大八車の後ろを押しながら、淡路の駅前の病院（大川病院）へつれていきました。とりあえず病院へかつぎこむと父は、「ここはみとくから、いっぺん帰り」というので、私と姉は何かあったときに行くようにいわれていたおばさんの家へ行きました。

炊き出しのおにぎり

おばの家は池田橋の近くで無事でした。

おばが、

「正徳寺で炊きだしやってるからいっといで」

というので私たちは正徳寺に向かって歩きだしました。正徳寺で私たちはおにぎりを二個ずつもらいました。でも姉はせっかくもらったおにぎりを、

「あんた食べ」

といってわたしにくれました。

「なんで食べへんの、おなかすくで」

と言ったけれど姉は胸がいっぱいで食べられなかったようでした。私は朝から何も食べていなかったので、とてもおなかがすいていて、姉にもらったおにぎりも全部食べてしまいました。

おばの家にもどると、当時消防署につとめていた兄がきていました。兄は空襲で燃えている家を消し

てまわっていて、いざ自分の家にもどってみると家はすでに燃えていて、かげもかたちもありません。兄は自分の家を守ることができなかったのがくやしいと、後に消防署をやめてしまいました。兄に会って母や妹やめいっ子のことを伝えると兄はびっくりして、

「お前はここにおり」

といって私一人を残して姉をつれて病院へ行きました。私はおばの家で一人きりになり、しばらくは頭の中がからっぽになっていました。

妹の死　七日

夜になって兄と姉が帰って来て、

「末子死んだ」

と私にいいました。でも私はその時すぐには実感がありませんでした。とにかく頭の中がからっぽで真っ白になっていたのです。

妹はほんとうにいちまさんのようにかわいくて、着物の下に姉が縫ったモンペをはき、母が仕事の合間に作った赤い鼻緒をつけたかわいいぞうりをはくと、「とっこ、とっこ」と私の名前を呼びながら、ぞうりをパタパタさせて歩きます。その歩く姿がそれはそれはかわいらしかったのです。他の姉のことは「ねえ」と呼んでいたのに、私だけは「とっこ」と名前をよんでくれていました。でももうそんなかわいい妹の姿を二度とみられないのです。妹は死ぬまぎわに、

「とっこ」「あーちゃん」

と私と母の名前をよんだそうです。この日は、妹が死んだという知らせを聞いたあとのことは何も思い出せません。

めいっ子の死 八日　母の死 九日

妹が死んだ翌日の朝、めいっ子も息をひきとりました。

次の日の朝、母を淡路の病院から千里丘の病院へ移したそうです。私はずっとおばの家で待っていました。千里丘の病院へ移してから二日目、私は母につきっきりの姉のためにおかゆをつくっていると、昼頃父が病院からもどってきて母が亡くなったことを私に知らせてくれました。

「お前も来い」

と言われて、兄と父と私とで千里丘の病院まで歩いて行きました。そこで見た母の姿は、白いボールに目と鼻と口だけがついているみたいに、包帯でぐるぐる巻きにされていました。私はそれが母だとはすぐにはわかりませんでした。つきっきりだった姉がいうには、「水がほしい」というのでスプーンで一口か二口飲ませると、そのままことっといってしまったということです。私はあまりにもショックで本当の母の顔が思い出せなくなってしまいました。今だに包帯でぐるぐる巻きにされた母の顔と大八車に乗せた時の赤茶色というか黒くはれあがった顔しか思い出せなくなってしまったのです。

長い間の空白にくるしむ

思い出せないのは、母の顔だけではありません。妹と母を病院に運んだあとのことがよく思い出せないのです。無理に思い出そうとすると、何かむなしいような、不安な気持ちになってきます。妹が死んでからの三日間から一週間ぐらいが私の人生の中で空白になって、思い出すのは先に書いた母の顔だけです。母の顔を思い出すとつらくて、当時本当に頭の中がからっぽだったのか、自分の中で思い出したくない気持ちがあるのかわかりませんが、自分でもはがゆくなります。

姉にあの当時の事を聞いて、少しは、思い出してきたように思います。

今、私は、母を失い、妹を失い、めいっ子を失いましたが、わずか十歳ぐらいの私が、よく生きのびられたものだと思ってます。ばくだんや、焼夷弾や、機銃掃射を思い出すと、ぞっとします。ほんとうに十歳にして生き地獄を見た思いがします。今思えば毎日泣き暮らしていたようです。十歳での戦争体験はあまりにも悲惨すぎ、こわさだけが心に残ってしまいました。だから、長い間そのころのことを思いだしたくなくて毎日の生活に追われて過ごしてきました。


（一九九三年 第十九回部落解放文学賞・識字部門入選作）

どうしてやろ なんで なんで

鄭 末鮮（チョンマルソン）さん◉当時十二歳

私の父と母・来日の経過

私の父親は、鄭鉉大（ヒョンデ）といいます。一八九五（明治二十八）年、慶尚南道陜川郡双栢面（サンベク）生まれの末っ子でした。一九二四（大正十三）年頃、日本に来ました。本貫――姓をつくった始祖の出身地を創氏改名の氏にし、八渓（やべ）を名のっていました。

来日の理由ははっきりとしませんが、末っ子のため、朝鮮では生活できないので、知り合いを頼ってきたのではないかと思いますが、どういう経過で、日本のどこに最初に来たのかはわかりません。

母親は、呉又南（オウナム）という名で、父より十二歳下の一九〇七（明治四十）年生まれでした。

朝鮮で結婚し、父が先に日本に来ました。母は長男を身ごもっていたので、親が、「知らない土地での出産はたいへんだから、子どもを生んでから日本に行くように」と、引きとめました。あとから、生まれて百日めくらいの長男を連れ、日本にいる父親に合流することになり、故郷を出るとき、祖母が、

「途中、列車や船の汽笛のポーッという音にびっくりしたらあかん」

と、赤ん坊の耳に綿を詰めてくれ、苦労してやって来ました。日本では、どこに住み、どういう仕事をして暮らしたのかは、はっきりとわかりません。

私のきょうだい

兄（長男）は、一九二五（大正十五）年生まれで、鄭主永（チュヨン）という名前です。十九歳で徴兵検査に合格し、出征する日が来るのを待っていました。父と兄とは、土木関係の仕事をしていました。弁当を持って行った記憶はなく、しばらく家を空けては帰ってきていたので、おそらく遠いところへ住み込みで働きに行っていたと思います。仕事が終わると家に帰ってきて、また二人で一緒に仕事に出かけていきました。貧しかったけれど、兄はギターが好きで、コツコツ貯めたお金で買い、よく弾いていました。

空襲の当日は、家にいました。空襲で死ぬくらいなら、徴兵されていたほうが死なずにすんでよかったかもしれないと思います。

姉（長女）は鄭鮮伊（ソンイ）といい、一九二八（昭和三）年生まれの兄より三歳下で、二〇二〇年に亡くなりました。空襲当時はすでに結婚していて、三重県に住んでいました。

姉（次女）は、鄭再鮮（チェソン）といい、一九三〇（昭和五）年生まれで、長女より二歳下でした。空襲当時は、

滋賀県の石山にいた母方の祖母の家にいました。

三女が私、鄭末鮮、一九三三（昭和八）年生まれです。

妹（四女）は、鄭畢鮮（ピルソン）といい、一九三五（昭和十）年生まれで、私より二歳下でした。空襲で亡くなりました。

弟（次男）は、鄭寅永（インヨン）といい、小さいとき病死しました。

妹（五女）は、鄭花子といい、一九三九（昭和十四）年生まれのよく寝る子どもでした。空襲に遭ったのに、父の背中に負われてぐっすりと寝ていたらしく、空襲の記憶はありません。

弟（三男）は、鄭越男といい、空襲で亡くなりました。

私の思い込みかもしれませんが、母親のお腹（なか）には、赤ん坊がいたように思います。

日之出に住んで

私は奈良で生まれ、物心ついたら、日之出地区の正徳橋の北側の日之出湯の前にある家の二階に間借りして住んでいました。その後、正徳橋の南側の東、通称「むかいがわ」の二戸一（にこいち）の家に移りましたが、なぜ日之出地区に住んだかはわかりません。誰か知っている人がいて、住み着いたと思います。

学校は啓発第三国民学校[*1]へ通いましたが、勉強はあまりした覚えがなく、防空頭巾をかぶり机の下に潜ったり、薙刀（なぎなた）訓練をしたりしたことを覚えています。学校では、友だちもできず、楽しいものではありませんでした。男の子に「くさい、くさい」と言われ、「朝鮮人」と名指しされました。当時の私は、「八渓末子（まつこ）」と名のっていて、家でもキムチなど漬けていなかったので、朝鮮人としての自覚がなく、なんで朝鮮人と言われるのかわかりませんでした。

父母とも、朝鮮では教育を受けていません。父と母は朝鮮語で会話していたようですが、母も家で子どもたちとは日本語で話をしていました。

日之出での思い出は、日之出湯に入ったこと、まわりの人の言葉が荒く、けんかをしているように聞こえたことと、兄が、子どものいない町会長さん（北井さんの一族か）にかわいがってもらっていて、「手伝いに来て」と呼ばれて行ったときに、帰りに何かをもらってきて、それを楽しみに待っていたことなどを覚えています。

一九四四（昭和十九）年から学童疎開が始まると学校へは行かなくなりました。母が、「学童疎開に行くと、朝鮮人と差別をされるのがかわいそうだ」と言って、行かせなかったからです。

ひとりで逃げて――空襲で家族四人を奪われる

私たちの家族は、長女の鮮伊が、家におれば挺身隊にとられるというので、一九四四（昭和十九）年、十六歳のときに三重県の同胞の家に嫁ぎました。次姉の再鮮も石山の母方の祖母のところに行っており、空襲当時は、姉二人を除いて七人がいました。

家では、大阪が二度の空襲――三月十三日〜十四日の第一次大阪大空襲と六月一日の第二次大阪大空襲に見舞われ、ここにいたら危険だと感じて、知人を頼って兵庫県へ疎開しようと準備をしていました。知人は呉服の仕立てをしており、田舎で、山の下に小さな家があり、布団や着物はすでに送っていました。

一九四五（昭和二十）年六月七日の朝、父と兄が自転車に荷物を積んで東淀川駅に行き、列車に積もうとしたら、

「六月五日の神戸空襲で貨物線は止まってしまったので、人は乗れるが荷物は運べない」

と言われました。それで、父親は荷物を持って帰ってくると、
「荷物は自分が送って、後から行くから」
と言って、母と子どもたちを先に行かせようとしましたが、母は、「家族一緒でないといや」と言い張り、行きませんでした。そんなやりとりを聞いてしばらくして、空襲警報が鳴り響きました。まだ、お昼にはなっていなかったと思います。今までは、空襲警報は二度鳴るのに、六月七日は一回鳴るやすぐに、編隊飛行機の音がしたかと思うと、「ドカン」と地球がひっくり返るような、耳をつんざく大きな音が炸裂しました。二度目のサイレンが鳴っていたら、私は家族と一緒に逃げていたと思います。

ところが、私は、どぶ川（中島大水道）と家の間の道で一人で遊んでいて、あまりの恐怖で、とっさに他の家からワーッと飛び出してきた人々の後に付いて逃げました。逃げてる間は、麦畑にしゃがんで焼夷弾の雨を避けたりしてましたが、熱さでどぶ川に飛ぶこむ人や、麦畑の水たまりで死んだ人の姿も見ました。

学校と反対側の人家の少ないどぶ川沿いに、中島惣社の北側を逃げました。国鉄の踏切を越えて、北中島国民学校（現在の大阪市立北中島小学校）のあたりまで逃げました。暗かったので、何か足につまずくのがあると思ってみると死体でした。

焼夷弾が雨あられと降り、あたりは真っ黒、気がついたら黒い煙に包まれていました。幸いなことにP51の機銃掃射にはあいませんでした。すごく歩いて、まっ黒な煙で暗いなか何人かと逃げて、電気の灯りを頼りにその家に入れてもらい、土間で着の身着のまま寝たような気がします。食べ物は口にしなかったと思います。細かいことはわからないが、怖かったことは鮮明に覚えています。

翌日、木の箱に入ったおにぎりが配られました。食べたような気もしますが、味も覚えていません。

しばらくすると、父が妹の花子を負ぶって、一軒一軒回って、私が避難していた家を探して来てくれました。父の姿を見てほっとしましたが、他の家族の姿はありませんでした。花子はよく寝る子で、空襲の怖い記憶がないことが幸いでした。父に、母親たちを見ていないかと聞かれました。

中島惣社の鳥居まで父が花子を背負い、兄が越男を背負い、母が畢鮮の手を引いて逃げたけれど、中島惣社の鳥居のところで、「ドカン」という爆弾の破裂音ではぐれたと聞きました。その後、父たちがどう逃げたのかは知りません。父は、

「あのお宮さんのところやわ。いっぺん、中島惣社まで行って見てくる」

と、花子を私に託すと探しに行きました。そして、中島惣社の鳥居のところで、四人の死体を見つけたのでした。一時間たったか、三時間たったか、帰ってきた時の父の様子を見ると、だいたいの察しがつきました。「お母さんは」と聞いても、母たちの死を告げるだけで、詳しいことは言ってくれません。「とにかく見ないほうがいい」と言いました。

ずいぶんと日が過ぎてから、父が姉と話をしているのを聞きました。妹の遺体はなく服がバラバラに飛んでいて、弟は内臓破裂、母と兄は頭だけしかなく、正視できるものでなかったとのことでした。父が「遺体をどうしたものか」と思案していると、「個人で手を付けたらあかん」と言われ、父親もあきらめてそのままにして、大阪を離れました。

父親のその時の気持ちは、いかばかりだったか。私は、対面もしていなかったので、母たち四人の死の実感がなく信じられませんでした。涙も湧いてこず、長い間、涙を流して泣くことができませんでした。これは夢で、いつか覚めるという思いでした。

私たちは、一緒にいた人々とともに千里山のほうを向いて逃げ、途中、すり鉢状になった一トン爆弾

が落ちた跡を眺め、空襲警報が解除されたので、お世話になっている家に帰るというあんばいでした。父、私、花子と家族三人になってしまいました。父が「兵庫県に行こう」と言いだし、呉服屋をしている同胞の家に向かいました。

途中の神戸駅で、捕虜になった米兵が裸で仕事をしている姿を目撃しました。

「あの米兵が爆弾や焼夷弾を落として、家族四人を殺したんや」

と、憎たらしく思いました。着いた家は山の下の小さな掘っ立て小屋でした。兵庫のその家には、布団も着物もあって、とても助かりました。

一九四五（昭和二十）年八月十五日、天皇の終戦を告げるラジオ放送を聞きました。もちろん、家にはラジオはありません。ラジオ放送を聞いて泣いている人もいました。私はよくわからなかったけれど、「戦争せんでもええんやで」と言われたのを覚えています。

戦後とその後

いつかわからないが、長姉夫婦を頼って、兵庫県から滋賀県の能登川（のとがわ）に住み、父親は琵琶湖の干拓をする土木工事の仕事に就きました。それから、近江八幡（おうみはちまん）に住み、そして、今住んでいる野洲（やす）にやって来ました。

父は、どうしても男の子が欲しかったので、娘を二人連れた日本人の妻と結婚しました。

「大きい娘がいると波風が立つ」ということで、私は、十五歳のときに、九歳上の同胞の忠清道出身の夫と結婚しました。まあいうたら口減らしでした。幸い、夫は苦労した人なので思いやりがあって優しい人でした。生活はとても苦しく苦労しましたが、幸せでした。結婚後は、ずっと「田中末子」と名のって、朝鮮人を隠して生きてきました。

夫は一世で、幼い時に両親を亡くし、祖母に育てられました。十九歳で日本に来て、朝鮮でも日本でも教育を受けておらず、非識字者でした。さまざまな日雇いの仕事をしましたが、ほとんどが土木工事の仕事でした。野洲は、昔は雪が多く降り、寝ている子どもの顔に雪がかかってくるような家でした。その日その日の行き当たりばったりの仕事で、月に半分仕事があったらいいほうでした。本当に無我夢中で生きてきました。

母の顔が思い出せない

空襲で家も焼け、何もかも失い、写真はもちろんありません。兄の名前もはっきりしません。

私は十二歳だったのに、母の顔を覚えていません。姉たちは、私と兄は母親に似ている、と言っていました。母は、二重まぶたの大きな目で、口が大きく、鼻が高かったそうです。大きな口を開け、スプーンでご飯をおいしそうに食べていたことは覚えています。

母は、家でファスナーやピン止め、メリヤスを止めるリンキングの内職をして、家計を支えていました。空襲前は内職もなくなり、働きに出ていました。自分の母親から日本へ行くときもらった真鍮(しんちゅう)製のはし、スプーン、食器を大切にしていましたが、金属供出で持っていかれてしまいました。朝鮮の肉親に一生使えると思っていたのに、「親からもらったものはすべてなくなった」と嘆いていました。朝鮮の肉親に一度も会えずに亡くなってしまいました。

「あの戦争がなかったら、あと二カ月終戦が早かったら、こんな目にあわずにすんだかもしれない」と思うと、悔しくてなりません。母の最期の姿をみていない私は、涙が出ませんでした。母親の顔さえ思い出せません。

いまだに両親が日本に来たことを、「どうしてやろ、なんで、なんで」と思い続けています。

本名を名のり、過酷な空襲を語ること

七十歳になった二〇〇〇年代半ば頃、在日一世・二世の高齢者が集う「湖水（ホス）の会」に、読み書きを習いたいと相談したところ、中学校教師の高野真知子先生との出会いがありました。

チャンゴ（朝鮮半島の伝統的な打楽器）も習い、本名で生きること、朝鮮人として生きることに背中を押されました。植民地の歴史も知り、文字も獲得し、胸にしまってきたいろんなつらいことをちょっとずつ語りはじめ、心の奥底にしまい込んでいた空襲のことも語ることができました。

崇禅寺の霊記に刻まれた鄭末鮮さん家族の刻印(2021年8月)

今では毎年、地元の小学校で戦争体験を話しています。三十分くらいですが、子どもがじっと目を見て真剣に聞いてくれているので、話し甲斐（がい）があります。

数年前、長姉と、崇禅寺の戦災犠牲者慰霊塔に手を合わせ、霊記に母たちの名前を探しましたが、ないことに気づきました。霊記には、「行方不明者四十八名」と刻まれており、おそらくこのなかに私の大切な家族も含まれているのでしょう。今は、亡き母たち四名の名前が、霊記に刻印されることを願っています。

日本の過酷な植民地政策で、祖国、ふるさとから引き離され、日本に来ざるをえなかったことで、日

本政府に対する憎しみと怒りを覚えています。その一方で、祖国の朝鮮半島のことを思うと、思いようによっては、父たちが日本に来たので、これだけの生活ができ、子どもたちも真面目に成長してくれたことを幸せだとも感じています。日本以外の国に行っていたなら、もっと苦労したかもしれません。でも、いつも「どうしてやろ、なんで、なんで」日本に来たのかと思うのです。

＊1　啓発第三国民学校…一九三四（昭和九）年三月、大阪市啓発第三尋常高等小学校創立。一九四一（昭和十六）年、小学校を国民学校と改称。現在の旧大阪市立西淡路小学校。今は跡地になっている。

崇禅寺の戦災犠牲者慰霊塔・霊記について

大賀喜子

不思議なご縁があり、鄭末鮮さんからの聞き取りを最後に掲載しました。聞き取りにあたってお世話になった十五年戦争研究会の塚崎昌之さんは、崇禅寺の戦災犠牲者慰霊塔の「霊記」に刻まれた名前について以下のようにのべています。

崇禅寺の慰霊碑は、戦災犠牲者の名前が日本人だけでなく、朝鮮半島から来日した人々の名前が刻印されている数少ない貴重な慰霊碑である（一九四六年に建立された豊川海軍工廠戦没者供養塔に、朝鮮人空襲犠牲者の名前も刻まれている。また、ピースおおさかの「刻の庭」もその一つである。あと、空襲犠牲者に限定しない戦災犠牲者の碑を考えるならば、沖縄の「平和の礎（いしじ）」も朝鮮人名を記している）。先代の住職の西岡祖学さんの見識の高さと、遺族会と地域の取り組みの賜物（たまもの）と思われる。

記名者が四百七十名、不明者四十八名で計五百十八名である。鄭末鮮さんの家族四人を含めて、朝鮮人確定者は七十三名となり、五百十八名の一四・一％を占めることになる。記名者の中にも朝鮮人の可能性のある名前もあり、不明者にも朝鮮人が多いと思われ、実際にはもっと高くなるはずで、二〇％弱程度にはなるのではないか。

一九四二年の東淀川区の朝鮮人人口は三万二千四百九十七人で、東淀川区全体の人口に占める比率は一二・五％、大阪市全体の人口の朝鮮人人口の比率は一〇・四％であるから、東淀川区は市内の中でも、多かったことになる。一九四五年には、大阪市内の朝鮮人人口は減り、約二十四万人で、一九四二年と比べると四分の三程度になったという。一九四二年の朝鮮人人口は三十一万七千七百三十四人なので、三万二千四百九十七人の東淀川区は一〇・二％になる。崇禅寺の朝鮮人犠牲者の占める比率が二〇％弱だとすると、崇禅寺周辺には、東淀川区の中でも、より多くの朝鮮人が住んでいたことがわかる。

朝鮮半島から来た人々もふくめて、崇禅寺の慰霊碑に名前を刻印する運動（行方不明者の残り四十四名の方の名前と、希望する方には創氏改名で記された名前を本名で刻印する）をつづけ、慰霊祭を末永く伝えていきたいと思います

なお、二〇二一年の慰霊祭のもようは、七月九日、ＮＨＫの「かんさい熱視線」で紹介されました。また、鄭さんのご家族の名前は、八月に霊記に刻印されました（行方不明者は四十四名とすべきですが、四十八名のままです）。

第六話

朝鮮半島から来た人々

プロローグ

みやらけにたどりついた人々の証言

大賀喜子

日本の植民支配からのがれて

みやらけに朝鮮半島の人々が住み着いたのは、いつからでしょうか。それを明らかにするのは、不可能に近い状態です。土台になる行政の記録とか統計的な数字とか、工場・企業・労働組合などの原資料が存在しないからです。資料がないうえに、戦前から来住し敗戦後も住み続けた人が誰一人としていないという事情もあります。ですから、戦前のことは、日本人からの「聞き取り」からしかわかりません。

一九一三（大正二）年生まれの北井悦治さんは、「日之出（ひので）に朝鮮半島出身者が住み着いたのは、昭和の初めごろです。急に増えたのは、一九三五（昭和十）年で、西尾さんの借家――まわりあんどうや、万井さんの借家――通称むかいがわに住んで、多くは土木作業や日雇いの仕事をし、後になると寄せ屋などをしていました」と証言しています。

ところが、一九二六（大正十五）年五月六日付「大阪朝日新聞」の記事（次頁、「十五年戦争研究会」塚崎昌之さん提供）では、一九一七（大正六）年には、日之出地区内の居住を証明する記事が出ています。記事に書かれているように、夫鄭小頭（ていしょうとう）さんが不治の病にかかったため妻は手内職を始めますが、内職業者の島田忠三郎さんは、東宮原水平社の代表であり全国水平社第二回大会の副議長を務めた人物です。この記事からは、さまざまなことが考えられます。一九一三（大正二）年から部落改善の啓振会の活動が始まり、それに対して一九二二（大正十一）年に水平社が創立されます。その間、貧しいものがお互いに助け合ったとも読み取れますし、また、部落の富裕層が貧困ビジネスを展開したとも考えられます。

日之出に住み着いた朝鮮の人々は、日本の植民地支配による過酷な土地調査事業で先祖代々の土地を失い日本に来た人と、先に来た人を頼って仕事を求めて来た人であったとみられます。

山下飯場

一九四五（昭和二十）年六月七日、十六日、二十五日の三度の空襲で家を失い、流浪し祖国へ帰国したり、はたまた祖国への帰国をあきらめ他所に移住したりしたのではないかと考えられます。

敗戦後しばらくしてから、いろんな事情から、通称「山下飯場」といわれる大きなバラックに十数家族が次々と住み着き、一、二軒、日本人の家族も交じっていました。窓もない薄暗い小屋で、間をベニヤ板で仕切っているだけで、床は斜めになっていたので、ちゃぶ台を支えるために新聞紙を敷きつめて平らになるようにしていました。共同便所と共同井戸で、便所のすぐそばに井戸があるような不衛生な状態でした。しかも、小さなどぶ川の上にバラックが建っていたので、夏場はハエやカに悩まされました。改良住宅の建設のため、視察に来た大阪市建設局の職員も、

「このような劣悪、不衛生極まりないバラックは見たことがない」

と嘆息していました。

敗戦後山下飯場に住み着いた人々は、さまざまな来歴の持ち主でした。

飢に泣く
鮮人一家に
老人のなさけ

釜山生れの朝鮮人鄭小頭(二十五)は大正六年以来大阪東淀川區日出町に妻と二人の子と共に住み、性質温良で眞面目に働くところから附近の人々にも評判がよかつたが昨年鄭が不治の難病に罹つたため働き手を失つた一家は忽ち糊口に窮した、それで妻の金妙男は病夫看護の傍ら附近の自轉車用靴製造業島田忠三郎方の手内職を始めたが、一日四十錢の收入は一家四人の口を糊するに足らず、わづかに附近の人々の同情に露命を繋いでゐる有樣に、十三橋署では大いに同情して鄭の施療を始め何くれとなく救護に努めてゐた、折しも數日前十三橋署長を訪れた六十餘りの品のいゝ老人が、隱居の小遣ひを節約した金とて金十圓を差出し氣の毒な人の生活の足しにもと申出でたので署長も大いに喜び早速鄭の妻を呼出して手渡したので、同女は幾度も禮をのべ頂いて匿名の篤志家の情に涙とゝもに感謝して引取つた

「大阪朝日新聞」1926年5月6日朝刊9面

土地調査事業で土地を取られて農業ができなくなり日本に来た人、戦争に協力させるための徴用（強制連行）で炭鉱や中島飛行場の労働者として来た人、親について仕事を求めて来た人、また、福岡県や大分県の山奥で炭焼きをしていた家族がとくにたくさんいました。日之出にたどりつくまで、実に各地を転々と旅してきた人々でした。

女性たちから聞き取りをすると、年齢を二十歳も若くごまかされて結婚した話や、籍を入れる時に朝鮮半島に妻子がいたことがわかった話、過酷な境遇と労働にくわえ民族差別への苦悩から、そのはけ口として酒乱や家庭内暴力（ＤＶ）の耐え難い苦しみを訴えた話などがありました。夫が働かなくなり、そのうえ家庭内暴力に絶望し子どもたちを道連れに電車に飛び込もうとした時、寸前に気がついた友だちに救われた話もありました。

闘いを通じてえた相互理解と交流

日之出では、一九六六（昭和四十一）年六月、第一次住宅要求組合が作られ、翌一九六七（昭和四十二）年十二月に百四十戸が入居し、朝鮮籍、韓国籍の人々も全員市営住宅に住むことができました。当初、大阪市は国籍条項を盾に、「日本人に限る」と言いはりました。しかし、「国籍は関係ない、一緒に住んできたんや」と夜を徹した粘り強い交渉で、ついに大阪市に入居を認めさせました。この闘いで、「朝鮮人や韓国人に対する差別意識」は薄れ、日之出地区に住むという一体感が生まれました。とはいえ、「何で日本に来たんや、帰れ」という意識は、完全に払拭（ふっしょく）できたわけではありません。

「遠慮しながら生きている、心ない差別を受けた」

という証言もあります。けれど、日本で初めて市営住宅入居で国籍条項を突破した闘いは、それ以後、多くの当事者と日本人に民族差別を取りのぞく勇気と希望を与えました。

もっとも有効な啓発は、闘いのなかでこそ進むと確信しました。

「やっと、安住の居場所が、骨をうずめる場所ができた」

「指導者に足を向けて寝られん」

「安心して貧乏ができる」

と喜びの声が寄せられました。それと同時に、反面、

「朝鮮・韓国人としての自覚と差別と闘う意識を曇らした……」

という、同じ同胞の人々や団体からの指摘がありました。

「『部落民になれ！』と、同化を促したのではないか」

という批判もありました。こういった課題について、とりわけ被差別部落に住む外国籍の当事者と地域に対しては、実践で答えを示すことが求められてきました。


グローバル化する世界と少子化の進行で、難民、移民、外国人労働者の受け入れは待ったなしです。さらに、二〇二〇年の新型コロナウイルス感染症（ＣＯＶＩＤ－19）のパンデミック（世界的大流行）の発生により、人と人との関係性や政治、経済、文化、教育も大きく変化していくと思われます。みやらけにたどりついた朝鮮半島から来た人々の貴重な証言から、苦闘の歴史とその闘いに私たちは真摯（しんし）に学ぶことが大切です。

過去の植民地支配と戦争の負の歴史から、目をそらすことはできません。なかったことにはできないのです。心からの謝罪と戦後補償をするよう日本政府に求め、アジア・太平洋諸国の人々との、平和と友好の新しい関係性を粘り強く構築していきたいと思います。

人生は旅

帳（チョウ） 末守（チャガ）さん◉一九〇三年生まれ

田や畑を奪われて

私は、韓国慶尚南道にある田舎の出身です。

十七歳で結婚式を挙げて、十九歳で実際に結婚しました。韓国では、親元にゆとりがあると、式を挙げてもすぐに娘を結婚させせません。実家も嫁ぎ先も裕福な農家で、夫は役人でした。

結婚してしばらくすると、田や畑が日本人に取られました。百円、二百円くれただけで自分のものにしてしまい全部取られてしまいました。後で、これは日本人が朝鮮の土地を日本人のものにするための「土地調査事業」というものだと知りました。土地調査事業は、決められた期間に土地所有の申告をしなければなりません。複雑な申告手続きや理解がむずかしい内容でした。朝鮮総督府の意向を受けた人々が威圧的に進めていき、多くの朝鮮農民は土地を失いました。私たちもその被害者、犠牲者でした。

私は結婚する時に、田や畑に山、牛二匹を持参金として持っていきましたが、四年目からぼちぼち取られ、五年目になったら何にもない状態でした。田や畑がなくなったので、もう農業はできません。私たちは、日本人のところで洗濯や家事をしてお金をもらい生活していました。

朝鮮で生活ができなくなると、土地を取り上げた日本人たちが、

「仕事を探しに、満州へ行くか、日本に行くか決めろ」

と命令しました。満州は寒いというから、日本へ行くことにしました。

日本へ、子どもの死

先に夫が日本に行き、山口県の下関の夫から「こい」という電報がつきました。私はポンポン船に乗って、子ども一人と日本にやって来ました。釜山から百人以上乗り込み、ポンポン船は人でいっぱいでした。揺れるたびに水がどっと入ってくるので、着ている物は水でぬれました。

「日本へ行け」という命令なので、食糧費や交通費は出してくれると思っていましたが、一銭も出してくれません。それどころか、船に乗る時、「金をあるだけ出せ」と全部取り上げられてしまいました。だから、下関に着いた時は、一銭のお金もありませんでした。

下関から子どもを負ぶって歩いてなんて、話になりません。宇部で二晩野宿しましたが、霜が子どもについて子どもの体から水がさらさら流れました。十一月頃でした。子どもはお腹をすかせて、私もお腹がすいて、しかたなくイモ畑でイモ二つ盗んで食べました。洗うとこがないので草でふいて、かんで子どもに食べさせました。子どもは二歳でした。しばらくして、栄養失調で死にました。「いま生きていたら……何歳」と、いつも数えています。

最初、広島の福島町に、同胞がたくさんいるからというので行きました。しかし、みんな酒を飲んではけんかします。夫は、ワイワイいうのは好きではありません。そやから呉に行き、四畳半の部屋を一つ借りました。ありがたいことに、そこの家主の奥さんは、ものすごく可愛がってくれました。

「旅に来たら、つらい悲しいことあるな」

と言うてくれ、私は「オモニ、オモニ」と呼びました。

夫の名前は李吽宰といい、一八九七年生まれです。官庁に勤めていた学者タイプのまじめな人間で、何にもできません。だから、私がボロやクズを買いに行き、それを売って生活しました。仕事になるもの、何でもしましたよ。何とか田や畑を買い戻そうと思ってね、夜も昼も働きました。夜も昼もわからんと働きました。そやけど、田や畑は戻らんかった。そんな生活で、子どもを上二人死なせました。あと四人兄妹が生まれました。

私は被差別部落に因縁があります。広島でも呉でも被差別部落で暮らしました。部落の人々は親切や。食べ物、少しでもあまったら、「食べ、食べ」と言ってくれます。口悪いけど、根はあっさりしています。同じ貧乏人やというやさしさがあります。同じ日本人が部落を差別する、これはおかしいと思いました。

原爆・空襲・買い出し

呉市にいる時に、原爆をあびました。ここは爆心地から離れていたので、直接の被害はありませんでした。だけど、焼夷弾と機銃掃射で、せっかく苦労して建てた家が焼けてしまいました。

しばらく防空壕やバラックで生活して、大阪へ出てきて、梅田の闇市で衣類の商売をしました。親しい人が果物屋をやっていて、商売のやり方を教えてくれました。畳一畳のところで始めました。衣類だけでなく、売れるものは何でも売りました。北は青森、南は鹿児島まで買い出しに行きました。三人で組んで、日本全国への買い出しの旅でした。警察に引っかかり、せっかくの品物を押収されることはしょっちゅうでした。

一度、広島の奥へ買い出しに行って、米一石を買いました。巡査が調べにきたので、私は三等分して、負ぶって両手にさげました。

「おい、おばはん、なんや？」

「米や」

「なにするねん？」

「食べるねん」

「ヤミ米はあかん！」

「ヤミを誰がさしたん。あんたらがつかまえるから、ヤミをするんとちがうか！」

と、もめました。ちょうど昼飯時で、巡査の弁当は二つかさねの弁当やった。

「なんやこれ？」

「ごはんや」

「ちょっと見せてえな」

見たら、玉子やらカマボコやら、いっぱいおいしいものが入っていました。あの時は、腹立ちました。

「おまえら、こんなええもん食べてるから、町の子がお腹すかしているのがわからんのじゃ！」

と思わず言ってしまいました。私は、自分の米を持って帰りましたよ。

日之出に住みついて

当時、杉岡さんが梅田で靴みがきに来ていて、夜帰る時、道具を私の店へ預けに来てた関係で、「うちの近所へ来いや」と言って、家を借りてくれました。それが、通称山下飯場だったのです。まあ、たいへんなところでした。それから、田中住宅にはいりました。

日之出に住みついてしばらくして、教科書代などの無償を求める教育闘争がおこり、解放同盟の支部が結成されました。子どもらは商売に精を出し、私は部落解放同盟にのめりこみました。言葉も、なまりがあってすぐに韓国人だとわかるし、初めから韓国人だということははっきりさせていました。それもあってか、日之出に住んで韓国人ということで差別されることはなかったです。でも、努力はしました。自分からあいさつするように気をつけました。たまに無視された時は、ぐっと呑み込んでいました。そんなふうにしないと、「旅」を歩けません。

戦前の差別はキツイ、キツイ、話にならん。日本が戦争に負けて、日本の植民地支配から解放されて、私らが差別されてきたということがわかりました。

「自分の人生は何だったかなあ」と、時々思います。自分の人生は旅やったと思う。旅から旅やった。

民族学校閉鎖と闘って

帳鳳舜（チョウスン）さん◉一九一六年生まれ

十七歳で日本へ

日本に来たのは十七歳の時です。結婚相手が名古屋に来ていたので、私と弟と、父と死に別れていた母親と一緒に来ました。兄二人も、すでに名古屋に来ていました。

私の夫は最初、大同製鉄所で旋盤工として働いていました。そこは鉄砲を作るところです。結婚する時は、やめていました。夫は学問が好きで漢文ができ、体を真っ黒にして働く人ではなく、少し道楽をする人でぶらぶらしていました。夫は二十歳で日本へ来て、私とは十七歳の年齢差があります。韓国では役人になるつもりでいたのが、日本の植民地支配で自分の希望がつぶれてしまい、絶望してしまったのです。それからは働こうとはせず、働いて家族を養うなどしなくなりました。

年に七回も引っ越し

名古屋で、平屋の文化住宅に住みました。当時は、朝鮮人に家を貸してくれなかったので、知り合いの日本人の名前で入りました。いわゆる名義貸しです。日本名で入れたが、朝鮮人とわかると、

「家賃もいらん、黙って出てくれ」

と言われました。それでも出ないと、

「家をつぶすから、出てくれ」

と言って、実際に家をつぶしに来ます。こんなんで、借家探しに苦労しました。

一年に七回も家を替わりました。なんでそんなに替わったか、不思議でしょう。つてを頼み、家を借りるでしょう。名義を貸してくれた日本人の子どもや親戚の人が結婚するとなるでしょう、そうしたら、家を出て行かなあかんようになります。すると、また名義を貸してくれる日本人に頼まなあかんことになり、二、三カ月いたら、そこも出て行かんとあきません。そんなんで、住む家探しには、ほんま苦労をしました。

私が日本に来た時は日本語がぜんぜんできず、他人がバカと言っても何の意味かもわかりませんでした。それはそれで、わからんので幸せだったのです。わかれば当然傷つくでしょう。

名古屋に十年ぐらいいて、大阪へ来ました。住吉大社の近くに三、四年ぐらいいて、そこから岡山に行きました。日本が戦争に敗れ、祖国が植民地支配から解放されたので祖国へ帰ろうと思い、下関へ移動しました。たくさんの人であふれ、なかなか船に乗れないので小倉に行きました。そうこうするうちに朝鮮戦争が始まり、帰国ができなくなりました。それで下関に戻り三年ほどいて、それから神戸の灘区に行きました。そこで逮捕され、大阪の柴島（くにじま）に住みました。それから「日之出の山下飯場は家賃が安い」と聞いて、住むようになりました。

長男をなくして

二十歳の時、名古屋で長男を産んで、四歳で死なせてしまいました。それも、やけどでなくしました。土木作業の仕事をしていたので、朝仕事に行く時、土建の仕事だから、みんな「とんど」を焚きます。寒い時、子どもがとんどのそばに行ってね、着物に火がついたのです。すぐにわからんとね、気がついたら子どもは火だるまになっていました。全身やけどでね、かわいそうなことをしました。その後、子どもが四人生まれました。

当時、私は若かったし、体が大きく丈夫でした。力もあったので、男の人と一緒に土建関係の仕事をしました。杭打ちの仕事をし、ハンマーでたたいて割らなあかんから、力がないとできません。ビルができると、掃除の仕事もしました。夫が家でぶらぶらしていたので、子どもは夫に任せっきりで、私はもっぱら仕事に行きました。当時はミルクがないでしょう。お米を炊いて、その汁に砂糖を入れて、飲ませて大きくしました。

名古屋から、大阪の住吉へ来ました。兄が土建関係の仕事をしていたので、バラックを建ててもらって、そこに住みました。住吉では、兄の仕事のてったい（手伝い）をしました。三、四年おりました。

そこから岡山県の海岸通りへ移って、飛行機の翼にはる布地をつくる工場で働きました。ところが、空襲で焼け出されてしまいました。

そこで、山奥の「にごり」といわれている電気もないところへ疎開し、八月十五日に解放を迎えました。それで、岡山県の海岸通りまで降りてきました。祖国へ帰国しようとして、下関ですべてをお金に換え下関に集まりました。知り合いの家に、こみこみで寝させてもらったり、野宿生活をしたりして、帰国船を待ちました。けれど、結局船が壊れたりして、帰国をあきらめました。

下関では食っていかなあかんので、ありとあらゆる仕事をしました。ぬすっと以外、やらん仕事はありませんでした。それから神戸に来て、将軍通りに住みました。

民族学校閉鎖と闘って

一九四五（昭和二十）年八月十五日の解放後、日本の学校を借りて、同胞の子どもたちに民族教育（朝鮮語と朝鮮半島の歴史や風習、文化）を教えようと、民族学校をつくりました。

ところが、「閉鎖してくれ」と神戸市が言ってきました。そこで、神戸市へ交渉に行きました。子ども二人が民族学校に通っていたので、閉鎖には絶対反対で必死でした。おにぎりを握って弁当を持っていきましたが、ガチャンとやられて逮捕されてしまいました。二カ月ほど留置され、暴力行為とされて起訴され、裁判になりました。八十日間、ブタ箱に入れられて帰ってきたら、夫は酒におぼれていましたから、泥棒に入られても、子どもは小さくて何もできなくて、何もかも持っていかれて空だったのです。

裁判の結果、一審、二審とも判決は三カ月の懲役刑で、三年の執行猶予の判決でした。ただ、祖国の言葉と歴史、文化を子どもたちに教えたいと行動しただけなのに、自分たちの請願権という当然の権利を行使しただけなのにと、怒りがありました。運動の中心人物たちは、東京まで最高裁まで闘うと言いましたが、私は手を引きました。子どももいるし、明日炊く食べ物もない状況で、とうてい東京までは行けないと言って断りました。この時、上の子どもが八歳で、下の子どもは乳飲み子でした。

柴島から日之出へ

知り合いの紹介で、大阪市内の柴島へ引っ越しました。一九四八（昭和二十三）年に来ました。

柴島は江戸時代から「柴島晒し」で有名で、船場の下請けをしていました。そんなんで、晒し工場、染め物工場、医療関係の小さな工場など家内工場が狭い場所にひしめいていました。翌年に一番下の子どもを産んで、その子が二歳になった時、その子を連れてレース工場で働きました。

下から二人めの子どもが小学校六年生の時、学校で大けがをしました。骨にひびが入り、そこからウイルスが入り骨髄炎になってしまいました。子どもがお金の心配をして何も言わなかったので、大事になったのです。いろんな病院で診てもらいましたが、「足を落とさないといけない」と言われました。ところが、港区の病院では「手術で何とかなる」ということがわかりました。退院するのに、五年半かかりました。

柴島には十年間おりました。ところが、おった場所が火事で焼けたお寺の跡で、「子どもが立ちションベンをしたりしたら、祟りがある」と指摘を受け、日之出に移り住むことにしました。

日之出に来たのは、「家賃が安いところがある」と聞いたので、やって来ました。そこが、山下飯場だったのです。山下飯場では、家族が多いので二間借りてね、それでも狭いので、川の上にベニヤでバラックを建て増しました。

無口のおばさん

日之出に来てから、職業安定所の仕事に行くことになりました。登録して、その日その日働く場所に派遣されていく仕事で、いわゆる「ニコヨン」といわれていました。一九四九年に失業対策法ができた時に、日給が二百四十円だったことから、そう呼ばれていました。

働く場所が変わるので、行く先々で、韓国人ということでひどい差別を受けました。

中央化成というジャッキを作っている会社では、「野蛮人」と面と向かって言われました。中学卒業で住み込みの労働者が、十五、六名いました。彼らが、「朝鮮人」とか、「くそったれ」とか露骨に言ってきました。あんまりひどいので、監督さんに抗議しました。監督さんが彼らと話をし、ぼちぼちわかってくれるようになりました。この仕事をいちばん長くしていて、たくさんの職場に働きに行きました。言葉になまりがあるので、すぐに韓国人とわかります。だから、無口を通しました。「無口のおばさん、無口のおばさん」と言われ、それで通しました。一つひとつ取り上げたら、いやなこと、たくさんあるけど言わんだけや。食べものがなく苦労した話、小説にしたら何冊も出版できます。

日之出に来て本当によかったと思っています。「市営住宅を建てろ」という運動が起こりました。「私らのような韓国人もはいれるのか？」と半信半疑でしたが、誘われるままに住宅要求組合に入り、一生懸命集会や大阪市との交渉にも参加しました。大阪市が、「韓国人はダメや」と言ってきて、やっぱりと思いました。でも、「日本人も、朝鮮人も、韓国人もない！」と大阪市と交渉し、やっと一号館に入れました。うれしかったです。

たくさんの人と共同で使用するのでなく、家族だけで使う水洗便所、ガスも水道もある住宅は御殿だと思いました。うれしくて、うれしくて眠ることができませんでした。住宅の心配はなくなったのです。住む場所を探して、引っ越しする必要がなくなりました。やっと安心して貧乏が楽しめる、骨を埋める居場所を見つけたのです。

強制連行の記録

李泰浩（リテホ）さん◉一九二二年生まれ

強制連行の真実

生まれは、慶尚北道金泉郡知礼面です。

私は三歳の時、母親に連れられて日本へやって来ました。五歳から七歳まで島根県で小学校に入学し、小学校の時、母は私を韓国へ連れて帰り、母親の実家へ私だけを預けて、母はふたたび日本へ戻りました。私は朝鮮で、母国語を覚えていないので漢文の塾へ入りました。実家も貧しいので、十四、五歳から重労働の砂防工事や土木関係の仕事をしました。

十七歳の一九三九（昭和十四）年にふたたび日本に来ました。いちおう形は募集ですが内実は徴用で、実質は強制連行で、八幡（やはた）製鉄所へ三カ月の期限で働きにきました。ところが三カ月が六カ月に延び、そのうえ福岡県日川郡糸賀町の金田三菱炭鉱へ採炭夫として徴用されました。

金田三菱炭鉱は地獄でした。毎日が死と直面していました。掘削の仕事で、最先端で石炭を掘る仕事でした。火花がガスに引火するだけで、大爆発が起こる危険な場所でした。危険なだけでなく、日本人の監督官による朝鮮人への際限のないリンチと暴力が、雨あられと加えられました。そのために、仕事もつらかったが死と直面していました。同胞がリンチを受けているところを思いだすと、今でも身が震えます。リンチで死んでも、事故死として本国へ医師の診断書を送り、済まされていました。私ら朝鮮人の命は、ハエ一匹の値打ちもありませんでした。ちょっとでも言うことを聞かず、反抗や口答えをしたなら、ただちに全員集合をかけます。長い説教をしたあげく脅かしたり、逃亡者が出たりすると見せしめでみんなの前でリンチを加えました。全身血だらけになるまで、木刀でね、なぐるのです。それを見ると、生きた心地はしませんでした。ほんとうに死ぬ思いでした。

一回入坑するたびに、一人二人はしょっちゅうケガして上がってくるんですわ。私は立ち回りがうまくて、かすり傷だけですみました。生き抜いたから言えるけど、死んだら虫けら一匹の値打ちもありませんでした。ただ一枚、本国に「病死」と書いて送ったら、それでおしまいです。私は生きていたので、証言はできます。真実は、私がこの目で、体が見ています。この世の地獄のなかで働いてきました。この世に生を受けても、虫一匹が死んだという扱いでした。

決死の逃亡

三菱炭鉱は二年が期限でしたが、私は一年で逃亡しました。厳しくて厳しくて、全然話にならん。暴力とリンチの毎日でした。耐えられなくて逃亡したら、全員に見せしめでリンチを加えます。みんなが見ている前で、棒で殴り倒します。血みどろで死ぬかと思う寸前までリンチを加えます。仕事も危険で、毎日のように炭鉱で事故のため死者がでました。嫌気がさしました。

私は一人で逃亡しました。決死の覚悟で、昼間に逃げたのです。夜に逃げる人は多かったのですが、夜逃げた人はほとんど捕まりました。一晩歩いても、汽車が通ると二、三時間ほどしたら捕まるので、昼間のほうが逃げやすいと判断したのです。ビクビクの思いで、いつ死ぬか、死の恐怖におびえながら、山口県の山奥に住んでいる従兄(いとこ)のところへ逃げ込みました。

そこで炭焼きや百姓の仕事の手伝い、さらに土木作業の仕事をやりました。しばらくして捕まらないと安心してから、軍需工場になっていた東洋曹達(ソーダ)工業へ期限なしの徴用で働きにいきました。この工場

では原料の検査をしたり、分量を合わせたりする仕事をしました。工場には、朝鮮半島から来た同胞もたくさんいました。ここで敗戦を、われわれの言葉では「解放」を迎えたのです。

各地を転々と

日本の敗戦で祖国が植民地支配から解放されたので、多くの人々は祖国へ帰ることを考え、帰還船に乗るために下関などに集まり始めました。帰ろうと考えたこともありますが、船に乗れなかったり、ぐずぐずする間に朝鮮戦争が起こり、祖国が二分されたこともあり日本に残ることにしました。

山口県で最初の結婚をしました。家を借りる時は日本名で借り、住みはじめて朝鮮人とわかり、「朝鮮人には貸さんから、出てくれ!」と言われて、差別されたこともありました。職場の中でも、口でははっきりと言わずに態度で示されたことがありました。

私がぐずぐずしている間に、最初の妻は、家族とともに先に帰国しました。最初の妻とは、そのまま別れることになりました。そんな事情もあり、私は、一九五四(昭和二十九)年から日本の各地を渡り鳥のように放浪するようになりました。山口県を一九五四年に出て、山陰へ回り島根をへて、京都府の福知山、綾部(あやべ)、舞鶴、そして富山へ行ったり、東京、横浜に住んでみたり、住みやすいところを求めて知り合いのつてを頼って、次から次へと渡っていきました。渡り鳥は、同じ場所を季節ごとに渡りますが、私は違うところを転々としました。人生は旅、そう旅ですね。住んで住みやすいとこに一年や二年はおりました。

そのような移動をくり返しながら、朝鮮総連(在日本朝鮮人総聯合会、一九五五年設立)の青年部に入り活動を始めました。民族学校閉鎖反対運動にも参加しました。

日之出へ

大阪へは、一九五八（昭和三十三）年に日之出に来ました。友だちが日之出にいて、

「おまえは金がないので、飯場みたいなところへ入るか」

と言ってくれたのです。それが山下飯場でした。その時は、新しい妻と結婚したばっかりでしたが、私と妻、それに妻の両親と妻のきょうだい七人、家族は合計十一人でした。

妻とは京都で結婚しました。妻は、私が日本語も朝鮮語も読み書きができるので、結婚することになりました。妻は京都の西院に住んでいましたが、私の友人の紹介で結婚するのです。

しかし、私は結婚した時、年齢と再婚ということをごまかし隠していたのです。実は、妻とは二十歳の年齢差がありました。年齢をだまさないと、結婚できないと思ったからです。

妻の両親とも十一人が食べていくということは、働くとはいえ、それはそれはたいへんでした。京都では仕事がないので、大阪がこれからは発展すると思ってやってきました。でも、山下飯場の家には、外壁はコンクリートのパネルが張ってあるだけで、屋根をみたら穴が空いて雨が降ると漏るし、床は斜めになっているので枕がいりません。井戸やトイレは共同でした。たしか日本人の家族も一軒入っていましたが、他は韓国人、朝鮮人でした。ほぼ全員が土木作業の仕事でした。日之出に住んでいる朝鮮半島出身者は、当時はみな、この山下飯場に住んでいました。

祖国への思い

一九六五（昭和四十）年の日韓会談で、祖国往来ができるようになりました。しかし、私は朝鮮籍でしたので韓国に行くことができません。

朝鮮籍を選んだのは、社会主義になったほうが暮らしやすいと思ったからです。韓国という国は上下

の階級制がきついので、平等に暮らしたいと考えていたからです。そう思ったから、朝鮮総連にも加入し活動もしてきました。ところが、年をとると考えが変わってきました。

「どうしても祖国へ帰りたい。親の墓参りもし、墓の整理もしたい。祖国の姿も見たい」

という思いが強くなりました。それまでは、

「『韓国籍では北朝鮮へは行かれない、朝鮮籍では韓国に行けない』ということはダメや。何がなんでも平和的に南北統一や。敗戦までは同一民族やったやないか」

という思いで、がまんをしていました。

一九七八（昭和五十三）年、思いきって祖国訪問団に申請し、韓国の祖先の墓参りに行きました。そのために韓国籍に変更し、民団（在日本大韓民国民団、一九四六年設立）に加入しました。しかし、私は平和的な祖国統一を今も願っています。体制のちがいをお互いに認めて、平和共存でいってほしいと強く望んでいます。

事実をしっかり見つめてほしい

私が今生きているのは奇跡のようなもので、九死に一生であり、不死鳥のようなものです。三歳の時、父親が亡くなってからは、苦労の連続でした。結婚していなかったら、おそらく北朝鮮に帰っていたと思う。そう考えると、生きてはいなかったでしょう。

私は、強制連行の生き証人です。心からの謝罪と戦後補償です。だから、日本が過去に犯した負の歴史に、終止符を打ってほしいと願っています。なかったことにはできません。日本には、朝鮮半島から来た、来させられた同胞の無縁仏が何万人もおります。過去の歴史と事実を見てもらったら、差別が間違っていることは自明のものとなるでしょう。

最後に、私はふとした時に、昔の苦しみがよみがえります。その時はどうしようもなく、酒を浴びるように飲み、妻や子どもたちに暴力をふるいました。正気に戻ると罪悪感にとらわれ、落ち込みます。長年、とんでもない迷惑をかけつづけました。自己弁解ではないが、これも地獄を体験した後遺症ですかね。でも、やっと日之出で落ち着き、安心して過去を振り返り、話ができるようになりました。

あとがき

一九六三（昭和三十八）年、結婚して、夫・正行のふるさと日之出（ひので）地区（通称みやらけ）に住むことになりました。住居は、「新幹線被害者同盟」の事務所がある徳風園住宅の二階でした。

被差別部落外からきた私にとって、想像もしていなかった驚きの日々が始まりました。次々といろんな人々が事務所にやってきて、まさに「異文化」との出会いでした。朝の五時に、「息子が警察に引っ張られたんや。ついて来て！」とたたき起こされたり、夫婦げんかにまきこまれたり、深刻な生活の相談を待ち込まれたり、集会後、ムラのおばちゃんたちに囲まれて、「ねえちゃんの言葉、丁寧すぎるのや。『おばちゃん、ビラ配ってえな、頼むわ』でええんや」と諭されたり……。

さらに、私は、昔から日之出地区に住んでいる人、いわゆる「地の人」の言葉に、高校時代に習った古典の世界を発見しました。ある白髪の高齢の女性は、しきりに、「あわれ」「をかし」という言葉を連発しました。感動詞や名詞として使用していました。まさに古典の世界でした。部落差別があり、昔は地域外との交流がなかったので、古い言葉が残ったのでしょうか。

それと、被差別部落外からきた人々に対して、「はく」と面と向かって言うことにも驚きました。私は、まさに「はくのねえちゃん」だったのです。おばちゃんたちに意味をきいても、昔から外からきた人には言っていたとのことでした。広辞苑（岩波書店）では、「白」の漢字の場合は、けがれのないとあり、「薄」の場合は、心がこもらない、人情がないとあり、おそらく、外からきた人は、信用ができないとの意味を込めて使用されてきたのではないでしょうか。私がいつしか地域になじむと誰も言わなくなっていました。

今でも忘れられない出会いが三つあります。

一つめは、私が一人の時、酒を飲んで出刃包丁をもった男性がきたことです。見ると、その手は震えていました。私は胸をドキドキさせながら話を聞きました。

「わし、学校行ってへんから、役所に行っても名前も住所もよう書かん。ついてきてくれへんか……」

実際に読み書きができない人のしんどさを目の当たりにして、ショックを受けました。

二つめは、日之出支部長をしていた夫・正行が住宅要求運動を呼びかけた時、酔っぱらった男の人が、「市営住宅？　そんなものできるか。できたら逆立ちして、ムラじゅう歩いたるわ！」と怒鳴り込んできたことです。

その後、住宅の建設が決まった時、その男性は、「逆立ちさせてくれ！」とやってきました。すっかり忘れていた私が、「いいから。そんなことせんでも……」と必死になって止めても、「わしの気がすまん」と逆立ちして帰っていきました。胸が熱くなりました。

三つめは、天六の地下鉄工事でガス爆発事故があった後のことです。工事現場の仕事をしている男性がやってきました。「資格を取るためテストに合格しないと仕事を失う。家族の生活がかかっているのや。分数の計算の仕方を教えてほしい」とのことでした。それから、一週間、毎晩勉強が始まりました。漢字が書け、計算ができるということが、生活に結びついているということに、あらためてはっとさせられました。

こうした、ムラの実態に接して、私ができることは、被差別部落に生きる人々の記録を残すことだと考えるようになりました。実にたくさんの人々から、仕事や生活、被差別体験、「みやらけのムラ」の成り立ち、よそからムラにきたいきさつなどを聞き取りました。

高度経済成長と同和対策事業特別措置法（一九六九年七月施行）により、急速にムラは変化していき、また出会った人の多くは故人となり、すべてが忘れ去られようとしています。

部落解放運動は、水平社の時代から婦人水平社が存在し、実質、女性が担ってきました。しかし、常に表面に出るのは男性で、ジェンダーが課題になってきました。日之出地区で、西淡路地域活動協議会の会長、西淡路小学校で「朝ごはんやさん」を運営している表西弘子さんはこのような言葉を寄せられています。

「日之出部落の貴重な歴史として、地域の人々の生きた証しとして、たくさんの人からの聞き取りと証言が詰まっている本（資料）だと思います。大賀さんの聞き取りの話は、私もよく聞かせてもらいました。大賀さんはその聞き取りを通して、ムラを知り、ムラの地に浸み込み、ムラに根を張ってこられたんだと思います。そのご労苦と話の内容は、後輩である私にとっては大いに感銘し勉強になるものばかりでした。

私の大きな『ふるさと＝日之出』。その日之出の素晴らしい『みやらけの人々』の聞き取りを編纂していただいた大賀さんに、大いなる感謝を表します」

二〇二〇年三月来の新型コロナウイルス禍で、二〇一六年四月から活動している子ども支援（あわじ寺子屋）の中断を余儀なくされた期間をチャンスと考え、今まで地域限定で制作してきた冊子をまとめて残したいと思い立ちました。これらの冊子は、そのつど編集実行委員会をつくり、地域の人々、学校の先生方、解放会館（後の人権文化センター）の職員などが参加し、つくられたものです。これらの冊子編纂に参加されたすべてのみなさまに感謝申し上げます。

この本の編集には、第三十四回講談社出版文化賞絵本賞を受賞した『おたまさんのおかいさん』（日之出の絵本制作実行委員会・文、長谷川義史・絵、解放出版社）の絵本制作を共にした錺(かざり)雅代さんと朝日悦子さん、大阪市立大学部落問題研究会の後輩でもあり、大阪府立柴島(くにじま)高校の同僚でもあった谷元摩矢さんにご尽力をいただきました。さらに、十五年戦争研究会の冨井恭二さんと塚崎昌之さんにも第五話と第六話の校正と参考資料の提供をしていただきました。

また、素晴らしい絵を描いてくださった岡島礼子さん、原稿整理・本文レイアウトの伊原秀夫さん、解放出版社のご支援によって、発刊にこぎつけることができました。

すべてのみなさま、本の読者のみなさまにこの場を借り、厚くお礼を申し上げます。

二〇二一年十月

大賀喜子

編著者
大賀喜子（おおが よしこ）
1941年、大阪府内生まれ。
1960年７月、大阪市立大学・部落問題研究会の創立に参加。
1963年から41年間、大阪府内の中学校、高等学校で教員生活。
1963年５月、結婚。みやらけの住民となる。
2005年から７年間、大阪市立大学で非常勤講師（教職教養）。
2016年４月、NPO法人「あわじ寺子屋」を始め、子どもたちの
支援活動をおこなっている。

〈全国水平社100周年記念〉
ごめん！ 聞いて ごめんな みやらけの人々の聞き取り

2022年１月25日 初版第１刷発行

編著者 大賀喜子 ©
発 行 株式会社 解放出版社
大阪市港区波除4-1-37 HRCビル３階 〒552-0001
電話 06-6581-8542 FAX 06-6581-8552
東京事務所
東京都文京区本郷1-28-36 鳳明ビル102A 〒113-0033
電話 03-5213-4771 FAX 03-5213-4777
郵便振替 00900-4-75417 HP https://www.kaihou-s.com/
ブックデザイン 伊原秀夫
印刷・製本 モリモト印刷株式会社

ISBN978-4-7592-4304-8 NDC361.86 333P 21㎝
定価はカバーに表示しています。落丁・乱丁はおとりかえします。

障害などの理由で印刷媒体による本書のご利用が困難な方へ

本書の内容を、点訳データ、音読データ、拡大写本データなどに複製することを認めます。ただし、営利を目的とする場合はこのかぎりではありません。

また、本書をご購入いただいた方のうち、障害などのために本書を読めない方に、テキストデータを提供いたします。

ご希望の方は、下記のテキストデータ引換券（コピー不可）を同封し、住所、氏名、メールアドレス、電話番号をご記入のうえ、下記までお申し込みください。メールの添付ファイルでテキストデータを送ります。

なお、データはテキストのみで、写真などは含まれません。

第三者への貸与、配信、ネット上での公開などは著作権法で禁止されていますのでご留意をお願いいたします。

あて先
〒552-0001 大阪市港区波除4-1-37 HRCビル3F 解放出版社
『ごめん！ 聞いて ごめんな』テキストデータ係

テキストデータ引換券
『ごめん! 聞いて ごめんな』
4304